HISTOIRE

DU GÉNÉRAL

CHANZY

PAR

J. M. VILLEFRANCHE

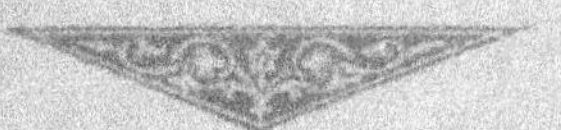

PARIS

BLOUD ET BARRAL, ÉDITEURS

4, RUE MADAME

HISTOIRE

DU

GÉNÉRAL CHANZY

CHANZY

HISTOIRE

DU

GÉNÉRAL CHANZY

PAR

J.-M. VILLEFRANCHE

<hr>

PARIS

LIBRAIRIE BLOUD & BARRAL

4, RUE MADAME, ET RUE DE RENNES, 59

BESANÇON. — IMPR. ET STÉRÉOTYP. DE PAUL JACQUIN.

PRÉFACE

J'entreprends une œuvre ingrate en apparence, féconde en réalité : la vie d'un vaincu.

La victoire, en effet, n'illumina qu'à de rares intervalles la carrière de Chanzy. Ce héros de la défense nationale fut un général de retraite plus souvent qu'un triomphateur. Mais battu par les fautes d'autrui et le malheur des temps, il déploie dans la mauvaise fortune des qualités qui sont bien à lui et la plus intrépide volonté qui ait jamais paru sur un champ de bataille.

A la tête d'une armée de conscrits, il ne réussit pas longtemps à repousser une armée de vétérans dont les succès antérieurs doublent les forces : il recule donc, il recule de cinquante lieues, mais en cinquante jours et en livrant cinquante combats. Connaît-on beaucoup de marches en avant aussi difficiles et par suite aussi glorieuses? Nouvel Hector d'une Troie condamnée d'avance, il a mérité qu'on lui appliquât ces vers du poète :

> Si Pergama dextrâ
> Defendi possent, etiam hâc defensa fuissent.

Grand capitaine, Chanzy est en outre, dans la vie civile, un grand citoyen, et, ce qui est moins connu, un grand chrétien ; l'histoire ne doit pas hésiter à le montrer sous ce dernier aspect, pas plus qu'il n'hésitait à s'y montrer lui-même. Bref, homme simple et droit, taillé à l'antique, Chanzy est un homme complet ; c'est un caractère, chose rare en tous temps, plus rare aux époques de décadence.

Afin de tirer de cette belle existence tous les enseignements qu'elle comporte, comme aussi afin de reposer le lecteur fatigué de marches, de contremarches et des tristes scènes d'une guerre sauvage, je me suis attaché à développer, chemin faisant, le côté anecdotique de mon récit et à faire, si cette expression m'est permise, la philosophie des événements. Qui sait si l'heure ne viendra pas bientôt de les appliquer, ces enseignements terribles de 1870 ? La fatale échéance d'une nouvelle lutte ne saurait être que retardée ; elle a été prévue dès le lendemain de ce déplorable traité de Versailles que Chanzy ne put empêcher.

Quand sonnera pour la France l'heure de l'épreuve à la fois désirée et redoutée, Chanzy nous manquera, mais son souvenir et ses exemples nous resteront ; apprenons de lui à faire chacun et toujours notre devoir, et à ne jamais désespérer.

J.-M. VILLEFRANCHE.

Novembre 1889.

HISTOIRE

DU

GÉNÉRAL CHANZY

CHAPITRE PREMIER

PREMIÈRES ANNÉES DE CHANZY. — SES DÉBUTS EN ALGÉRIE

Il est des héros dont la destinée se révèle dès leur entrée dans la vie, et d'autres qui restent obscurs, inaperçus, jusqu'à ce que les événements les mettent en pleine lumière.

Antoine-Eugène-Alfred Chanzy fut de ces derniers.

Il appartenait à une modeste famille de laboureurs et de soldats, établie depuis longtemps dans les Ardennes. Son grand-père était simple cultivateur ; mais son oncle fut capitaine de cuirassiers sous le premier empire, et son père, engagé en 1807 dans un régiment de la même arme, fut blessé quatre fois dans les campagnes de 1809, 1812, 1813 et 1814, et rentra dans ses foyers le 26 juin 1816, avec le grade de lieutenant et les décorations de la Légion d'honneur et du Lis. Il devint, en 1821, rece-

veur des contributions indirectes à Nouart (canton de
Busancy, arrondissement de Vouziers). Il s'y maria, et
c'est là que naquit, le 18 mars 1823, celui qui devait
illustrer le nom de Chanzy (1).

Antoine-Eugène-Alfred reçut, dès sa plus tendre enfance, une éducation sérieuse et solide, comme tout ce
qui venait de ses parents, et une empreinte profondément
chrétienne, qu'il garda toujours.

Bercé par les récits de batailles de son père et de son
oncle, il eut, de bonne heure, la passion des armes et le
goût des aventures. Après ses premières études, faites
au collège de Sainte-Menehould, il entra, dans la classe
de quatrième, au collège royal de Metz, et suivit un cours
de mathématiques dont l'objectif était l'école navale de
Brest. Mais il échoua à l'examen; heureux exemple pour
ceux qui seraient tentés de désespérer de l'avenir après
un premier échec. Il ne se découragea point et s'engagea, le 4 décembre 1839, à l'âge de seize ans, sur le vaisseau *le Neptune*, où on l'employa à la timonerie.

Il crut arriver juste à point pour assister, comme début des aventures rêvées, à quelque belle bataille navale.
Le *Neptune* partit en croisière pour les côtes d'Egypte et
de Syrie, où la France, dans l'intérêt de son allié, le vice-
roi d'Egypte Mehemet-Ali, semblait à la veille d'engager
une grande lutte contre la coalition de l'Angleterre, de
la Russie, de l'Autriche et de la Turquie. M. Thiers, premier ministre, armait avec une activité fiévreuse, rappe-

(1) « L'an 1823, le 18 du mois de mars, à dix heures du matin, par-
devant nous, Etienne-Nicolas Breyois, maire, officier de l'état civil de la
commune de Nouart, est comparu M. Bertrand-Nicolas Chanzy, âgé de trente-
trois ans, receveur des contributions indirectes, chevalier de la Légion d'honneur,
demeurant à Nouart, lequel nous a présenté un enfant du sexe masculin, né
aujourd'hui à six heures du matin, de lui déclarant et de Marie-Aurore Nicaise,
son épouse,... (Extrait des registres de l'état civil de la commune de Nouart.)

lait les réserves, fortifiait Paris. Un frisson de patriotisme et de revanche contre les traités de 1815 agitait tout le pays, et jusqu'à la Belgique et à la Prusse rhénane, pleines encore de soldats de Napoléon et des souvenirs d'une nationalité française de vingt-deux ans, longtemps regrettée.

Mais le roi Louis-Philippe et la bourgeoisie n'aimaient point les témérités. Les escadres unies d'Autriche et d'Angleterre ayant osé bombarder Beyrouth sous les yeux d'une flotte française, celle-ci, au lieu d'être autorisée à leur répondre, fut rappelée ; M. Thiers donna sa démission et le *Neptune* revint, ramenant le jeune novice timonier déçu de toutes ses espérances.

Chanzy prit alors en aversion le métier de marin ; il n'avait, du reste, jamais pu vaincre le mal de mer. Au bout de son année de service il quitta le bord et fut heureux de regagner la terre ferme. « Vous souvenez-vous, demandait-il trente années plus tard à l'amiral Rose, qui avait été son premier chef, vous souvenez-vous d'un mousse qui était à bord de votre *Neptune* en 1840? — S'il m'en souvient, répondit l'amiral, c'était un assez mauvais marin. — Eh bien ! répliqua le général en riant, ce mauvais marin, c'était moi ; je n'étais pas fait pour aller sur l'eau. »

L'ancien novice timonier, une fois à terre, retrouva bien vite la voie qui lui convenait. A peine eut-il atteint les dix-huit ans réglementaires qu'il s'engagea, le 3 mai 1841, au 5ᵉ d'artillerie, en garnison à Metz, se remit à suivre, quoique soldat, les cours du collège royal, et, après six mois d'un travail opiniâtre, se hasarda à se présenter à l'Ecole militaire de Saint-Cyr.

Il fut reçu tout juste, le 133ᵉ sur 138. « Ce n'est pas brillant, disait-il à son père, mais j'y suis ! » Son ardeur au travail, sa ténacité, ne tardèrent pas, en effet, à le faire monter d'un certain nombre de places. A sa sortie, il approchait des premiers rangs. Il fut nommé, le 1er octobre 1843, sous-lieutenant dans un régiment illustre, le 1er de zouaves, que Lamoricière avait formé, que venait de quitter Cavaignac, et que commandait alors Saint-Arnaud, remplacé par Ladmirault peu de temps après.

Ce régiment occupait Blidâh, en Algérie. C'était vraiment une troupe d'élite, non peut-être pour le calme et la monotone discipline d'une vie de garnison, mais pour l'audace, les coups de main, les marches infatigables. Des confins du Maroc aux montagnes de la Kabylie, sans cesse il était en route, sans cesse en lutte contre les tribus révoltées. Excepté la bataille d'Isly, où il se distingua (14 août 1844), toutes ses campagnes consistaient en petites expéditions, surprises, razzias, marches et contre-marches. Une seule fois il se laissa surprendre lui-même ; ce fut dans la nuit où les soldats d'Abd-el-Kader vinrent faire une décharge sur le quartier général, et où Bugeaud courut, en bonnet de nuit, pour réparer le désordre et repousser l'attaque. Les zouaves, toujours de bonne humeur, se rallièrent au bonnet de nuit, comme jadis leurs aïeux au panache blanc de Henri IV. Au retour de la poursuite, l'un d'eux s'avisa de chanter :

> As-tu vu
> La casquette, la casquette,
> As-tu vu
> La casquette au père Bugeaud?

et ce refrain demeura légendaire ; ce fut le refrain du régiment.

Chanzy assistait à cette chaude et gaie alerte. Il était encore présent quand Abd-el-Kader se rendit à Lamoricière. Dans cette dernière campagne, qui termina la conquête proprement dite, il fut cité à l'ordre du jour de l'armée pour sa bravoure exceptionnelle. Il fut ensuite nommé lieutenant au 43e de ligne, le 28 juillet 1848 ; puis il devint officier d'ordonnance du gouverneur général Charon. Mais ses habitudes d'activité s'accommodaient mal de la tranquille résidence d'Alger ; en mars 1851, il fut appelé comme capitaine au 1er régiment de la légion étrangère.

La légion étrangère, composée d'éléments fort disparates et souvent indociles, réclame de ses chefs non seulement de la vigueur et de la fermeté, mais du tact, de la souplesse, et un esprit de justice capable d'inspirer aux hommes à la fois confiance et crainte. Elle égale le corps des zouaves en ressources pour les coups de main et la guerre de partisans ; mais elle ne présente pas la même cohésion, et elle exagère encore la tendance à la témérité, à la maraude, à l'indiscipline. Aussi, les capitaines qui arrivaient à tenir réellement dans leur main une compagnie de la légion étrangère étaient-ils capables de commander partout. Avant Chanzy, on avait compté parmi eux Saint-Arnaud, de Luzy-Pélissac, Vinoy, Bazaine et beaucoup d'autres. C'était une excellente école.

Chanzy reçut l'année suivante (16 juillet 1852) le brevet de chevalier de la Légion d'honneur. Il comptait douze ans de service et autant de campagnes, et n'avait que vingt-neuf ans.

Un de ses plus brillants camarades au 1er régiment étranger vint alors à quitter le bureau arabe de Tlemcen, qu'il dirigeait depuis plusieurs années. On ne vit personne plus capable que le capitaine Chanzy de remplacer le capitaine Bazaine.

Bazaine, Chanzy, qui eût pensé alors que ces deux

jeunes gens, tous deux engagés comme simples soldats, commanderaient un jour de grandes armées et seraient tour à tour, et si près l'un de l'autre, l'espoir de la patrie agonisante! Qui eût pu croire surtout qu'ils comprendraient d'une manière si différente leur devoir en cette crise suprême; l'un, avec tous les moyens de vaincre, se laissant acculer à une capitulation plutôt que de combattre, l'autre, avec des éléments qui ne permettaient pas la victoire, prolongeant la défense au delà des limites, sauvant du moins l'honneur, et forçant les ennemis victorieux à signer des armistices et des traités, alors qu'ils avaient compté sur une reddition à merci?

Que serait-il arrivé si Chanzy eût précédé Bazaine dans le commandement en chef, si la magnifique armée du Rhin eût été confiée au premier au lieu de l'être au second? Il est à croire que le pied de l'étranger n'eût pas foulé longtemps le sol français.

Par malheur Chanzy n'était pas un courtisan, et il se laissa oublier en Afrique.

Mais n'anticipons point; voyons le capitaine Chanzy détaché aux affaires de la province d'Oran et chef du bureau arabe de Tlemcen, ensuite d'Oran.

C'étaient de véritables pachaliks, une sorte de vice-royauté, que ces bureaux arabes. Ils réunissaient les pouvoirs judiciaire et administratif, dans une certaine mesure, à la plénitude du pouvoir exécutif. De là certains abus, tels que les exactions et les méfaits du fameux capitaine Doineau, camarade de Chanzy à Saint-Cyr et son deuxième successeur à Tlemcen (1).

(1) Doineau fit assassiner par des Arabes Ben-Abdallah, agha de Sebdou, son secrétaire, et une autre personne, dans la voiture publique qui les transportait de Tlemcen à Oran. Cette affaire fut jugée par la cour d'assises d'Oran ; elle eut un retentissement immense, peu favorable aux bureaux arabes. Voici quelle

Mais, en somme, la concentration de toute l'autorité dans les mains de l'armée était un bien ; avec des indigènes qui ne respectaient que la force, et des colons qui étaient bien souvent l'écume de la mère patrie, il n'y avait pas d'autre moyen d'assurer la sécurité publique. Le gé-

fut, devant la cour, la déposition de Chanzy, appelé comme témoin ; nous l'empruntons à la *Gazette des Tribunaux*. C'est à cette occasion que le nom du futur général en chef fut imprimé dans les journaux pour la première fois.

« Quarante-neuvième témoin. — M. Chanzy, trente-quatre ans, chef de bataillon, ancien chef du bureau arabe de Tlemcen ; il dépose :

» Vers le milieu de septembre de l'année dernière (1856), j'ai été instruit par la rumeur publique et par l'*Echo d'Oran* de l'assassinat commis le 12. A cette époque, je n'étais pas à Oran, où le capitaine Doineau avait été appelé pour faire mon intérim. A mon retour à Oran, Doineau me parla de ses recherches pour découvrir les coupables du triple meurtre ; comme lui, je supposai que l'agha Ben-Abdallah était tombé victime de la vengeance de ses collègues.

» Le 17 au soir, je fus mandé par le colonel commandant la subdivision. Il me demanda où était logé le capitaine Doineau et me chargea de l'arrêter. C'était une triste mission. Je répondis que je ne croyais pas mon intervention nécessaire. Le colonel me dit : C'est un homme violent ; il nous faut votre entremise. Alors j'acceptai en disant : Je le connais, je m'en charge ; Doineau peut être vif, mais il n'a jamais méconnu ses devoirs et il sait obéir.

» Je savais que je trouverais Doineau au café. J'y allai et lui fis part de ce qui se passait. Il traita la chose de plaisanterie. — Non, lui dis-je, c'est une chose très sérieuse : je suis chargé de vous arrêter ; venez avec moi ; vous êtes innocent ; vous n'avez rien à craindre.

» Nous allâmes ensemble à la subdivision ; là nous trouvâmes le capitaine de gendarmerie. Doineau demanda quelques minutes pour préparer ses affaires à l'hôtel de France ; je l'accompagnai jusqu'au bas de la rue Philippe ; on le mena en prison et je ne l'ai revu que longtemps après.

» *Demande du président* (M. Imberdis, conseiller à la cour impériale d'Alger). — Pouvez-vous donner à la cour quelques renseignements sur les sommes trouvées en sa possession ?

» *Réponse.* — Je ne connais pas la fortune du capitaine Doineau ; je ne connais que son honorabilité.

» *D.* — Et sur l'administration des bureaux arabes ?

» *R.* — Je répondrai à toutes questions qui me seront posées sur ce sujet.

» *D.* — Sur les amendes, par exemple ?

» *R.* — Elles sont prévues par une ordonnance de 1844 ; elles sont versées entre les mains des caïds ; les bureaux arabes n'ont qu'un contrôle ; ils interviennent pour faciliter les perceptions, mais ils ne perçoivent pas. Quant aux silos sauvages (où les Arabes cachaient leurs récoltes pour échapper à l'impôt), les chefs des bureaux agissent suivant les ordres qu'ils reçoivent.

» *D.* — Y a-t-il des exactions possibles de la part d'un chef de bureau arabe ?

néral Bugeaud, organisateur des bureaux arabes, fit faire à la conquête et à la civilisation, durant les sept années qu'il gouverna l'Algérie, plus de progrès qu'elle n'en avait réalisé pendant les quinze années précédentes. La soumission des Arabes et l'épuration progressive de l'élément colonial ont permis d'établir, depuis, un régime civil offrant des garanties à la liberté; mais le secret des

» R. — Dans toutes les administrations les exactions sont possibles; mais dans les bureaux arabes on est si bien surveillé que les exactions seraient bien difficiles. Je ne crois pas d'ailleurs que, pour quelques misérables sommes, un officier irait jouer son honneur et sa position.

» D. — Mais n'avez-vous pas été étonné que Doineau possédât une somme de 38,000 fr.? Pour un officier de son grade, à qui on ne connaît pas de fortune, cela n'est pas commun.

» R. — Pour moi, son honorabilité couvrait tout; si je ne l'avais pas connu, j'aurais été surpris.

» *M. l'avocat impérial.* — Qu'avez-vous fait de vos registres pendant votre gestion?

» R. — Je les ai remis à mon successeur à Tlemcen, le capitaine Savary; j'aurais pu les emporter.

» D. — Mais vous ne les auriez pas brûlés?

» R. — Je ne sais pas; peut-être; on ne doit compte de ces registres qu'au général.

» D. — Pendant votre direction d'un bureau arabe, avez-vous ordonné des exécutions sommaires?

» R. — Jamais je n'ai pris pareille initiative; mais si j'ai reçu des ordres, je les ai fait exécuter. Du reste, ces questions me semblent étrangères au procès et je ne puis y répondre plus amplement.

» *Le président.* — C'est le capitaine Doineau qui a demandé qu'elles vous fussent posées.

» R. — Eh bien, posez-les à l'autorité supérieure; je n'ai que ceci à déclarer en matière si grave: si j'ai reçu des ordres, je les ai fait exécuter.

» *Le capitaine Doineau.* — J'ai fait poser cette question au général de Montauban; vous m'avez dit qu'il n'était pas accusé, qu'il n'avait pas à y répondre.

» *Le président* au commandant Chanzy. — Le général de Montauban ne vous a-t-il pas dit de porter au capitaine Doineau, dans sa prison, une paire de pistolets?

» R. — Voici ce qui s'est passé. Le lendemain de l'arrestation du capitaine Doineau, le général de Montauban me dit: Vous connaissez l'arrestation de Doineau; c'est grave. Dans une telle position, ajouta-t-il, supposant sans doute Doineau coupable, on n'a qu'une chose à faire: se brûler la cervelle. Mais il ne m'a pas proposé de porter à Doineau une paire de pistolets.

haines que soulevèrent, dans ces premiers temps, les bureaux arabes nous paraît bien exprimé par cette réponse
d'un général à Napoléon III :

« Expliquez-moi donc pourquoi les colons algériens détestent tant les bureaux arabes ? demandait l'Empereur.

— Sire, répondit le général, par la raison qui fait que
les contrebandiers détestent les douaniers, et les bracon-
niers les gardes champêtres. »

« M⁰ *Nogent-Saint-Laurens* (défenseur de l'accusé). — Je prie M. le commandant de nous dire ce qu'il sait sur le complot contre Abdallah.

« *Le commandant Chanzy.* — Quand j'arrivai à Tlemcen, je dus étudier les
hommes au milieu desquels j'allais vivre; je fouillai dans les archives du
bureau. J'ai trouvé que l'agha Ben-Abdallah voulait supplanter un certain
Yamani, chef influent du Guish-Nar. Yamani n'avait donc pas lieu d'être
content d'Abdallah; deux autres Arabes partageaient ses sentiments, Moulaï-
Amar et Moulaï-Lacheug. Ces deux hommes s'adressèrent à Yamani, et il fut
convenu qu'il leur donnerait 500 fr. pour tuer Ben-Abdallah. Il y eut serment
prêté à ce sujet. Mais Yamani n'avait pas la somme; il offrit en garantie des
bijoux, des bracelets; on ne s'entendit plus, et ces deux hommes allèrent tout
dénoncer à Abdallah. L'agha le dit au capitaine Leroux, alors chef du bureau
arabe; on ne pouvait accuser ces deux hommes, parce qu'il n'y avait pas de
témoins; mais on leur tendit un piége, on surprit leurs paroles, et ils furent
conduits à la Casbah, d'où ils ne sont sortis que longtemps après.

« M⁰ *Nogent-Saint-Laurens.* — Il y a un autre fait de complot contre
Abdallah. N'aurait-il pas reçu une balle dans la poitrine?

« R. — L'agha était haï pour ses exécutions. Obligé un jour d'aller à une
riffa (fête), il y fut blessé d'une balle à la poitrine, et son rodja et un cadi
de ses amis tombèrent à côté de lui.

« D. — Dans quel état a-t-on trouvé la comptabilité du capitaine Doineau,
relative aux fonds éventuels?

« R. — Dans un état parfait. On a trouvé la justification de toutes les
sommes, et cela sur un chiffre de 26,000 fr. pour l'année 1854. Tout me porte
à croire qu'on aurait trouvé le même résultat pour l'année 1855. »

(Gazette des Tribunaux, 25 août 1857.)

En dépit des appréciations favorables de Chanzy et des plaidoyers de
M⁰ Nogent-Saint-Laurens et de M⁰ Jules Favre, Doineau fut reconnu coupable
et condamné à mort, et cinq de ses complices aux travaux forcés pour des
durées variant de la perpétuité à vingt ans et cinq ans. Le jeune capitaine
ne montra de l'émotion que lorsque le président ajouta qu'il avait forfait à
l'honneur et que, au nom de l'ordre, il était déclaré déchu de sa dignité de
membre de la Légion d'honneur.

Il ne fut pas exécuté; on le laissa s'exiler en Turquie, où il est mort une
vingtaine d'années plus tard.

Chanzy était admirablement préparé pour le rôle d'administrateur conquérant.

Il connaissait à fond la langue arabe. Probe, désintéressé, incorruptible autant qu'infatigable, on le voyait tantôt à cheval pour prévenir ou réprimer les révoltes, tantôt patiemment assis dans son cabinet à écouter les plaintes et à régler les différends. Les indigènes l'aimaient et le redoutaient. Ils l'appelaient « le délégué juste du sultan des Français. » Ne pouvant plus garder leur indépendance, ils se consolaient de l'abdiquer, puisque c'était dans les mains d'un pareil homme.

En 1854, Chanzy rentra comme capitaine dans un régiment de ligne, le 54e.

Deux ans plus tard (25 août 1856), il passait au 23e, comme chef de bataillon.

CHAPITRE II

Ce fut comme chef de bataillon au 23ᵉ de ligne que
Chanzy prit part à la campagne d'Italie, si éclatante par
ses rapides succès et si funeste par ses conséquences. Il
n'avait pas à se préoccuper des combinaisons politiques ;
il n'avait qu'à faire son devoir de soldat, et il le fit avec
distinction, dans la brigade du général Picard, la division
du général Renault et le corps d'armée du maréchal Canrobert. Il prit part aux victoires de Magenta et de Solférino.

A Magenta (4 juin 1859), son régiment, arrivé sur le
champ de bataille dans l'après-midi, refoula les colonnes
autrichiennes qui cherchaient à tourner la garde impériale sur son flanc droit et engagea avec elles un combat
terrible. Le village de Ponte-Vecchio fut pris, perdu, repris,
perdu de nouveau ; mais il finit par rester au pouvoir du
23ᵉ de ligne.

A Solférino, le 23ᵉ contribua à couvrir, au village de
Rebecco, le flanc droit de la division de Luzy-Pelissac, qui
soutint le principal effort de l'ennemi durant toute la
journée.

La guerre d'Italie fut assez maladroitement menée de part et d'autre ; le vainqueur y commit presque autant de fautes que le vaincu et ne se tira d'affaire, comme aurait dit Frédéric II, que par des *à peu près*. Ce n'est pas là que Chanzy put apprendre l'art de la guerre ; mais enfin, contrairement à ce qu'on croit d'ordinaire, il vit, avant 1870, de grands mouvements de troupes et d'autres champs de bataille que ceux de l'Afrique [1].

En récompense de sa belle conduite en Italie, il fut promu lieutenant-colonel au 71e de ligne le 25 avril de l'année suivante. A peine avait-il pris possession de son nouveau grade qu'un événement imprévu vint le mettre en relief et donner satisfaction à sa vieille passion des aventures et des voyages.

La Syrie avait été le théâtre d'événements affreux. Les Maronites, alliés séculaires et protégés de la France, avaient été massacrés par leurs ennemis les Druses, avec la complicité des Turcs. A Damas, le gouverneur Ahmed-Pacha donna, par un coup de canon, le signal des égorgements. A Deir-el-Kamar, Zahleh, Beit-Eddin et dans tout le Liban, les soldats de l'armée régulière ou se joignirent aux assassins, ou ne firent rien pour les réprimer. 17,000 chrétiens périrent, 560 églises et 70 écoles ou couvents furent détruits et près de 400 villages livrés aux flammes. Plusieurs milliers de femmes ou jeunes filles, après avoir subi les dernières violences, furent chassées dans le désert et livrées aux Bédouins et aux Arabes. A Damas, durant plusieurs jours, on les vit traînées par les rues, pouvant à peine se soutenir et sans vêtements, jusqu'à ce qu'elles eussent trouvé des acheteurs. On les vendit

[1] *Le général Chanzy*, par Arthur Cuzyer, p. 14.

en moyenne de cent à cent cinquante piastres l'une (de 26 à 30 francs) [1].

La France s'émut de tant d'horreurs. Malgré l'opposition de la Turquie, qu'appuyait l'Angleterre toujours jalouse de l'influence française en Orient, une intervention européenne fut décidée, avec le concours empressé de la Russie et l'appui moral des autres puissances. Il fut convenu que six mille Français, appuyés d'un nombre égal de Turcs, iraient châtier les Druses et occuper le Liban pendant six mois.

Le général de Beaufort d'Hautpoul, général en chef de l'expédition, connaissait Chanzy. Il avait pu l'apprécier à Tlemcen, où, commandant la division, il l'avait eu longtemps sous ses ordres. Il le demanda donc nommément, pour l'attacher à son quartier général.

Le 7 août 1860, l'Empereur passait en revue, au camp de Châlons, le petit corps d'armée qui devait partir pour la Syrie. Le 8, le général de Beaufort et la plus grande partie de son état-major s'embarquaient à Marseille. Après une courte relâche à Malte, ils arrivèrent à Beyrouth le 16, et le jour même du débarquement, Chanzy fut nommé commandant du quartier général et chargé des affaires politiques.

On ne pouvait faire un meilleur choix. Sa longue pratique de la langue arabe, son esprit judicieux, calme et loyal, sa connaissance des mœurs musulmanes, tout le disposait à devenir le bras droit du général de Beaufort dans la partie diplomatique de sa mission. L'abbé Lavigerie, alors directeur de l'œuvre des Écoles d'Orient, et depuis archevêque de Carthage et d'Alger, l'avait précédé à Beyrouth pour distribuer aux nations chrétiennes l'ar-

---

[1] *La Syrie en 1860 et 1861*, par l'abbé Joux, p. 83.

gent des souscriptions publiques. Voici en quels termes l'illustre prélat rappelait cette époque, vingt-trois ans plus tard : « C'est en Syrie que je vis Chanzy pour la première » fois ; je n'ai pas oublié son ardeur à prendre la défense » des chrétiens, qui n'espéraient plus que dans l'épée de » la France ; Chanzy était dans tout l'éclat de la force et » de la vie, déjà également remarquable par sa bravoure, » par sa distinction, par sa finesse, et plus encore par sa » bienveillance et sa bonté. »

Fuad Pacha, commissaire extraordinaire du sultan, aurait dû attendre les Français à Beyrouth, à leur arrivée. Mais comme il ne cherchait qu'à gagner du temps, il se trouvait à Damas. Chanzy fut chargé d'aller l'y chercher. Une escorte de quinze spahis franco-algériens et de vingt lanciers turcs l'accompagnait. Fuad le reçut fort courtoisement, entouré des plus hautes notabilités de la ville ; mais il fallut discuter deux jours avant d'obtenir de lui qu'il vint à Beyrouth conférer avec le commandant de la petite armée française.

Chanzy ne pouvait quitter Damas sans rendre visite à son ancien et glorieux adversaire Abd-el-Kader, et sans le remercier de sa généreuse intervention en faveur des chrétiens, dont douze mille lui devaient d'avoir échappé aux massacres. Les quinze spahis qui lui servaient d'escorte sollicitèrent de lui la grâce de l'accompagner auprès de l'émir ; ils furent tout heureux de vénérer leur grand compatriote, le « saint marabout » qui avait illustré la défaite des enfants de Mahomet en Algérie.

A Beyrouth, Fuad Pacha sembla n'avoir d'autre but que d'occuper les Français à ne rien faire. Il voulait qu'ils allassent prendre position dans le Kesraôuan, pays tout chrétien, et où n'avait eu lieu aucun massacre, tandis que lui-même se rendrait par mer à Saïda et attaquerait les

Druses. Le général de Beaufort, indigné, déchira ses lettres, et envoya Chanzy lui porter un ultimatum. Chanzy parla avec fermeté : Les Français étaient venus en Syrie afin de châtier les Druses, de concert avec les Turcs ; s'il fallait marcher seuls, ils marcheraient seuls, mais ils pénétreraient dans le pays des Druses par Deir-el-Kamar. Fuad consentit à tout, sauf à prendre ses précautions pour que rien n'aboutît.

Les Français se mirent en marche le 25 septembre, en laissant à Beyrouth le colonel Osmond comme commandant supérieur de la place. Ils arrivèrent à Deir-el-Kamar le lendemain. Voici leurs impressions, rendues par un des témoins :

« Les plus aguerris, ceux qui ont vu de sang-froid des milliers de cadavres dans les champs de Crimée et de Solférino, ne purent retenir leur émotion en arrivant à Deir-el-Kamar, à Beit-Eddin et à Djezin. Des monceaux de cadavres en putréfaction étaient accumulés près des lieux où campaient encore les Turcs. On voyait les traces des tortures qu'on avait fait subir aux chrétiens; leurs visages et leurs membres étaient encore contractés. Les bûchers que leurs bourreaux avaient dressés pour les brûler vifs étaient encore au milieu des rues. Ces misérables avaient imaginé toutes sortes de tortures, et dépassé le paganisme romain dans sa fureur contre les premiers martyrs du christianisme. Nos soldats ont encore trouvé un pauvre enfant crucifié contre la croisée d'une fenêtre. Aussi étaient-ils indignés de l'impudence qu'avait eue Fuad Pacha de se plaindre qu'ils ne voulussent pas fraterniser avec les soldats turcs. Les sympathies des soldats français ne pouvaient être que pour les chrétiens. Dès leur arrivée à Beyrouth, ces derniers les avaient salués comme leurs libérateurs ; nos soldats avaient partagé leur soupe avec eux. Beaucoup de pauvres veuves les avaient suivis lorsqu'ils avaient quitté la ville.

« L'une d'elles, en rentrant dans son village, était devenue folle en voyant tous les siens massacrés. Une autre, en apercevant un Druse, le reconnaît pour l'assassin de son mari et demande justice. On lui dit d'en faire ce qu'elle voudrait : elle s'élance alors sur lui, son couteau à la main, et lui perce le cœur. Les Turcs avaient entassé leurs victimes dans certaines chambres; les malheureuses femmes montaient sur ces amas de cadavres en putréfaction, et fouillaient au travers, jusqu'à ce qu'elles eussent retrouvé ceux qu'elles cherchaient : elles les serraient alors dans leurs bras et leur baisaient le visage [1].

La petite armée fut reçue comme une libératrice par la population chrétienne. Malheureusement elle ne put frapper les assassins, comme elle se le proposait, de façon à leur ôter l'envie de recommencer. Les Druses fuyaient devant elle; ils disparaissaient dès que les tirailleurs français faisaient mine d'escalader les montagnes. A Djibb-Djennin on acquit la conviction que les Turcs étaient de connivence avec eux. Les soldats postés par Fuad Pacha pour fermer le défilé livrèrent le passage, et les fuyards se glissèrent par petits pelotons dans le Haouran, où il n'y avait plus moyen de les atteindre.

Le 7 octobre, la colonne arriva à Zahleh. Chanzy y poussa une reconnaissance dans la riche et fertile vallée de ce nom. Il n'y rencontra que de rares indigènes errant parmi les décombres de la ville et des villages. Mais la présence des Français enhardit les survivants des massacres, qui commencèrent à revenir. Nos soldats, que

[1] Correspondance du journal le *Monde*, citée dans la *Syrie en 1860 et 1861* par l'abbé Jomx.

la disparition des Druses laissait inactifs, se mirent alors
à travailler à réparer les ruines. On les voyait trans-
formés en maçons, en charpentiers. Les officiers s'occupaient de réorganiser les écoles et l'administration des
communes. Chanzy fut établi grand juge du pays; il reprit ses audiences pacificatrices de Tlemcen. Son ami, le
commandant Cérez, ancien chef du bureau arabe de Tia-
ret, le secondait avec intelligence. M. Louet, payeur
général de la petite armée et historien de cette campagne,
a pu dire d'eux : « Ils avaient fini par connaître le Liban
aussi bien que notre colonie africaine: ils étaient in-
formés de tout ce qui se passait. Les chrétiens avaient en
eux une confiance aveugle et voulaient les avoir pour in-
termédiaires dans toutes leurs réclamations. »

Le calme rétabli permit des excursions un peu dis-
tantes. Chanzy, ayant obtenu un congé de quinze jours,
se munit de lettres de recommandation de Fuad Pacha
et visita la Terre sainte. Avec lui partirent M. Louet, le
comte de Recuerdo, fils de la reine Christine et du duc
de Rianzarès, et trois autres compagnons de route.

Sour (l'ancienne Tyr), Saïda (l'antique Sidon), Saint-
Jean-d'Acre, le mont Carmel, Nazareth, Béthulie, Na-
plouse, Jéricho et le Jourdain marquèrent les étapes de
ce voyage. A Nazareth on leur montra une mémorable
inscription en français : *Cellule habitée par Bonaparte
en 1799*. Rien n'avait été changé dans ce modeste réduit
depuis l'expédition d'Egypte et de Syrie; on y voyait un
lit de moine, une petite table et deux chaises.

Chanzy et ses compagnons arrivèrent à Jérusalem le
22 décembre. Le frère Liévin, le meilleur des guides de
la Terre sainte, s'était mis avec empressement à leur disposition; il les mena au Saint-Sépulcre, à la montagne
de l'Ascension, au village de Béthanie, au tombeau de

Lazare. L'uniforme d'officier supérieur français leur obtint en outre de nombreux privilèges. Ils purent visiter, le 24 décembre, la mosquée d'Omar, où ne pénètrent de droit que les princes et où, depuis trente ans, les seuls étrangers qui eussent été admis étaient l'archiduc Maximilien d'Autriche, le grand-duc Constantin de Russie, le duc de Brabant et les princes d'Orléans.

Au sortir de la mosquée d'Omar, les infatigables voyageurs remontèrent à cheval et se lancèrent au galop dans la direction de Bethléem, où ils désiraient se trouver pour la nuit de Noël. Des sièges leur avaient été réservés dans l'église Sainte-Catherine, paroisse des catholiques latins. Ils assistèrent pieusement à l'office de minuit et, la messe terminée, se rendirent en procession, un cierge à la main, avec tout le clergé, à la grotte où naquit le Rédempteur du monde.

Le jour suivant, 26 décembre, ils rentrèrent à Jérusalem, firent bénir au Saint-Sépulcre leurs épées, leurs décorations, plusieurs objets de dévotion qu'ils destinaient à leurs familles, parcoururent les environs de la ville, qui sont, de l'univers entier, les lieux les plus bouleversés par les sièges et les combats, et cherchèrent l'emplacement des camps de Nabuchodonosor, de Titus et d'Adrien, de Chosroès et d'Héraclius, d'Omar, de Godefroy de Bouillon, de Saladin, de Richard Cœur de Lion. Le lendemain 27, avant de partir, ils firent une dernière visite au Saint-Sépulcre.

C'est qu'ils avaient accompli ce voyage autant en pèlerins qu'en curieux. Bien différent des politiciens, qui règlent leur conduite religieuse sur celle du gouvernement, Chanzy ne rougit jamais, dans toute sa carrière, d'être chrétien catholique. On lui fit comprendre plus d'une fois que sa piété nuirait à son avancement. Il ne

tint aucun compte de ces avis, qui ne servirent qu'à
mettre en relief son grand caractère. Les grands caractères ne se démentent jamais et obéissent au seul sentiment du devoir [1].

La caravane s'embarqua à Jaffa le 29 décembre, sur un
paquebot du Lloyd autrichien, et rentra à Beyrouth le 30,
éblouie de tout ce qu'elle avait vu en si peu de jours.

La durée de l'occupation française avait été bornée à
six mois par la convention européenne qui l'avait autorisée; elle devait donc finir le 5 mars 1861. Mais, à cette
époque, le fanatisme musulman, surexcité par les quelques
exécutions que Fuad Pacha s'était vu forcé d'ordonner
parmi les assassins de Damas, restait toujours menaçant, et l'avenir des chrétiens peu assuré. De nouvelles conférences se tinrent à Paris; il y fut décidé
que le premier terme y serait prorogé de trois mois. La
France, qui n'était point en Syrie en son propre nom,
mais au nom de l'Europe, ne crut pas devoir résister à
l'Europe qui, sur les instances de l'Angleterre, lui retirait
son mandat.

L'expédition reprit donc la mer et s'éloigna dans les
premiers jours de juin, emportant avec elle les regrets,
l'estime et la reconnaissance de tous les chrétiens.

Lorsqu'elle disparut à l'horizon, les milliers d'amis qui
lui avaient fait cortège se hissèrent sur les rochers pour la
saluer une dernière fois. Les femmes se frappaient la poitrine à grands coups, en signe de deuil et de désespoir.
Comme contraste, dès le lendemain, Fuad Pacha, entouré
de tout son état-major, présida à des réjouissances publiques et à une cérémonie religieuse sur l'emplacement

[1] *Le général Chanzy*, par J. de Haucourt, dans *les Illustrations du
XIXe siècle*, librairie Bloud et Barral.

occupé par le camp français, qu'il entendait purifier ainsi de la présence des giaours. Les Turcs disaient en plaisantant : « Les Français ne sont venus ici que pour nettoyer les égouts, tuer les chiens et manger les chats; les Français sont les esclaves du sultan. » Heureusement que nos soldats n'étaient plus là pour les entendre.

L'expédition ne fut néanmoins pas inutile. Pour s'en débarrasser, la Turquie et l'Angleterre furent forcées de consentir à l'institution d'une sorte d'autonomie du Liban, sous un gouverneur nommé par le sultan, mais qui devait être chrétien et assisté d'un conseil central, où seraient représentées toutes les populations diverses : Maronites, Druses, Grecs, Métualis et Musulmans. Cette administration nouvelle paraît avoir rendu à la Montagne son antique prospérité.

Au retour, Chanzy accompagna en Egypte le général de Beaufort, qui, ayant rempli autrefois plusieurs missions diplomatiques dans ce pays, désirait le revoir. Il visita Alexandrie, assista à une grande revue des troupes égyptiennes, où le général français commanda la manœuvre, et remonta le Nil sur un bateau mis courtoisement à la disposition des voyageurs par le vice-roi, Saïd-Pacha. Il fit aussi l'ascension de la pyramide de Chéops, la plus grande et la seule, dit M. Louet, dont le revêtement ait disparu, et dont les pierres énormes, laissées à découvert, forment un escalier si difficile à gravir qu'on n'y parviendrait pas sans le secours de Bédouins qui vous précèdent et vous tirent par les mains, tandis que d'autres vous poussent par derrière.

Le 25 juin, le général et sa suite s'embarquèrent à Alexandrie, sur l'*Amérique*, le même paquebot qui les avait portés de Marseille à Beyrouth dix mois auparavant. On fit relâche à Malte, comme à la première traversée, et l'on put visiter de nouveau les tombes des chevaliers. Enfin, le 3 juillet, on prenait terre à Marseille.

Chanzy reçut un congé pour aller voir sa famille. Il passa près de six semaines à Nouart. Il rejoignit ensuite le régiment dont il était lieutenant-colonel. Ce régiment, le 72e de ligne, se trouvait à Rome.

Chanzy passa près de trois ans à Rome, du 21 octobre 1861 au 6 mai 1864, date à laquelle il fut nommé colonel du 48e. Le séjour de la cité pontificale, ancienne capitale du monde, ne fut perdu ni pour son esprit ni pour son cœur. Sa foi chrétienne s'y fortifia et son instruction militaire y reçut de nouveaux développements, grâce aux loisirs dont il jouissait.

Avant de quitter Rome il voulut prendre congé du souverain pontife, dont il était connu. Il lui présenta sa femme et sa fille. Pie IX caressa l'enfant, et la voyant regarder avec attention la plume qu'il avait sur son bureau, il la lui donna.

« Comment se nomme cette enfant? demanda-t-il.

— Gabrielle.

— Eh bien, petite Gabrielle, vous vous marierez un jour ; gardez cette plume, elle servira à signer votre acte de mariage, et la bénédiction du vieux pontife vous accompagnera pour vous porter bonheur. »

Cette bienveillante prédiction s'est vérifiée depuis.

Le 48e de ligne se trouvait dans la province d'Oran. Ce fut avec joie que Chanzy retourna dans ce pays, où il avait déjà passé seize années de sa vie. Il y rentrait comme colonel, à quarante et un ans. Pour un homme dont le point de départ avait été l'épaulette de laine, c'était une assez rapide carrière. Il avait eu aussi une promotion dans la Légion d'honneur, ayant été nommé officier le 26 décembre 1860, le jour même où il visitait le Saint-Sépulcre.

Le jeune colonel passa les quatre années suivantes à guerroyer sur les confins du Maroc. Le 48ᵉ fut alors rappelé en France. Mais lui-même ne voulut pas quitter l'Afrique.

« Le colonel Chanzy, écrivit le général Deligny, commandant la subdivision d'Oran, au maréchal de Mac-Mahon, gouverneur général, le colonel Chanzy désire vivement continuer à servir en Algérie, et ce désir concorde avec l'intérêt qui s'attache à ce qu'il soit maintenu. Il serait difficile de le remplacer dans son commandement, et de rencontrer, dans un autre candidat, autant de valeur intrinsèque réunie à une aussi grande connaissance des hommes et des choses de ce pays. »

Chanzy obtint donc ce qu'il demandait. On le mit à la tête du 92ᵉ de ligne. Bien plus, il fut promu général de brigade deux mois après (14 décembre 1868) et chargé du commandement de la troisième subdivision de la province d'Oran, à Sidi-bel-Abbès. Le maréchal de Mac-Mahon, en le proposant pour ce grade élevé, lui avait donné la note suivante : « Officier des plus distingués sous tous les rapports ; très intelligent ; rectitude de jugement hors ligne ; vigoureux, énergique, brave à l'ennemi ; appelé au plus grand avenir. »

L'occasion de justifier ce brillant horoscope ne tarda pas à se présenter.

Au mois de janvier 1870, les Ouled-Sidi-Cheikh, tribu marocaine, avaient franchi la frontière et jeté l'épouvante parmi les tribus algériennes du sud-ouest. Le général de Wimpfen, commandant la province d'Oran, reçut ordre de les refouler. Il entra en campagne à la tête d'une colonne expéditionnaire comprenant une brigade de cavalerie commandée par le général de Colomb, et une brigade d'infanterie placée sous les ordres de Chanzy. La lutte fut vive, mais conduite avec vigueur.

Wimpfen pénétra dans le Maroc, à la suite des Ouled-Sidi-Cheikh, qui se replièrent sur le territoire de la puissante confédération des Zegdou, leur alliée. On franchit la large rivière limoneuse de l'Oued-Guir, et l'on arriva, le 13 avril, à El-Bahariat ou les *Petites-Mers*. C'est là que les Zegdou et les Sidi-Cheikh, derrière un épais rideau de tamaris et sur une ligne de hautes dunes de sable, attendaient les Français. L'attaque eut lieu le lendemain 14. La position fut enlevée, au centre, par les zouaves du lieutenant-colonel Détrie, et, aux deux extrémités, par de Colomb et Chanzy. Sur la droite, dit le *Journal officiel*, Chanzy refoulait l'ennemi et menaçait sa retraite. A cinq heures du soir, l'ennemi se rendit sans conditions.

Mais, pendant ce temps, d'autres tribus zegdou avaient assailli l'oasis de Bou-Khaïs, où la colonne avait laissé quelques compagnies pour garder ses communications. Les troupes victorieuses revinrent sur leurs pas, enveloppèrent les assaillants d'un cercle de feu et les forcèrent à demander à leur tour l'*aman*.

Tout cela s'était passé sur le territoire marocain. De peur de complications, la colonne, sur l'ordre du gouvernement impérial, se hâta de repasser la frontière, mais cette rapide et décisive expédition, à deux cents lieues des côtes, dans un pays jusque alors inexploré, avait détruit pour longtemps la confédération des Zegdou. Lorsque éclata, l'année suivante, à l'occasion de nos revers, qui avaient forcé de dégarnir l'Algérie, la terrible insurrection des Kabyles, la province d'Oran conserva sa tranquillité. Les tribus de la frontière marocaine se souvenaient de la bataille d'El-Bahariat.

Un décret du 2 juin 1870 nomma Chanzy commandeur de la Légion d'honneur, en récompense de sa belle conduite.

Mais déjà s'annonçaient d'autres batailles autrement sérieuses que celles contre les enfants du désert, qui n'ont de tactique que leur courage, ignorent la guerre de surprises et font « parler la poudre » d'aussi loin qu'ils aperçoivent l'ennemi.

CHAPITRE III

GUERRE DE 1870. — CHANZY COMMANDANT DU 16ᵉ CORPS.
— BATAILLE DE COULMIERS

Lorsque Napoléon III, comprenant enfin l'erreur qu'il
avait commise en permettant et même en patronnant l'unité
allemande, voulut la démolir à coups de canon, il comptait sur sa bonne étoile. Malade, circonvenu de flatteurs et
de généraux de parade, livré, par suite de sa politique
italienne, aux conseils d'hommes politiques à peine ralliés
à sa cause et dont plusieurs restaient ses ennemis secrets,
enivré enfin du succès d'un plébiscite qui ne lui donnait
qu'une force illusoire, il se jeta, sans préparatifs suffisants,
sans alliances assurées, et sur un prétexte futile, dans une
entreprise dont il était loin d'avoir calculé les difficultés.
Quinze jours à peine s'écoulèrent ; à l'énergie et à la
science militaire déployée subitement par l'invasion prussienne, il comprit qu'il n'avait plus affaire à la stratégie
par à peu près et aux tâtonnements autrichiens de 1859.
Mais il était trop tard.

Deux armées avaient été formées, l'une au delà de Strasbourg, l'autre au delà de Metz, sous la direction suprême
de l'Empereur, qui ne dirigeait rien.

Au delà de Strasbourg, le maréchal de Mac-Mahon se
conduisit en brave, comme toujours, mais comme tacti-

cien se trouva inférieur à sa tâche. Il commit trois fautes successives qui, en s'aggravant chaque fois, devinrent irréparables. La première fut de lancer son avant-garde trop loin, dans une position où il ne pourrait la secourir si elle était attaquée, ce qui arriva en effet à Wissembourg ; la seconde, d'accepter la bataille contre des forces trois ou quatre fois supérieures, à Freschwiller ; la troisième, après cette bataille perdue, d'aller tout droit se reformer à Châlons, au lieu de se retrancher dans les Vosges, d'en défendre les passages pied à pied, de faire sauter les tunnels de la voie ferrée.

Au delà de Metz, les lieutenants de l'Empereur, isolés, sans entente et se jalousant les uns les autres, furent surpris à Forbach, à Spikeren et rejetés en désordre sur notre grande forteresse de l'Est, que Bazaine, incapable ou traître, allait bientôt changer en une souricière immense où l'ennemi n'aurait qu'à se baisser pour prendre notre meilleur matériel de guerre et notre principale armée. Dans ces premières rencontres, qui furent décisives, partout nous fûmes inférieurs du côté du nombre et de celui du commandement. Les Allemands, au contraire, réunissaient à un degré éminent ces deux conditions de victoire. Le nombre et le commandement sont du reste, bien souvent, des qualités qui n'en font qu'une, la première dépendant de la seconde. On raconte qu'après la bataille d'Austerlitz et durant la trêve qui la suivit, l'empereur Alexandre Ier exprimait devant un général français, Savary, son profond étonnement d'avoir été battu. « Comment avez-vous fait ? lui demanda-t-il. Vous étiez inférieurs en nombre, et sur tous les points où l'on s'est battu, vous vous êtes trouvés plus nombreux que nous. — Sire, répondit l'aide de camp de Napoléon, c'est l'art de la guerre. »

C'est l'art de la guerre ; on ne saurait mieux dire. On

avait oublié, sur la fin de Napoléon III, que la guerre est un art. Tandis que la Prusse se livrait, depuis Iéna, aux méditations silencieuses pour préparer sa revanche ; tandis que le prince Frédéric-Charles faisait à l'école militaire de Berlin de savantes conférences sur l'*Art de vaincre les Français*, à Paris on se fiait aux soudaines illuminations qu'inspire quelquefois la nécessité. « Débrouillez-vous, il faut savoir se débrouiller, » disait le vainqueur de Solférino à ses lieutenants. Celui de Marengo et de Wagram tenait un langage bien différent : « Ce qu'on nomme inspiration sur le champ de bataille, disait-il, n'est qu'un calcul très rapidement fait ou un souvenir précieux. » Le génie lui-même, en effet, dans aucune profession, dans aucune industrie, ne saurait se passer d'apprentissage et d'étude. Le génie est chose rare : là où cette source précieuse existe, elle est intermittente et ne jaillit que par intervalles irréguliers et capricieux. Qui posséda plus que Napoléon Ier le génie militaire ? Mais bien peu d'hommes ont étudié la guerre plus que lui avant de la pratiquer ; peu de généraux se sont aussi souvent couchés sur des cartes déployées, étudiant les configurations du terrain, cherchant à deviner les mouvements probables de l'adversaire, comparant les forces sur chaque point et prévoyant tout ce qui peut être prévu, sans oublier la circulation et la concentration des subsistances, de peur de s'exposer à être vaincu sans combattre.

La diplomatie de la France avait sommeillé comme ses états-majors, avant le réveil terrible de 1870. Il paraît que, vainqueurs, nous aurions trouvé des alliances, et que l'Autriche, le Danemark, la Hollande, peut-être l'Italie, n'attendaient pour nous porter du secours, que d'être assurés que nous n'en avions pas besoin. Mais les vaincus n'ont pas d'amis.

Le désastre de Sedan compléta nos malheurs, et la révolution du 4 septembre, difficile à éviter, il est vrai, dès lors que l'Empereur était prisonnier, y mit le comble. Les députés de Paris, tous membres de la gauche et tous avocats, proclamèrent la République, renvoyèrent les députés de province chacun chez soi et se constituèrent en « gouvernement de la Défense nationale. »

La France, un mois après l'ouverture des hostilités, se trouvait donc envahie, sans armée et sans gouvernement, ce qui portait ce dernier nom ayant été bloqué dans Paris presque aussitôt après. Durant trois semaines à Tours, l'avocat Crémieux et l'avocat Glais-Bizoin, deux vieillards qui n'avaient jamais été ministres ni administrateurs de quoi que ce fût, et dont les âges réunis faisaient cent quarante-six ans, concentraient dans leurs débiles mains tous les pouvoirs publics. Ils daignèrent cependant les partager avec l'amiral Fourichon. Mais du 3 au 10 octobre on vit ce phénomène : Crémieux, ministre de la guerre et de l'intérieur en même temps que de la justice. Quels éclats de rire à Berlin et à Munich, sans compter ceux de Londres et de Saint-Pétersbourg !

C'est à ce moment qu'apparaissent les armées de seconde ligne et les généraux de la réserve : Faidherbe, d'Aurelle, Bourbaki, de Sonis, Jauréguiberry, et, au-dessus de tous, Chanzy.

Chanzy n'avait pas attendu, pour demander du service en France, que la situation fût aussi désespérée. Jeune général de brigade (il avait quarante-sept ans), dès le mois d'août il sollicita un poste à l'armée du Rhin. Le maréchal Le Bœuf le lui refusa, et ce fut une heureuse inspiration que ce refus. Nous nous sommes demandé, en effet, la première fois que le nom de Bazaine s'est rencontré sous notre plume, ce qui fût advenu si Chanzy eût été général en chef à sa place. Mais Chanzy ne pouvait être encore général en chef. Il eût servi à l'armée du Rhin comme simple brigadier, et, captif en Allemagne avec tant d'autres, fût resté perdu pour sa patrie et pour l'histoire. Avant qu'il remplaçât les maréchaux et les divisionnaires qui se trouvaient bien avant lui au premier plan, il fallait qu'ils eussent disparu de la scène.

Ce qu'on peut dire, c'est que dans la première moitié de la terrible campagne, ce furent les généraux qui furent battus, et, dans la seconde, les soldats. A Froeschwiller, à Sedan, à Metz, les soldats étaient excellents, mais mal ou pas commandés. A Pont-Noyelles, à Josnes, au Mans, on eut de véritables chefs, mais des chefs sans troupes. Non certes qu'on doive accuser celles-ci d'avoir manqué de courage; mais la discipline et la cohésion militaires ne s'improvisent pas plus chez les soldats que la science chez les généraux.

On s'est demandé en outre, bien des fois, si cette deuxième partie de la lutte ne fut pas une folie, et si la France n'eût pas mieux fait de conclure la paix dès qu'elle cessa d'avoir une armée exercée.

La réponse ne paraîtrait point douteuse si l'on n'envisageait que les sacrifices matériels. Après Sedan ils eussent été moindres, soit en argent, soit en territoire. Mais les pertes morales ont leur valeur aussi, et celle de l'honneur national en est une que rien ne saurait compenser.

Du reste, l'opinion publique n'eût pas toléré autre chose que ce qu'on a fait. Rien de plus facile que de dire après coup : Voilà ce qu'il fallait faire. Mais il est certain, pour tous ceux qui ont vu cette époque enfiévrée, que si la république, au lendemain de Sedan, avait apporté la paix comme don de joyeux avènement, elle eût été renversée dans les vingt-quatre heures.

Paris, en effet, était républicain, et peu importaient les sentiments différents en province. Depuis la Révolution la province ne compte pas ; les départements, trop petits chacun et dépourvus des moyens de se grouper entre eux, acceptent forcément les folies politiques qui leur arrivent toutes faites de la capitale.

Il faut avoir vu Paris au 4 septembre pour se faire une idée de la puissance de l'imagination humaine. Nous avons encore présente à nos yeux la joie absurde, mais sincère et délirante, qui remplissait les rues et les lieux publics, surtout dans les quartiers populaires. De tous ces visages expressifs, mobiles, avides de nouveautés, rayonnait la confiance. L'empire tombé, tout était sauvé. On ne voulait pas voir que dans une semaine, deux au plus, un cercle de fer et de feu allait enfermer la ville ; ce mot magique « la République » semblait un invincible palladium ; la légende de 1792 était dans toutes les bouches ; on se croyait, comme alors, en présence d'un ennemi hésitant, divisé, peu pressé de vaincre de peur qu'un allié ne profitât de la victoire ; d'un ennemi qui prendrait longuement ses quartiers d'hiver, livrerait une bataille tous les six mois, puis, vainqueur ou vaincu, se reposerait et nous laisserait le temps de reformer nos cadres et d'exercer nos recrues ; on se figurait sérieusement que le chant de la *Marseillaise* allait réduire au silence les canons Krupp. O illusions d'un peuple toujours enfant, et trompeur mirage d'une légende mal comprise !

Sans partager tout à fait la frénésie des Parisiens, le reste de la nation était loin de croire que nos forces fussent brisées au point de rendre la victoire désormais impossible. On le vit bien aux acclamations unanimes qui accueillirent, dans les départements, la fière réponse de Jules Favre à M. de Bismarck : « Ni un pouce de notre territoire, ni une pierre de nos forteresses. » On le vit mieux encore à l'élan patriotique de tous les partis, royalistes ou impérialistes, empressés à servir la France, même sous le drapeau républicain détesté, et à l'écho sympathique et profond que trouva partout la nouvelle, anxieusement attendue, que Glais-Bizoin et Crémieux cessaient d'être le gouvernement. Gambetta arrivait de Paris en ballon. Ses premiers discours et ses bulletins, quoique remplis de renseignements hasardeux et de victoires que le lendemain ne confirmait pas, réconfortèrent les cœurs. On pardonna tout à Gambetta : son outrecuidance, son incapacité, ses mensonges, tout en faveur de ce seul mérite : il n'avait pas désespéré de la patrie.

Si nous ne craignions de prolonger outre mesure ces digressions préliminaires, nous étudierions maintenant les causes qui ont donné à la guerre de 1870 une âpreté particulière, dont le ressentiment subsiste encore après dix-neuf ans. Du côté des vaincus l'acharnement s'explique par la fierté d'un peuple habitué aux succès plus souvent qu'aux revers, et qui, resté fort malgré les pertes éprouvées, ne peut se faire à l'idée de renoncer à une partie de son territoire d'où l'on continue à tendre les bras vers lui. Du côté des vainqueurs, la dureté pendant la lutte et la rancune après s'expliquent par ce sentiment étrange, que les hommes pardonnent plus volontiers le mal qu'ils ont subi que celui qu'ils ont fait, et aussi par le caractère spécial du Prussien, qui inspire et dirige l'Allemagne depuis 1866.

L'Autriche, la Russie, l'Espagne, ont pardonné depuis longtemps les batailles sous Vienne, l'incendie de Moscou, la prise de Saragosse. Nous-mêmes n'avons gardé rancune à personne de la double occupation de Paris et du refoulement de notre patrie dans ses anciennes limites et même en deçà. Mais l'Allemagne du Nord a la haine profonde et vivace. Elle avait à venger en 1870 non seulement Iéna, mais des injures historiques, qu'on pourrait qualifier en quelque sorte de préhistoriques : l'incendie du Palatinat, et jusqu'aux griefs des Hohenstaufen contre la maison d'Anjou. Elle y ajoute aujourd'hui la crainte d'un retour offensif de la France en Alsace-Lorraine, et elle sent très bien que sa suprématie, purement militaire et matérielle, sera menacée tant que vivra la nation sur laquelle elle l'a conquise et qui garde, malgré tout, la suprématie morale, artistique et littéraire.

Il faut distinguer toutefois entre le peuple et la noblesse militaire et lettrée. Le peuple allemand, quoique surexcité en 1870 par le devoir de défendre ses foyers contre une déclaration de guerre insuffisamment justifiée, quoique enivré de triomphes inouïs, quoique surchauffé par les chants de guerre qui retentissaient sans cesse dans les bivouacs, le peuple allemand avait soif de tranquillité. Les paroles, les actes de presque tous ses soldats trahirent assez vite une lassitude profonde. Ils en voulaient aux Français de leur obstination à se défendre encore, et bien souvent on les entendait dire : « Nous ne sommes pas belliqueux comme vous ; à vous, il vous faut le mouvement, le bruit, la gloire ; vous ne savez pas rester tranquilles, vous avez toujours quelque affaire sur les bras ; quant à nous, nous ne voulons que la paix. »

Mais chez les officiers, la politesse habituelle dissimulait mal une haine sauvage. Il y a de tout dans cette haine. Les souvenirs historiques mentionnés plus haut sont moins un motif réel qu'un prétexte et un aliment soigneusement entretenu ; il y a de la jalousie, de l'antipathie de race, il y a de l'antagonisme religieux, les Allemands du Nord étant presque tous protestants ; il y a

surtout de la crainte : la crainte d'un retour offensif inévitable.

Aussi la guerre fut-elle marquée par des actes habi-
tuels, constants et nullement accidentels, qui jurent étran-
gement avec l'opinion complaisante que les Allemands
ont d'eux-mêmes et que nous étions disposés à admettre
non moins complaisamment, sur la foi des idylles de Gess-
ner. Leur caractère se distingue, d'après eux, par la sensibilité. La sensibilité fut aussi de mode en France sous
Louis XV et Louis XVI, et il se trouva que « les âmes
sensibles » avaient nom Fabre d'Eglantine et Tallien,
Fouquier-Tinville et Robespierre.

Systématiquement, avec autorisation supérieure, sinon
par ordre, les Allemands pillaient les maisons qu'ils
trouvaient inhabitées, en brûlaient les meubles pour
se chauffer, chargeaient dans leurs fourgons et expé-
diaient tranquillement chez eux tout ce qui à la qualité
d'être transportable joignait celle d'avoir quelque valeur.
L'histoire des pendules exportées en masse n'est pas une
légende, et les Parisiens se souviennent de l'immense
ceinture de ruines qui, après le siège, entourait l'enceinte des forts détachés. Pas une maison ne restait debout.

Tirer, pendant les sièges, sur les monuments et sur les
habitations, au lieu de viser les fortifications, est un
usage barbare introduit par les Allemands en 1870. On en
peut dire autant des réquisitions démesurées dans les
villes et les villages, en argent surtout, et des honteux
marchandages sur leur quotité. Ces actes sont des actes
de guerre indirects, selon les Allemands ; ils font partie
de la tactique nouvelle ; on les emploie comme un moyen
d'amener l'habitant à peser sur le soldat pour le contraindre à cesser la défense. En fait, ils ont eu quelque-

fois ce résultat; mais avant 1870, le droit des gens les réprouvait comme barbares, illégitimes, indignes des peuples civilisés.

Que dire aussi des cruelles représailles exercées contre des hommes paisibles, sous prétexte qu'ils n'avaient pas dénoncé la présence de francs-tireurs, et comment qualifier les assassinats de curés, de maires ou d'otages qu'on parquait dans une église et qu'on tirait au sort pour savoir lequel serait fusillé pour racheter les autres? Le seul mot de franc-tireur avait le don de mettre les Allemands hors d'eux-mêmes; leur imagination en était pour ainsi dire hantée. C'est que ce mot rappelle la guerre de partisans; il faisait craindre les périls imprévus, les surprises, les embuscades, toutes choses antipathiques au caractère d'une nation brave mais éminemment pratique et prudente, sachant très bien faire face au danger, aller même au-devant quand il le faut, mais n'aimant en aucune façon la lutte pour les émotions qu'elle donne, et n'acceptant que la guerre scientifique, raisonnée, sans ombre d'esprit chevaleresque.

Le même système explique, mais sans le justifier, le terrorisme que les Allemands exerçaient autour de leurs demeures afin d'en assurer la sécurité. Une de leurs habitudes était de prendre des otages, et un de leurs amusements de les accabler de coups de crosse. Ils ne manquaient guère, dans les villages, de leur renouveler à satiété la funèbre plaisanterie de faire croire qu'on allait les fusiller; ils chargeaient sous leurs yeux, avec une mimique expressive, le fusil ou le revolver, ils appuyaient le bout du canon sur la tempe des misérables; bref, ils n'avaient aucune pitié pour l'homme désarmé, aucun respect pour le blessé, le faible, le mourant, aucune idée de la différence qu'il y a entre frapper un adversaire qui peut rendre les coups, ou frapper un malheureux qui ne peut se défendre.

On dira que les Français en firent autant en Allemagne sous la première république et sous Napoléon Ier, et qu'ils étaient prêts à recommencer sous Napoléon III. On dira vrai pour quelques-unes de ces violences que la guerre autorise; mais il en est auxquelles les natures généreuses répugnent.

Tel est encore l'espionnage. Certes, la ruse est permise à la guerre. Cependant, en France, on professe qu'il y a des ruses loyales et d'autres qui ne le sont pas. Les Allemands, ou du moins les Prussiens, ne font pas ces distinctions. Hormis le manquement à la parole donnée, pour eux tout est louable. La doctrine de « l'Etat de l'intelligence, de la crainte de Dieu et des bonnes mœurs, » comme ils aiment à s'appeler, peut se résumer ainsi : le propre de la civilisation est la prédominance de l'esprit sur la matière; l'emploi des ressources de l'intelligence, en temps de guerre, devient donc aussi naturel, aussi légitime que l'emploi de la force brutale; il est même préférable, puisqu'il peut diminuer l'effusion du sang. »

Sur ce raisonnement, on les voit élever l'espionnage à la hauteur d'une institution, dans laquelle les officiers cherchent à se signaler comme les autres; on les voit fomenter la trahison et la lâcheté chez l'ennemi, enfin inventer les moyens indirects et briser dans les non-combattants la résistance des combattants.

Ces diverses réflexions nous sont suggérées tant par nos propres souvenirs que par les enquêtes faites, après l'évacuation, dans les régions envahies. Terminons par ces conclusions très sagaces d'un observateur éminent qui a étudié, avec un soin tout particulier, la conduite des Allemands dans un département où bientôt nous aurons à pénétrer avec eux : la Sarthe.

« S'il faut, en présence des enseignements de la dernière guerre, en rabattre beaucoup des jugements favorables que nos vainqueurs se délivrent entre eux, et que nous adoptions jadis, il faut se garder en même temps de dépasser en sens inverse la mesure et de devenir trop sévères. Nous croyons, quant à nous, qu'un grand nombre des abus commis par les Allemands, soit sous l'empire d'une passion, soit par calcul ou pur amusement, s'expliquent non pas par de la dureté de cœur, mais par une disposition particulière de l'esprit. Il y a dans les cerveaux germaniques une certaine fixité d'idées, une certaine lenteur d'impressions qui fait qu'absorbés dans une théorie, un sentiment, un intérêt, ils suivent leur impulsion jusqu'au bout et dépassent, sans s'en apercevoir, la limite du vrai et du juste, parce qu'aucune nouvelle inspiration n'est venue chez eux arrêter à temps la première. Cette disposition d'esprit se manifeste sous toutes les formes. C'est elle qui conduit quelquefois le savant allemand, de théorie en théorie, à des déductions absurdes. L'homme de guerre, lui, pénétré des nécessités de son métier, se fait des doctrines absolues sur l'étendue de ses droits, et les applique partout et toujours, même quand la nécessité ne les justifie plus; ou bien, si quelque circonstance excite ses instincts ou ses passions, il leur obéit aveuglément et sans distractions. Le savant n'a pas cet éclair de bon sens qui fait voir le faux au milieu des raisonnements les plus logiques en apparence; le soldat n'a pas cette inspiration soudaine du cœur qui devrait lui faire voir le côté cruel ou honteux de certains actes; il ignore ces bons mouvements qui arrêtent souvent les natures les plus impétueuses. Il est très accessible à la pitié, mais à la condition de n'être pas déjà sous l'empire d'un autre sentiment incompatible avec elle ; car celui-ci ne se laisse pas facilement déposséder.

« C'est par cette disposition de caractère qu'il faut expliquer, croyons-nous, beaucoup des excès commis pendant l'invasion. Cependant, il faut peut-être arriver aussi à cette conclusion, que l'Allemand, doué de goûts honnêtes et de bons sentiments, manque quelquefois d'une fibre particulière, celle qui, — complétement en dehors des inspirations de la charité chrétienne, laquelle pardonne même à la force, — tressaille chez certaines âmes, au spectacle de la faiblesse, quelle que soit son origine, et fait taire la voix de la passion, ou oublier son droit devant un ennemi désarmé : la générosité, en un mot [1]. »

Reprenons le fil des événements.

Ce fut le maréchal de Mac-Mahon, prisonnier, qui signala à Gambetta les capacités de Chanzy. Un des historiens de ce dernier l'affirme, après s'en être assuré. « Le maréchal, écrit-il, a bien voulu répondre en ces termes à une question de nous sur ce sujet : « J'ai effectivement écrit à M. Gambetta, alors ministre de la guerre, pour lui recommander le général Chanzy comme un des généraux les plus capables de l'armée, mais je ne me rappelle pas au juste les termes dont je me suis servi [2]. »

Chanzy fut nommé général de division le 20 octobre, et mis comme tel à la disposition du vieux général d'Aurelle de Paladines, qui, sorti du cadre de réserve où il était depuis deux ans, mettait une activité, rajeunie par le

[1] *Les Allemands dans la Sarthe*, étude sur leur conduite pendant l'occupation, d'après les enquêtes faites dans le département, par M. Armand Surmont, p. 119.

[2] Arthur Chuquet, *Le général Chanzy*, p. 40.

danger, à former en Sologne, derrière la Sauldre, une armée nouvelle, qui fut la première armée de la Loire.

« C'est au général d'Aurelle, raconte modestement Chanzy, c'est à son énergie, à son expérience et à ses hautes capacités militaires, que la France doit cette formation; elle fut le type de toutes celles que la délégation du gouvernement en province allait faire surgir, avec une volonté et un patriotisme que les menées politiques qu'on lui reproche ne sauraient faire oublier. Qu'on ne perde pas de vue, si l'on veut être équitable, la situation dans laquelle se trouvait alors le pays, les difficultés qu'il fallait surmonter. Qu'on se rappelle enfin l'impression causée par ces créations incroyables, sur nos ennemis et sur toutes les puissances européennes, qui, malgré leur indifférence, applaudissaient aux efforts sublimes d'une grande nation se raidissant contre la mauvaise fortune [1]. »

Les nouveaux corps d'armée étaient constitués sur le modèle des anciens, sur le type napoléonien, avec deux ou trois divisions d'infanterie de deux brigades chacune, une division de cavalerie, quatre à six batteries, ainsi qu'une section de génie par chaque division, et une réserve de corps d'une dizaine de batteries. Où la différence s'accentuait, c'était dans la composition des états-majors, où les uns étaient des vieillards ayant repris du service, les autres de jeunes chefs exerçant tous un commandement supérieur à leur grade antérieur; c'était aussi, c'était surtout dans la qualité des troupes. La brigade se composait ordinairement d'un régiment dit de marche, formé avec les dépôts de divers régiments anciens, et d'un régiment ou de quelques bataillons ou légions de

____

[1] CHANZY, *La deuxième armée de la Loire*, p. 10.

gardes nationales mobiles ou de volontaires. Çà et là, un ancien corps régulier, un bataillon d'infanterie de marine ou de fusiliers, fournissait un précieux point d'appui à l'inexpérience de ces troupes hétérogènes, littéralement improvisées.

Chanzy ne commanda que peu de jours une des divisions du 16ᵉ corps. Le général Pourcet étant tombé malade, il fut mis à sa place à la tête du corps tout entier, le 2 novembre. Il avait ainsi trois divisions sous ses ordres : la première sous le vice-amiral Jauréguiberry, la seconde sous le général Barry, la troisième sous le général Maurandy. Il établit son quartier général à Marchenoir et choisit pour chef d'état-major le colonel Vuillemot, que ses talents firent élever depuis aux importantes fonctions de chef d'état-major général de l'armée. Ses aides de camp étaient le capitaine d'état-major Marois, le capitaine du génie Henry, le lieutenant de cavalerie Bernard, venus comme lui d'Algérie et qui ne l'ont plus quitté, même plus tard dans son ambassade en Russie.

Le 15ᵉ corps, sous le général d'Aurelle de Paladines, formait, avec le 16ᵉ, l'armée de la Loire. Les 17ᵉ, 18ᵉ, 19ᵉ et 20ᵉ corps, destinés à compléter cette armée, étaient en formation. D'Aurelle commandait en chef, depuis le récent échec du général de la Motte-Rouge, qui, avec des recrues menées trop hâtivement à l'ennemi, n'avait pu arrêter les Bavarois marchant sur Orléans.

On ne connaissait guère plus d'Aurelle que Chanzy. Le pays, en apprenant les noms de ces nouveaux chefs, était partagé entre l'espérance et la crainte ; mais la crainte dominait. On sut pourtant bientôt que, par leurs soins sévères, une discipline rigoureuse s'établissait dans les bandes confuses de la nouvelle armée. Robuste encore malgré ses soixante-cinq ans, actif, froid, studieux et simple, d'Aurelle ne s'épargnait aucune fatigue ; mais en retour il exigeait une obéissance absolue. Si, au lieu de quelques semaines pour aguerrir ses jeunes troupes, il avait eu quelques mois devant lui, il les eût rendues invincibles.

Les Allemands commençaient à se préoccuper de cette armée qui apparaissait sur divers points, à leur grande surprise, arrêtait leurs reconnaissances, réprimait ou ressaisissait leurs réquisitions. Ils la tâtèrent par des pointes hardies sur les deux rives du fleuve.

Dès le 7 novembre, une de leurs colonnes, composée de deux bataillons d'infanterie bavaroise, de 2,000 cavaliers prussiens et de deux pièces d'artillerie, se heurta, en avant de la forêt de Marchenoir, aux mobiles de Loir-et-Cher et au 3ᵉ bataillon de chasseurs à pied, qui tinrent bon pendant deux heures, bien que sur un terrain découvert et sous le feu le plus violent. Le général Abdelal, qui commandait une des trois brigades de cavalerie du 16ᵉ corps, accourut au bruit de la canonnade, tandis qu'arrivait d'un autre côté la brigade Bourdillon. L'ennemi se retira alors sur Vallière, qu'il dut abandonner. Les dragons du général Abdelal se jetèrent dans le village et firent prisonnière toute une compagnie bavaroise qui n'avait pas eu le temps d'évacuer. Les Bavarois laissaient de plus une centaine d'hommes sur le terrain.

Ce combat de Vallière arrivait à propos pour donner de la confiance ; il eut une grande influence sur les jeunes troupes, qui commencèrent à s'aguerrir.

Le même jour, le lieutenant-colonel Lipowski, qui avait si brillamment défendu Châteaudun le 18 octobre, faisait avec ses francs-tireurs une reconnaissance où il surprenait 200 cuirassiers blancs, en mettait 25 hors de combat et ramenait des armes et des chevaux.

Les Allemands, se sentant menacés dans Orléans qu'ils occupaient depuis leur victoire d'Artenay, résolurent d'aller au-devant des Français en formation et de les acculer à la Loire; résolution très sage qui les amena, dans la nuit du 8 au 9 novembre, sur une bonne ligne défen_sive s'étendant, du nord au sud, de Baccon à Saint-Sigismond, et ayant son centre à Coulmiers. Cette résolution se trouva d'autant plus heureuse pour eux que, s'ils eussent différé l'exécution de vingt-quatre heures, au lieu de rencontrer uniquement les deux corps d'armée du général d'Aurelle, ils auraient eu affaire à un troisième qu'amenait le général Martin des Pallières, mais qui arriva trop tard.

Le commandant en chef des Allemands était le général bavarois Von der Tann. Quoi qu'en aient pu dire quelques Prussiens ou Poméraniens envieux, trop enclins à se demander s'il peut sortir quelque chose de bon de Munich, Von der Tann est un des plus habiles capitaines que la guerre de 1870 ait révélés. Les troupes mises à sa disposition étaient peut-être, par leur nombre, au-dessous de la mission qu'on lui avait donnée d'occuper toute la région centrale de la France; mais elles paraissaient plus que suffisantes en face de foules incohérentes d'hommes en armes, qui se disperseraient au vent de la première canonnade. Il commandait à tout le corps d'armée bavarois, à la division de cavalerie prussienne Stolberg et à une partie de la division Wittich. On peut évaluer à 35,000 combattants, dont 6,500 de cavalerie et 4,000 d'artillerie, les troupes qu'il avait sous la main pour la bataille qu'il cherchait.

De son côté, d'Aurelle de Paladines s'avançait à la tête de 50,000 hommes, mais dont les neuf dixièmes allaient au feu pour la première fois. Son artillerie était inférieure:

100 canons contre 132, ceux-ci se chargeant par la culasse, tirant plus souvent et portant plus loin. On peut dire que les forces, inégales en apparence, moindres du côté des Allemands, étaient à peine équivalentes du côté des Français.

Le pays où se rencontrèrent les deux armées est compris entre Meung, Orléans et Patay, dans cette vaste, riche et mélancolique plaine de la Beauce, parsemée de vieux manoirs et de grandes fermes. On n'y aperçoit pas de hauteurs, excepté à Baccon, que les Allemands occupaient, et dont l'assaut devait être pénible et meurtrier. Le ciel était brumeux et inclément; des pluies récentes avaient détrempé les immenses terres labourées; nul obstacle n'empêchait les combattants de développer régulièrement leurs lignes, et les généraux de se donner l'âpre jouissance d'une savante bataille rangée.

La nuit du 8 au 9 fut des plus calmes. Le matin, les reconnaissances poussées sur le front de l'armée française ne signalèrent aucun mouvement de l'ennemi. Évidemment celui-ci, trouvant ses positions bonnes, attendait qu'on vînt l'en déloger.

A huit heures, conformément aux ordres donnés dès la veille, les Français s'ébranlèrent. Leurs colonnes s'avancèrent avec la plus grande régularité, couvertes par de nombreux tirailleurs, que précédaient eux-mêmes des éclaireurs de cavalerie. Le 15ᵉ corps tenait la droite; il avait pour objectif Baccon et la Renardière. Le 16ᵉ, au centre et à gauche, marchait sur Coulmiers, Cheminiers, Champs, Ormeteau, Saint-Sigismond.

Vers neuf heures et demie, le canon commença à tonner sur la droite. Von der Tann avait crénelé les maisons, barricadé les rues, élevé des retranchements en terre et embusqué ses tirailleurs dans des carrières. Bac-

con était devenu une sorte de forteresse. Néanmoins, le
général Peytavin enleva tous les obstacles au cri si français de : « En avant! à la baïonnette! » Les barricades
franchies, les batteries bavaroises refoulées, les assaillants reformèrent leurs lignes et marchèrent droit à la
deuxième position, que le général en chef avait prescrit
d'emporter, c'est-à-dire le château de la Renardière. Là,
après un nouveau combat d'artillerie, auquel Chanzy prit
part en établissant une batterie qui força les Allemands
à diviser leurs feux jusque-là concentrés tout entiers sur
le 15ᵉ corps, il fallut livrer un nouvel assaut et assiéger
encore les maisons l'une après l'autre ; mais rien ne put
arrêter l'impétuosité de Peytavin et de ses soldats.

Au centre, Von der Tann, posté de sa personne au château de Coulmiers, couvrait d'obus les troupes du
16ᵉ corps, qui lui répondaient bravement et avançaient
toujours. Cette lutte d'artillerie dura jusqu'à deux heures.
Alors, l'amiral Jauréguiberry parvint à occuper le village
de Champs. Ses pertes furent sensibles ; il lui fallut payer
d'exemple au premier rang pour maintenir ses troupes,
contre les retours offensifs, dans les positions qu'elles
avaient conquises. Le général Barry s'élança de même, à
pied et au pas de course, sur le château de Coulmiers. Les
Bavarois se défendirent avec fureur ; chaque arbre cachait
un fusil ; chaque fossé, chaque talus dissimulait des lignes
de tireurs, un genou en terre. Un instant les Français
hésitent. Le colonel du 31ᵉ, M. de Foulonges, tombe ; le
sol est jonché de cadavres. Le général d'Aurelle appelle
alors les bataillons de réserve que commande le général
Dariès, du 15ᵉ corps, et Chanzy accourt l'assister du feu
de toutes les batteries disponibles et voisines. L'attaque
recommence. Barry, la canne à la main, l'air calme et la
voix presque paisible, enlève les mobiles de la Dordogne,

que guident le commandant de Chadois et d'autres intrépides officiers. Le capitaine d'état-major de Gravillon
tombe. Les jeunes mobiles pénètrent dans le bois, en
chassent l'ennemi, démontent une batterie bavaroise qui,
gênée par les arbres qui l'encadrent, cherchait péniblement à prendre une position utile ; les chasseurs et le
31ᵉ de marche ont franchi le mur du parc, le château est
pris ; Von der Tann recule pour protéger sa ligne de
retraite ; il s'arrête à une grande ferme, voisine de Coulmiers, y tente un dernier et infructueux effort, et se replie
à la faveur de l'obscurité, non sur Orléans, dont il craint
d'être coupé par l'arrivée de Martin des Pallières, mais
sur Janville et Toury.

A la suite de cette description générale et rapide, faite
d'après les divers historiens, on lira peut-être encore
avec intérêt le récit plus animé, plus circonstancié et plus
pittoresque d'un des combattants, le sergent Bérail, qui
voyait la guerre pour la première fois :

« Le jour commençait à poindre, lorsque les tambours
et les clairons retentirent dans le camp. Nous prîmes nos
places, compagnies par compagnies, dans un silence profond. Le froid était très vif et le ciel très sombre. Un
brouillard épais cachait tous les horizons. Lorsqu'il se
dissipa, un spectacle magnifique frappa les plus indifférents. C'était l'armée française rangée en bataille sur
deux lignes, calme, confiante et attendant le combat avec
la froide énergie des vieux soldats. Au plus loin que portaient les regards dans les champs unis et dépouillés,
nous voyions des bataillons. On se mit en marche. Au
loin, vers la Loire, nous apercevions des massifs d'arbres
qui entouraient châteaux et fermes. Un clocher se dessinait sur les hauteurs de Baccon.

» On ne voit pas un Allemand, mais chacun de nous

semble deviner que l'ennemi est caché derrière les murs
crénelés des châteaux et des fermes.

» A neuf heures et demie, nous marchions toujours, lorsqu'un coup de canon retentit et nous fait dresser la tête.
Le capitaine de ma compagnie, un ancien, dit à haute
voix : *Attention!*

» Ce coup de canon isolé produit plus d'émotion que
n'aurait pu faire la décharge d'une batterie.

» Nous voyons passer un officier, dont le cheval est
lancé à toute vitesse ; il jette ces mots à notre chef de
bataillon : « C'est le 15ᵉ corps qui attaque à droite. » Le
bruit formidable de l'artillerie remplit l'air. Nous faisons
halte et l'on dit dans les rangs que la position de Baccon
est prise d'assaut après deux charges à la baïonnette. La
division du 16ᵉ corps, dont je fais partie, est mise en
marche sur Coulmiers. Vers midi, nous atteignons les
jardins qui entourent le village, et chacun de nous s'embusque de son mieux.

» Les balles sifflaient et les obus éclataient de toutes
parts. Je me glissais d'arbre en arbre, le corps plié en
deux, mais je ne pouvais viser à cause d'une épaisse
fumée. « Réglez-vous les uns sur les autres, » criait le
capitaine, qui n'avait pas le sabre à la main, et nous poussait en avant ou nous retenait, en jurant comme un
païen. Il ne se gênait pas non plus pour se servir de sa
canne ; mais il était si brave et si bon que nous nous
serions tous fait massacrer pour lui. Au moment où nous
allions entrer dans Coulmiers, le 7ᵉ chasseurs occupait
notre droite, et le 31ᵉ de marche notre gauche. A la tête
du 31ᵉ, son colonel entraînait le régiment. Lorsque je le vis
chanceler, puis tomber mort, je demandai son nom, et je
sus que c'était M. de Foulonges.

» Pendant un instant nous fûmes arrêtés, puis repous-

sés. Le général Barry, commandant la division, parut à
cheval au milieu de nous, mit pied à terre, et montrant
de sa canne les Bavarois, jeta le cri de : *Vive la France!*
Nous répétons ce cri en nous lançant sur le village. Il est
en flammes, et nous nous battons corps à corps dans les
rues, dans les cours et même dans les maisons. Je me
sers de ma baïonnette rouge de sang, je casse des têtes à
coups de crosse, je ne me connais plus, ma vue est trou-
blée, un bruit formidable m'étourdit, je suis d'une force
prodigieuse et la poudre m'a enivré. Mes lèvres sont
sèches et je ne m'aperçois même pas qu'un filet de sang
coule de mon front. Qui est-ce qui m'a blessé et quand?
Je n'en sais rien.

» Les Bavarois fuient de tous côtés et l'on sonne le ral-
liement, lorsque le jour finit au milieu de la pluie et de
la neige qui commencent à tomber. On reprend les rangs
et l'on compte ceux qui restent.

» Hélas ! combien ne sont plus là, qui, le matin, joyeux
et pleins d'espoir, parlaient du lendemain ! Pour nous, y
a-t-il un lendemain ?

» J'ai remarqué que, pendant les haltes, lorsque le
danger n'était pas grand, un certain nombre de camarades ne cessaient de parler à haute voix, comme pour
s'étourdir ; d'autres, au contraire, semblaient méditer en
silence. Les anciens soldats, habitués à la guerre, promenaient autour d'eux des regards indifférents.

» Vers le milieu de la journée, pendant une marche
pénible, le général d'Aurelle était arrivé près de nous.
Accablé de fatigue, le front soucieux, il nous vit défiler.
Ce n'était pas un jeune homme, mais un rude vétéran à
la physionomie sévère. On le redoutait tout en l'aimant.
Il adressait aux soldats qui passaient devant lui quelques
paroles brèves. Tout en lui indiquait l'énergie, cette éner-

gie des champs ou de la mer ; il devait y avoir de cette
race autour de saint Louis aux croisades, ou près de Jean
Bart à l'heure de l'abordage.

» Je crois, en vérité, que le général d'Aurelle me regardait en disant : Allons, enfants, encore un coup de col-
lier !

» J'ai aussi un autre souvenir précieux de la bataille de
Coulmiers. Deux ou trois fois par heure nos batteries cessaient un instant leur feu et se portaient rapidement plus
près de Coulmiers. En passant près d'une de ces batteries
qui recommençait son tir, je remarquai que les obus et
les boulets pleuvaient sur nos pièces qui répondaient
furieusement. Les canonniers et les chevaux tombaient
de tous côtés. Je fus saisi d'admiration en voyant le colonel d'artillerie de Noue (1) debout sur un tertre, auprès
d'une ferme abandonnée ; sa lorgnette à la main, quelques fourriers autour de lui, le colonel, calme, tranquille comme dans un salon, envoyait partout ses ordres,
commandant sans la moindre émotion, suspendant un
mouvement, dirigeant le feu ou pressant la marche en
avant.

» J'ai vu ce jour-là, 9 novembre 1870, des actes de bravoure extraordinaires, mais l'image de ce colonel est restée
dans mon souvenir comme le suprême effort de l'homme
sur la nature, comme la victoire la plus complète d'un
cœur de soldat remplissant son devoir.

» Lorsque la journée fut terminée et l'ennemi en déroute, chacun eut son histoire à raconter, le soir même et
le lendemain.

» Un hussard du 1ᵉʳ régiment de marche nous a fait ce
récit : Comme la division Barry se mettait en marche le

(1) Depuis général.

matin, des uhlans vinrent observer ses mouvements. Devant eux se trouvaient des hussards français. Postés à la lisière d'un petit bois, ceux-ci avaient l'ordre de ne pas engager de combat dans ce moment, tout en reconnaissant la plaine. Ils étaient au repos, quand un uhlan, qui leur parut être un officier, se détacha de son peloton et poussa son cheval vers eux. A portée de fusil il s'arrête, croise les bras et regarde les hussards français. Ils avaient bien envie de lui envoyer une balle, mais on l'avait défendu. Cependant le uhlan, immobile, se met à chanter, comme pour les provoquer. Le refrain de la ballade allemande arrive jusqu'aux oreilles de ses ennemis furieux. L'officier des hussards, que cette bravade irrite à son tour, saisit une carabine et vise. Le coup allait partir : *Feu!* crie en français et d'une voix vibrante l'audacieux uhlan. Etonnement ou générosité, celui qui le visait laisse retomber son arme. Le uhlan, tournant bride, s'en retourne près des siens, en poussant un grand éclat de rire et faisant caracoler son cheval.

» Il ne faut donc pas dédaigner le soldat allemand. Nous qui l'avons vu de près à Coulmiers, savons ce qu'il vaut. Nos attaques à la baïonnette peuvent seules le troubler.

» Au moment le plus terrible de l'attaque de Coulmiers, les mobiles de la Dordogne (22ᵉ régiment) passèrent près de nous d'un pas rapide. Quoique le silence fût recommandé, les chefs laissaient ces braves gens chanter en patois des refrains de leur pays. Pauvres enfants du Midi, à peine couverts de vêtements déchirés! Ils marchaient fièrement, et l'on devinait à leurs allures les robustes paysans, un peu sauvages, naïfs, qui allaient à l'assaut sous une grêle de balles et mouraient en chantant. Nous écoutions les chants patois, que nous ne comprenions pas, et ces fils des lointaines provinces nous saluaient en passant de leur adieu : *Adicias ! adicias !*

« L'intrépide général Barry se place en tête des mobiles de la Dordogne ; le capitaine d'état-major de Gravillon tombe près de son général ; le commandant de Chadois et plusieurs officiers sont au premier rang, et l'ennemi ne peut résister à cette furie.

» Sur un autre point du champ de bataille, les mobiles de la Sarthe font de cruelles pertes. Les rangs s'éclaircissent sous les coups répétés de l'artillerie bavaroise ; il y a une sorte d'inquiétude. Alors, dominant le bruit de la bataille, une voix se fait entendre, vive, gaillarde : « Allons, les Manceaux ! est-ce que nous allons reculer ! »

C'est un jeune conscrit, moins ému du danger que de l'honneur de la province. Le mot passe, brave et gai ; on crie dans tous les rangs : « Non, non, les Manceaux ne reculeront pas ! » Le colonel de la Thouanne, qui commande les Manceaux, les exalte par son exemple. Tous les officiers tiennent bon sous les obus. L'un d'eux, volontaire de dix-huit ans, et fils d'une race illustre, Paul de Chevreuse, tombe blessé à la jambe. Ses hommes veulent l'emporter : « Non, non, dit l'héroïque jeune homme, marchez à l'ennemi ; en avant ! mes camarades ! » et pour s'écarter de la route, il se traîne sous un arbre, où son frère, le duc de Luynes, vient le chercher sept heures plus tard.

» A cette bataille de Coulmiers, les mobiles de la Sarthe eurent deux cent dix-huit hommes hors de combat ; un de leurs officiers, M. de la Mandé, fut tué ; huit autres furent blessés. C'étaient : MM. de Montesson, commandant ; le capitaine de Juigné, et les lieutenants de Bastard, de Batine, Boulard, Desreau, Robert et Rousseau (1). »

(1) Cité par le général Ambert dans ses *Récits militaires : La Loire et l'Est*, p. 67.

La nuit était venue depuis longtemps lorsque le combat cessa. Les Français restaient maîtres de tout le champ de bataille. La pluie et la neige se mirent à tomber. L'obscurité était profonde ; on cherchait en tâtonnant les blessés, on se réapprovisionnait de munitions, on distribuait des vivres qui furent presque inutiles ; les hommes, couchés dans la boue, ne purent faire du feu, le pays n'offrant aucune ressource en bois. Il fallut, raconte Chanzy, attendre le jour pour se reconnaître, juger de la position et aviser.

L'amiral Jauréguiberry, qui s'était maintenu à Champs, fut le premier à se rendre compte que la bataille était vraiment gagnée et que l'ennemi n'avait prolongé sa résistance que pour couvrir sa retraite. Dès le jour, il fit reconnaître Saint-Sigismond, qu'il trouva évacué. Un habitant de Patay, le docteur Verdineau, vint alors le prévenir qu'une colonne ennemie avait défilé toute la nuit sur la route de Patay, dans le plus grand désordre. L'amiral n'avait sous la main, comme cavalerie, que son escorte, composée d'une trentaine de dragons et de quinze hussards. Le commandant de Lambilly, son chef d'état-major, n'hésita pas à se mettre, avec une aussi faible troupe, sur les traces de cette colonne. Après avoir dépassé Saint-Péravy, il l'aperçut qui s'engageait dans Lignerolles. Il se précipita au galop dans cette direction, atteignit la tête du convoi, et, après une courte résistance, parvint à ramener deux pièces d'artillerie bavaroises avec leurs attelages et leurs servants, 25 caissons de munitions, 30 voitures de bagages et 130 prisonniers (1).

On sut en outre, quelques jours après, que l'artillerie tout entière de Von der Tann, retenue dans la boue des

---

(1) CHANZY, *La deuxième armée de la Loire*, p. 31.

terres labourées, ou paresseusement traînée par des chevaux défaillants, aurait pu être capturée par nos cavaliers si on les avait hardiment lancés à sa poursuite. Alors la défaite des Bavarois se fût changée en désastre, et si Martin des Pallières, qui approchait avec le 17° corps, et qui avait couru tout le soir au canon, depuis qu'il l'avait entendu, fût arrivé à temps pour leur couper la retraite, bien peu eussent échappé. Chanzy ne fut peut-être pas complètement à l'abri de tout reproche dans cette circonstance. Voici pour quel motif.

La cavalerie de l'armée était sous les ordres d'un de ses divisionnaires, et par conséquent sous les siens ; elle occupait l'aile gauche, et tandis que la droite et le centre s'acquittaient si brillamment de leur devoir, elle s'était tenue elle-même dans une déplorable inaction. Dès deux heures du soir, le général Reyau, qui la commandait, avait fait prévenir Chanzy que, dépourvu de munitions et ayant fait de grandes pertes en hommes et en chevaux, il se voyait forcé de reculer. Chanzy, afin de lui rendre confiance, le fit appuyer par la brigade Bourdillon, tenue jusque-là en réserve, et lui transmit les nouvelles les plus encourageantes. A cinq heures, Reyau aperçut une colonne qui s'avançait de Villamblain. Sans prendre le temps de s'assurer quels étaient ces nouveaux venus — et il se trouva que c'étaient les francs-tireurs de Lipowski — il craignit d'être tourné, lui qui avait pour mission de tourner les Bavarois. L'ordre de Chanzy de se porter en avant, coûte que coûte, ou fut donné trop tard, ou fut rendu inexécutable par la chute du jour. Reyau avait regagné déjà les emplacements d'où il était parti le matin.

Chanzy était malheureusement, et de beaucoup, le cadet de Reyau, et il ne commandait le 16° corps que depuis une semaine. Il est à croire que s'il eût possédé dès ce moment l'autorité qu'il allait acquérir bientôt, les choses se seraient passées différemment.

Reyau fut relevé de son commandement.

Quoique incomplète, la victoire de Coulmiers était un retour de fortune inespéré; ce fut même, dans toute cette guerre malheureuse, la seule victoire incontestée. Les Français avaient perdu 1,500 hommes, les Allemands 2,500, dont 1,000 prisonniers, y compris, il est vrai, ceux qui ne purent s'échapper d'Orléans. L'émotion fut grande à Versailles, au quartier général du roi de Prusse. On avait cru que l'armée de la Loire n'était qu'une ombre, et voilà que cette ombre faisait reculer des soldats habitués à se croire invincibles, et rompait, dans une savante bataille rangée, la renommée de la stratégie allemande et le charme de l'artillerie se chargeant par la culasse. Aussi les récits officiels allemands, sans nier la réalité, cherchèrent-ils à la dissimuler le plus possible en ne donnant à cette lutte de près de dix heures, à laquelle 85,000 hommes et plus de 200 pièces de canon avaient participé, que la dénomination de *Treffen* (rencontre). Le 11, on envoyait du quartier général à Bruxelles la dépêche suivante :

« Comme l'armée de la Loire s'avançait sur la rive droite de la Loire par Beaugency, le général Von der Tann prit, le 9, position en face de cette armée, hors d'Orléans.

» Après avoir constaté la présence des forces ennemies, il dut se retirer en combattant sur Saint-Péravy-la-Colombe. Le général Von der Tann annonce que, depuis qu'il a quitté Orléans, aucun mouvement en avant n'a eu lieu, le 10, de la part de l'ennemi. »

Le même jour, le roi télégraphiait à la reine Augusta :

« Le général Von der Tann s'est retiré en combattant d'Orléans à Toury, les Français étant en nombre supérieur. A Toury, il s'est réuni hier avec Wittich et le prince Albert, venant de Chartres. Le duc de Mecklembourg les rejoint aujourd'hui. »

Ces textes étaient composés habilement pour dire la vérité sans qu'elle fût comprise. Mais, le 12, une troisième dépêche fut expédiée à Berlin, et, cette fois, le mensonge se mêlait à l'aveu :

« Versailles, 12 novembre 1870.

» Dans les combats du 9, livrés par le général Von der Tann, toutes les attaques de l'ennemi ont été repoussées et il lui a été infligé de grandes pertes. Ce n'est qu'alors que Von der Tann s'est retiré. Le 10, une partie des munitions de réserve, avec deux canons de réserve également bavarois, sont tombés entre les mains de l'ennemi. Le 12, aucun mouvement de l'armée de la Loire n'a été signalé. ' »

L'arrogance prussienne se trahit dans cette rédaction. Prétendre que le général Von der Tann a repoussé toutes les attaques avant de se retirer n'est guère plus adroit que véridique, car alors pourquoi se retirait-il ? Mais mentionner l'échec de ses alliés avec cette précision dédaigneuse qui déclare bavarois tout ce qui est vaincu et pris, est une attention dépourvue de générosité. Quand les Bavarois remportent un avantage militaire, les Prussiens les trouvent Allemands autant qu'eux-mêmes ; quand ils sont battus, ce ne sont plus que des Bavarois (1).

Quant à d'Aurelle, modeste dans la victoire, il annonça le bonheur de ses armes avec le scrupule d'un homme jaloux de ne rien exagérer et défiant de toute illusion. La simplicité respire dans l'ordre du jour qu'il fit lire à ses troupes le lendemain de la bataille de Coulmiers :

(1) Auguste Boucher, *Bataille de Coulmiers*, p. 51.

« Officiers, sous-officiers et soldats de l'armée de la Loire !

» La journée d'hier a été heureuse pour nos armes ; toutes les positions attaquées ont été enlevées avec vigueur ; l'ennemi est en retraite.

» Le gouvernement, informé par moi de votre conduite, me charge de vous adresser des remerciements ; je le fais avec bonheur.

» Au milieu de nos malheurs, la France a les yeux sur vous ; elle compte sur votre courage ; faisons tous nos efforts pour que son espoir ne soit point trompé.

» *Le général en chef de l'armée de la Loire,*

» D'AURELLE.

» Au quartier général du Grand-Luz, le 10 novembre 1870. »

Accouru de Tours pour féliciter les vainqueurs, M. Gambetta, de son côté, leur adressait la proclamation suivante, aux applaudissements de la France émue :

« Soldats de l'armée de la Loire !

» Votre courage et vos efforts nous ont enfin ramené la victoire, depuis trois mois déshabituée de nos drapeaux. La France en deuil vous doit sa première consolation, son premier rayon d'espérance.

» Je suis heureux de vous apporter, avec l'expression de la reconnaissance publique, les éloges et les récompenses que le gouvernement décerne à vos succès.

» Sous la main de chefs vigilants, fidèles, dignes de vous, vous avez retrouvé la discipline et la force. Vous nous avez rendu Orléans, enlevé avec l'entrain de vieilles troupes depuis longtemps accoutumées à vaincre.

» A la dernière et cruelle injure de la mauvaise fortune, vous avez montré que la France, loin d'être abattue par tant de revers inouïs jusqu'à présent dans l'histoire, entendait répondre par une générale et vigoureuse offensive.

» Avant-garde du pays tout entier, vous êtes aujourd'hui sur le chemin de Paris. N'oublions jamais que Paris nous attend, et qu'il y va de notre honneur de l'arracher aux étreintes des barbares qui le menacent du pillage et de l'incendie. Redoublez donc de constance et d'ardeur. Vous connaissez maintenant nos ennemis. Jusqu'ici leur supériorité n'a tenu qu'au nombre de leurs canons. Comme soldats, ils ne vous égalent ni en courage ni en dévouement. Retrouvez cet élan, cette furie française, qui ont fait notre gloire dans le monde, et qui doivent aujourd'hui nous aider à sauver la patrie.

» Avec des soldats tels que vous, la République sortira triomphante des épreuves qu'elle traverse; car, après avoir organisé la défense, elle est en mesure, à présent, d'assurer la revanche nationale.

» Vive la France ! Vive la République une et indivisible !

» Le membre du gouvernement de la défense nationale,
ministre de l'intérieur et de la guerre,

» Léon GAMBETTA.

» Quartier général de l'armée de la Loire, ce 12 novembre 1870. »

CHAPITRE IV

COMBAT DE VILLEPION. — BATAILLE DE LOIGNY

La bataille de Coulmiers eut pourtant un résultat fâcheux : celui d'augmenter la présomption du comité, en grande partie civil, qui avait pris la direction du ministère de la guerre. C'étaient d'abord l'avocat Gambetta, ensuite son ami l'ingénieur de Saulce de Freycinet, le secrétaire de celui-ci, un Polonais qui se faisait appeler M. de Serres, et un unique officier, le général de Loverdo. La victoire aime les jeunes. Sur cette belle assurance, que ne confirmait guère l'âge de d'Aurelle, le comité se crut revenu aux faciles années militaires de 1792 et 1793, où Carnot et Saint-Just, suppléant les généraux émigrés ou guillotinés, organisaient à l'aise la victoire sous les yeux d'un ennemi complaisant, qui les laissait faire. « Après Coulmiers, dit M. de Freycinet, dans son apologie intitulée *La guerre en province*, si l'on avait marché tout de suite sur Paris, il paraît établi que l'on aurait réussi. On n'aurait pas trouvé sur la route une grande résistance; les lignes d'investissement n'étaient pas très difficiles à rompre. »

Chanzy, plus compétent que l'ingénieur, est beaucoup moins affirmatif. Il se contente de dire : « Si le général en chef avait cru l'armée de la Loire assez complète et assez outillée pour continuer à se porter en avant, il eût peut-être été possible, en mettant à profit l'enthousiasme produit par la victoire du 9, d'atteindre et d'achever de battre l'armée du général de Tann avant qu'elle eût pu être secourue par celle du grand-duc, sur laquelle on se serait porté ensuite, et de prendre ainsi les Allemands en détail avant l'arrivée des renforts que le prince Frédéric-Charles, parti de Metz, amenait avec la plus grande célérité dans la vallée de la Loire [1]. »

Mais, pour cela, il aurait fallu suivre von der Tann dès le 10, sans perdre un moment, et Chanzy lui-même reconnaît que les troupes étaient épuisées et les chemins impraticables sous la pluie persistante.

Le plan de Freycinet l'emporta.

Malheureusement, dans l'exécution, il subit cette aggravation qu'on attendit, au lieu de profiter de l'élan que donne un premier succès. Il n'existait que trop de raisons pour attendre, il faut en convenir ; qu'étaient-ce que trois corps d'armée de 25,000 hommes chacun, pour poursuivre de Tann, renforcé, dès le 11, de l'armée du duc de Mecklembourg ? On passa quinze jours à recevoir des recrues, à les exercer à la hâte, à réunir trois nouveaux corps : le 18ᵉ, commandé par le général Billot, alors encore colonel ; le 20ᵉ, par le général Crouzat, et le 21ᵉ, par le capitaine de vaisseau Jaurès. En même temps, le général Martin des Pallières passait au 15ᵉ, et le 17ᵉ était confié au général de Sonis.

Tous ces préparatifs terminés, on se mit en marche sur Paris, et l'on alla se heurter au prince Frédéric-Charles, dont les têtes de colonne venaient d'atteindre Pithiviers.

D'Aurelle ne marchait qu'à contre-cœur, comprenant

[1] CHANZY, *La deuxième armée de la Loire*, p. 35.

que le moment était passé. Il voulait se retrancher devant Orléans et attendre l'attaque de l'ennemi. Gambetta et ses conseillers civils lui reprochèrent de n'avoir aucun plan et de ne savoir ce qu'il voulait. D'eux-mêmes, prenant sous leur responsabilité personnelle la direction de deux et même de trois corps d'armée, les 17°, 18° et 20°, on les vit, l'un sans quitter son cabinet, l'autre sans interrompre ses voyages incessants, pousser une expédition malheureuse sur Beaune-la-Rolande.

L'importance de cette affaire de Beaune-la-Rolande, livrée le 27 et le 28 novembre, ne fut pas dans la perte des hommes, bien qu'elle coûtât la vie à 1,500 Français et à 1,000 Allemands, mais dans la constatation de la présence des vainqueurs de Metz. Le prince Frédéric-Charles, le plus habile et le plus vigoureux des généraux allemands, entrait en ligne avec « la deuxième armée, » c'est-à-dire dix divisions d'infanterie, quatre et demie de cavalerie et 490 pièces.

D'Aurelle écrivait à Gambetta : « Ne connaissant pas le but précis des mouvements que vous avez ordonnés, il m'est fort difficile de donner des instructions qui pourraient s'écarter de vos intentions. » Martin des Pallières lui écrivait de même : « Ne connaissant nullement le plan qui nous fait mouvoir, je crains de faire quelque mouvement qui vienne le contrecarrer en ne se reliant pas à ceux du reste de l'armée. » Cette situation se prolongea jusqu'au 2 décembre. Alors M. de Freycinet rendit au général en chef la pleine direction de toutes ces forces qu'il avait compromises. Il était trop tard ; comment rétablir cette immense bataille éparpillée sur un espace de plus de vingt lieues, sans qu'il fût possible aux troupes engagées de se rallier et de se prêter un mutuel secours? Mais n'anticipons point.

Après le combat de Beaune-la-Rolande, c'eût été le cas ou jamais, en face de la jonction maintenant certaine de forces allemandes aussi considérables, de rentrer dans la défensive et de resserrer simplement les lignes françaises autour d'Orléans. Mais le sort en était jeté. On était las de l'inaction ; Freycinet, que l'insuccès de Beaune-la-Rolande n'avait pas rendu sage, avait l'autorisation de Gambetta, presque toujours absent, de jouer l'avenir de la patrie sur un coup de dés. Rendons ici la parole à Chanzy :

« Le commandant du 16ᵉ corps rentrait, le 30 novembre, des avant-postes de Patay, où il avait fait reconnaître par des escadrons de cavalerie des forces considérables venant de l'Ouest, en marche sur Orgères et couvrant de grands convois. C'était l'armée du grand-duc de Mecklembourg qui défilait devant nous pour aller se placer conformément à un plan concerté avec le prince Charles.... Il eût fallu alors, et cette opinion fut émise avec instance par le commandant du 16ᵉ corps, profiter de ce moment où l'ennemi manœuvrait pour l'attaquer avec vigueur en se jetant sur le flanc de ses colonnes et de ses convois. L'acharnement avec lequel il avait cherché à détourner notre attention du côté du Nord par ses démonstrations sur Varize (où les francs-tireurs girondins, acculés dans un marais, furent presque tous exterminés, mais non sans avoir vendu chèrement leur vie), indiquait assez sa préoccupation et l'importance qu'il attachait aux mouvements qu'il cherchait à dissimuler. Mais la défensive la plus vigoureuse nous était formellement prescrite....

« A peine rentré, le commandant du 16ᵉ corps fut appelé au grand quartier général de Saint-Jean de la Ruelle. A huit heures du soir, M. de Freycinet, délégué du ministre de la guerre, y arrivait de son côté. Il y eut alors un conseil de guerre auquel ne prirent part que le général en

chef avec son chef d'état-major général, qui était le général
Borel, le délégué du ministre, et M. de Serres, ingénieur
attaché à la guerre, qui l'accompagnait, enfin le commandant du 16ᵉ corps. Le général Martin des Pallières, commandant du 18ᵉ, convoqué aussi, n'avait pu quitter ses troupes.

» M. de Freycinet exposa un plan arrêté à Tours. Il s'agissait de marcher sur Pithiviers, où l'on devait rencontrer
le prince Charles avec toute l'armée allemande, pour aller
ensuite, après l'avoir battu, donner la main à notre armée
de Paris, qui tentait une sortie et que le général Ducrot
devait amener dans la forêt de Fontainebleau. Malgré ce
ce que purent faire les généraux pour exposer le danger
d'une pareille opération, si elle se faisait alors que toutes
les forces ennemies seraient réunies à Pithiviers, et qu'on
n'était pas certain que la diversion annoncée de Paris
pourrait s'effectuer, l'idée générale du plan fut maintenue
comme un ordre formel du gouvernement. On ne discuta
plus que les moyens d'exécution. Il fut décidé que le
16ᵉ corps, qui se trouvait à l'aile gauche, se mettrait en
marche dès le lendemain pour se porter dans la direction
de Janville et de Toury, que le 17ᵉ corps, marchant sur ses
traces, lui servirait de réserve, et que le 2 décembre les
15ᵉ, 18ᵉ et 20ᵉ corps se porteraient à leur tour sur Pithiviers par un mouvement concentrique [1]. »

Sous la réserve et la modération du récit que nous
venons de transcrire, on devine l'agacement de ces trois
hommes de guerre obligés de plier, dans le conseil, devant
l'opinion de deux ingénieurs civils. « Puisque tels sont les
ordres du gouvernement, s'écria, dit-on, le général Chanzy,
il n'y avait nul besoin de nous consulter, il suffisait de
nous informer par la poste. »

[1] CHANZY, p. 96.

Refoulant son mécontentement et ses pressentiments sombres, il se prépara à obéir, et donna, dans ce but, à ses subordonnés, des instructions détaillées et précises.

Le 16° corps se mit en mouvement à dix heures du matin, l'infanterie à travers champs, l'artillerie sur les routes et les chemins. Le terrain, blanc de neige, avait été durci par le froid et le temps était favorable. Arrivé à Patay, Chanzy, apprenant que l'ennemi occupait Guillonville et Gommiers, fit enlever ces positions par l'amiral Jauréguiberry et la cavalerie du général Michel. L'ennemi se concentra sur Terminiers, Faverolle et Villepion. Ce dernier point, centre de la résistance, fut pris d'assaut ; on fit une centaine de prisonniers, et Chanzy télégraphia le soir au ministre de la guerre :

« .... J'évalue à 20,000 hommes et à 40 ou 50 canons les forces contre lesquelles nous avons lutté de midi à six heures.... Partout nos troupes ont abordé l'ennemi avec un élan irrésistible ; les Prussiens ont été délogés des villages à la baïonnette, notre artillerie a été d'une audace et d'une précision que je ne puis trop louer. Nos pertes ne paraissent pas sérieuses ; celles de l'ennemi sont considérables. On recueille des prisonniers, parmi lesquels plusieurs officiers. Les honneurs de la journée sont à l'amiral Jauréguiberry. L'ennemi s'est retiré dans la direction de Loigny et du château de Cambrai. Je le suivrai demain sur Janville et Toury. »

Gambetta répondit en mettant Jauréguiberry à l'ordre du jour de l'armée et en nommant Chanzy grand officier de la Légion d'honneur.

La fortune semblait sourire de nouveau à la France. Le soir du même jour on apprenait par le ballon *le Jules Favre* descendu près de Belle-Isle-en-Mer, la sortie du général Ducrot sur la Marne. Gambetta, à Tours, s'adressant à la foule réunie dans la cour de la préfecture, s'écriait avec son patriotisme emphatique mais vibrant [1] : « Chers concitoyens, après soixante-douze jours d'un siège sans exemple dans l'histoire, tout entier consacré à préparer, à organiser les forces de la délivrance, Paris vient de jeter hors de ses murs, pour rompre le cercle de fer qui l'étreint, une nombreuse et vaillante armée, préparée avec prudence par des chefs consommés que rien n'a pu ébranler ni émouvoir dans cette laborieuse organisation de la victoire. Cette armée a su attendre l'heure propice, et cette heure est venue. Excités, encouragés par les fortifiantes nouvelles venues d'Orléans, les chefs du gouvernement avaient résolu d'agir, et tous d'accord, nous attendions depuis quelques jours avec une sainte anxiété le résultat de nos efforts combinés. C'est le 29 au matin que Paris s'est ébranlé.... L'amiral de la Roncière, dans la direction de l'Hay et de Chevilly, s'est avancé sur Lonjumeau et a enlevé les positions d'Epinay, au-delà de Lonjumeau, position de tranchée des Prussiens, qui nous ont laissé de nombreux prisonniers et encore deux canons. A l'heure où nous lisons la dépêche de Paris, une action générale doit être engagée sur toute la ligne.... »

Ces magnifiques nouvelles soulevèrent d'enthousiasme la France entière ; nul n'en doutait, Gambetta moins que personne.

D'Aurelle, reprenant confiance, disait dans un ordre du jour à ses troupes électrisées :

« ....Le général Ducrot, à la tête de son armée, marche sur nous. Marchons vers lui avec l'élan dont l'armée de Paris nous a donné l'exemple.

---

[1] L'auteur de ces lignes était parmi les auditeurs, et ce fut une des plus vives émotions de sa vie.

» Je fais appel aux sentiments de tous, généraux comme soldats : nous pouvons sauver la France ! »

C'était un beau rêve, hélas ! mais un rêve, né surtout d'une fâcheuse erreur de Gambetta qui, dans son ignorance et dans sa promptitude à croire ce que son patriotisme souhaitait si ardemment, avait confondu Epinay-Saint-Denis (Seine) avec Epiney-sur-Orge (Seine-et-Oise). L'armée de Paris n'avait nullement franchi les lignes prussiennes, et ce fut en vain que l'armée de la Loire attendit d'elle, d'heure en heure, des émissaires qui n'arrivèrent point. Bien au contraire, elle comprit, à la solidité et au calme de manœuvres des Allemands, que ceux-ci ne se sentaient pas inquiétés sur leurs derrières.

Le 2 décembre, le 16° corps trouva devant lui un ennemi renforcé, plus nombreux que la veille ; il lutta contre les Bavarois de Von der Tann, et contre toute l'armée du grand-duc de Mecklembourg, dont les troupes donnèrent successivement durant toute la journée. Chanzy attendait des renforts qui ne vinrent pas. Le corps du général de Sonis (le 17°), soutien et réserve du 16°, ne le suivait pas d'assez près. Gambetta, ou plutôt Freycinet avait commis une faute capitale en disséminant les attaques sans les appuyer les unes par les autres. Il est vrai qu'il s'était fait cette illusion que l'ennemi ne tiendrait pas et qu'il y aurait tout au plus quelques résistances isolées.

Dès sept heures, par un temps clair et glacial, Chanzy monta à cheval, et de vifs engagements eurent lieu au delà du champ de bataille de Villepion, conquis la veille par les Français. Loigny fut enlevé. L'attaque se concentra sur la ferme de Beauvillers et le château de Goury, où le général Von der Tann avait juré de tenir à tout prix. La division Barry enleva par deux fois le parc du château, mais, écrasée par les batteries de Beauvillers, elle ne put s'y maintenir. La situation devenait difficile. Chanzy, contre des forces très supérieures, et qui se relayaient, avait engagé toutes les siennes. Il envoya demander de l'aide au général de Sonis ; mais le 17e corps, quelque diligence qu'il y eût mise (et il avait marché toute la matinée et une partie de la nuit), n'était arrivé à Patay qu'à onze heures, sans avoir le temps de prendre aucune nourriture ; sa première division n'y parvint même qu'à cinq heures du soir. Sonis se remit néanmoins en marche avec tout ce qui pouvait le suivre.

A ce moment l'ennemi changea son ordre de bataille. Exécutant une manœuvre qui lui a souvent réussi, il se porta en masse sur notre gauche, avec l'intention de la tourner. L'amiral prit immédiatement ses dispositions pour faire face au danger qui le menaçait. Il dut néanmoins se retirer lui-même sur Villepion, tout en s'arrêtant fréquemment pour reprendre l'offensive. Il apercevait, venant de la direction de Chartres, de nouvelles batteries allemandes qui bientôt le couvrirent d'obus. Du côté de Loigny, où le combat s'était jusque-là soutenu sans avantage marqué, l'ennemi venait aussi de recevoir des renforts. Les charges héroïques du 3e bataillon de chasseurs, du 39e d'infanterie et du 75e mobiles échouèrent définitivement contre les murs crénelés du parc de Goury. « Ces braves troupes, raconte Chanzy, reculèrent en combattant jusqu'à Loigny, où elles s'établirent. Mais épuisées par un feu d'artillerie et de mousqueterie quatre ou cinq fois supérieur au leur, elles commencèrent à plier de nouveau.

» Le moment était décisif. Il était quatre heures, et la nuit allait venir. Un nouvel effort sur Loigny et sur Goury pouvait encore décider en notre faveur du succès de la bataille. Le général de Sonis arrivait avec quelques batteries, les zouaves pontificaux et celles de ses troupes qui avaient le mieux marché ; il se chargea sans hésiter de cet effort, et se porta intrépidement en avant, donnant lui-même l'exemple et l'élan. Pendant que ce mouvement allait s'effectuer, l'amiral prit ses dispositions pour se maintenir solidement autour du château et du moulin de Villepion, appuyé au parc, qu'il avait fait créneler et occuper par le 35° mobiles et une partie du 39° de marche. L'action de ce côté se borna dès lors à défendre le petit bois de Villepion, qui fut évacué et repris, et qui finit par rester à l'ennemi lorsque la nuit ne permit plus de le lui disputer.

» Le général de Sonis, brusquant l'attaque de Loigny, s'était élancé sur ce village avec les zouaves pontificaux et la légion des Côtes-du-Nord. Il l'avait emporté et dépassé, lorsqu'il tomba héroïquement, la cuisse brisée par un obus. Le colonel de Charette, qui rivalisait avec lui d'intrépidité et de courage, gisait à ses côtés grièvement blessé ; leurs troupes étaient décimées ; la perte de leurs chefs les força à la retraite.

» La nuit était alors très obscure ; le champ de bataille n'était éclairé que par l'incendie de Loigny et de quelques fermes aux environs, auxquelles l'ennemi avait mis le feu. Les pièces d'artillerie, en se retirant au galop, produisaient sur le terrain durci par la gelée un bruit qui impressionnait les troupes et qui contribuait à augmenter le désordre. Le canon du 15° corps s'était tu. Le général Maurandy, après de vains efforts, s'était replié sur Trogny et Huêtre, derrière les retranchements qui y avaient été préparés, appuyant sa droite à quelques troupes du 15° corps rentrées comme lui dans leurs cantonnements de Gidy. Enfin, à notre extrême gauche, la division de cavalerie, après avoir repoussé l'ennemi au delà de Guillonville, avait repris ses positions de la veille, à Muzelles.

» Il se produisit alors, dans ce désordre et cette obscurité, un fait des plus regrettables : le 37ᵉ de marche, qui n'était point prévenu de la retraite et qui continuait à tenir dans une partie de Loigny, eut à soutenir un combat des plus acharnés, et ne put se dégager sans laisser à l'ennemi un grand nombre de prisonniers [1]. »

A ce récit du commandant du 16ᵉ corps, que nous n'avons pas voulu interrompre, on nous permettra d'en ajouter un autre, plus détaillé, sur les derniers incidents de la journée. Ce sont les détails qui donnent aux événements leur physionomie spéciale, et quand l'histoire rencontre sur sa route des exemples particulièrement admirables, elle aime à ralentir sa course pour les cueillir.

« Le général de Sonis n'amenait à Chanzy, à Villepion, qu'une moitié de sa réserve; les soldats marchaient mal, faute de souliers.... L'autre moitié, avec le deuxième bataillon des zouaves pontificaux, autrement appelés volontaires de l'Ouest, et la moitié du bataillon des mobiles des Côtes-du-Nord, fut envoyée à Terminiers, pour protéger la droite. Comme ils venaient de prendre position, les zouaves virent arriver à eux un officier général appartenant sans doute au 16ᵉ corps, car personne ne le connaissait. Il arrêta son cheval devant un groupe d'officiers et, se découvrant : « Messieurs, dit-il, vous êtes les zouaves pontificaux? — Oui, mon général, répondit Le Gonidec. — Eh bien, allez promptement occuper ce village (il montrait Gommiers), c'est le point le plus menacé en ce moment. Tenez-y jusqu'au dernier. » Il donna le même ordre aux batteries, qui partirent au galop dans la direction indiquée. Les volontaires de l'Ouest suivirent au pas de course.

<hr>

[1] Chanzy, p. 76.

» En effet, le mouvement des Prussiens, que rien n'avait pu arrêter, se dessinait de plus en plus. Descendues d'Orgères, leurs colonnes profondes, infanterie et cavalerie, soutenues par de nombreux canons, s'avançaient toujours avec un feu continu. Elles allaient écraser la division de Flandre et tourner toute l'armée. Mais elles furent arrêtées à la hauteur de Gaubert. Trente pièces françaises, canons ou mitrailleuses, mises en position à l'ouest de Gommiers, ouvrirent un feu si précis et si meurtrier que l'artillerie opposée fut réduite au silence, et les masses allemandes, malgré de vains efforts pour se porter en avant, durent rétrograder vers le nord. La nuit était déjà tombée que nos canons les poursuivaient encore de leurs volées. Les zouaves du 2ᵉ bataillon n'eurent ainsi d'autre rôle que d'être témoins de ce magnifique combat, qu'il faut enregistrer à l'honneur de l'artillerie française. L'armée fut sauvée d'un véritable désastre, mais la bataille n'était pas gagnée.

» Loigny tenait encore contre les attaques répétées des Allemands, qui n'avaient emporté qu'une partie du village. Les obus à pétrole y allumaient l'incendie. Mais les chasseurs et les mobiles, retranchés dans le cimetière au centre du village, balayaient toutes les avenues. Les Bavarois s'avancèrent un moment vers eux en leur criant de se rendre, et firent en même temps une décharge. Alors la lutte recommença plus furieuse, et si on avait pu dégager avant la nuit ces braves gens, ils eussent été sauvés.

» Mais Loigny était entouré de masses ennemies et de canons. Pour les aborder, il eût fallu les troupes les plus énergiques, et les meilleures du 16ᵉ corps n'étaient plus capables de cet effort. Le général de Sonis se chargea de le tenter. Reprendre Loigny, c'était à moitié gagner la

bataille. Cet avantage aurait eu sur la journée du lendemain une influence décisive. Il fallait se hâter, la nuit
approchait, et, d'un moment à l'autre, les derniers défenseurs de Loigny pouvaient être anéantis.

» Le général de Sonis envoya chercher la division de
Flandre, pour attaquer avec elle et toute son artillerie
cette redoutable position. Mais le général de Flandre, trop
éloigné, sans doute, n'arrivait pas, et le temps pressait.
M. de Sonis n'avait plus sous la main que le 51ᵉ de marche qu'il avait rappelé de Terminiers et déployé en avant
de Villepion, pour soutenir sur leur droite les troupes
épuisées du 16ᵉ corps. Il vint à lui et essaya vainement
de l'entraîner ; ces malheureux soldats étaient démoralisés. Depuis plus d'une heure ils recevaient, couchés à
terre, des projectiles, et le spectacle de la déroute ache-
vait d'abattre leur courage. Ils firent quelques pas en
avant, puis revinrent, et, malgré les efforts de leurs officiers, refusèrent de marcher encore. Désespéré, le général de Sonis pensa que l'exemple de quelques braves
pourrait les entraîner, et il accourut vers les zouaves :
« Ces hommes refusent de me suivre, dit-il avec feu au
colonel, venez, montrons-leur ce que peuvent des chrétiens et des hommes de cœur. » Puis, se tournant vers
les zouaves : « Vive la France! Vive Pie IX ! En avant ! »
C'était notre vieux cri de guerre.

» Du château de Villepion à Loigny s'étend d'abord,
sur un espace de quinze cents mètres, une plaine nue,
mais un peu ondulée, comme tout le pays. Au delà de
cette plaine, un petit bois ou plutôt un fourré long de
deux ou trois cents mètres et profond de vingt ou trente.
A droite de ce bois le chemin de Faverolles à Loigny, et,
sur le chemin, une grosse ferme appelée Villours. Au
delà du bois, le terrain s'élève par une pente douce, pen-

dant trois cents mètres à peu près, jusqu'à Loigny, qui est un gros village bien bâti, comme ceux de la Beauce, avec des jardins autour des maisons, et qui présente de ce côté une véritable position défensive. Les Allemands occupaient une partie des maisons et tous les abords du village, leurs batteries à droite et à gauche sur le plateau. Enfin, comme ils prévoyaient bien un retour des Français, deux forts bataillons s'étaient retranchés dans la ferme de Villours et dans le petit bois, qui sont, du côté de Villepion, une défense naturelle de Loigny.

» M. de Sonis ayant donné l'ordre à une batterie de l'appuyer, le colonel de Charette déploya sa troupe, zouaves et mobiles. Trois compagnies de zouaves furent d'abord déployées ; les autres, demeurées en soutien, le furent peu après et suivirent. Les mobiles prirent la droite. Deux compagnies de francs-tireurs du 17ᵉ corps, celle de Blidah et celle de Tours, commandées par le capitaine Hildebrand, se déployèrent à gauche des zouaves et les suivirent résolument. Derrière la première ligne de tirailleurs marchaient, à cheval, M. de Sonis et son aide de camp, le colonel et son officier d'ordonnance le lieutenant Harscouët, les commandants de Moncuit et de Troussures, et le capitaine de Ferron. Verthamon portait le nouveau fanion du général. C'étaient en tout huit cents hommes qui allaient attaquer une division entière et son artillerie. Mais le général comptait bien que son exemple entraînerait tout le monde, que sa 3ᵉ division le rejoindrait à temps, et il partait plein de confiance, lui et ses braves.

» Ils dépassèrent le pli de terrain où se tenait couché ce régiment qui avait failli à son devoir. Comment ces hommes ne furent-ils pas touchés ?.... La honte gagna le cœur de quelques-uns, qui suivirent et se battirent bien.

» L'ennemi vit approcher cette ligne de tirailleurs et la prit pour une avant-garde. Une pluie d'obus commença à éclater autour des zouaves, mais ne toucha que peu de monde. Ils avançaient toujours, au pas, alignés et calmes comme de vieux soldats. Longtemps ils marchèrent ainsi sous le feu de l'artillerie, mais quand ils approchèrent du bois, une terrible fusillade les accueillit. Alors ils commencèrent à être décimés. Verthamon tomba des premiers, et son sang couvrit la précieuse bannière. M. de Sonis, le genou brisé, les commandants de Troussures et de Moncuit, le capitaine de Ferron, furent renversés en même temps. Le comte de Bouillé avait relevé le drapeau; les zouaves avançaient toujours sans répondre. Sur l'ordre donné, ils ouvrirent le feu, puis, tout à coup, aux cris de : « Vive Pie IX ! Vive la France ! » ils s'élancèrent dans le bois, à la baïonnette.

» L'attaque fut irrésistible. Les Prussiens épouvantés se jetaient par terre, livrant leurs armes. D'autres se défendirent; on se battit corps à corps, il y eut là un affreux carnage. Les mobiles enlevèrent la ferme de Villours, et tout céda au torrent. L'ennemi fuyait vers le village, les zouaves triomphants le chassaient devant eux. C'était alors qu'il eût fallu les soutenir; mais personne ne vint, et ils allèrent seuls se heurter aux murs des jardins et aux maisons qui regorgeaient de Prussiens. Combien n'arrivèrent pas jusque-là ! Les deux Bouillé, Cazenove, Traversay, en relevant l'un après l'autre la bannière; des lieutenants, des capitaines, Boischevalier, Vetch, du Reau, Gastebois. Le colonel, dont le cheval était tombé percé de coups, conduisit à pied la charge jusqu'au village, où il fut blessé lui-même.

» On emporta les premières maisons et quelques-uns s'y retranchèrent. Mais les Prussiens qui, à la vue de cet ouragan, avaient appelé leurs réserves, revenaient alors de leur surprise et comptaient les assaillants. Des masses ennemies arrivèrent, débordant les zouaves de tous côtés. Le colonel ordonna la retraite ; elle se fit pas à pas, sous un feu terrible et à bout portant. Du village jusqu'au bois, le sol fut jonché de zouaves, et le reste ne se sauva qu'à la faveur de la nuit qui tombait. Les Prussiens osèrent à peine les poursuivre au delà du petit bois.

« Le colonel de Charette, épuisé par sa blessure, vint s'asseoir là, sur le bord d'un fossé. Son frère, blessé comme lui, Ferron, Vetch et quelques autres gisaient auprès, plus navrés de la défaite que de leurs souffrances. Quelques zouaves s'empressèrent autour de leur chef et essayèrent de l'emporter. Il refusa : « Non, mes amis, dit-il, non : à quoi bon vous faire tuer ? Je suis bien ici, et vous, allez encore vous battre pour la France. » Ces malheureux débris se retirèrent lentement vers Patay, emmenant ce qu'ils pouvaient de leurs blessés. L'un d'eux, le sergent Le Parmentier, rapportait la glorieuse bannière du Sacré Cœur, teinte du sang de quatre victimes et devenue désormais pour les zouaves le souvenir et l'emblème du plus pur sacrifice. Des quelques zouaves qui étaient entrés dans Loigny, les uns s'échappèrent pendant la nuit, les autres se firent tuer, et l'on vit l'un d'eux, après avoir tiré toutes ses cartouches, se jeter à genoux pour recevoir le coup de la mort....

» Quand on fit l'appel, de 300 qui étaient partis le matin, on vit que 207 et 11 officiers manquaient. Les mobiles avaient perdu 150 hommes et les francs-tireurs une soixantaine. On ne put rapporter que bien peu de blessés, malgré le zèle du R. P. Doussot et des chirurgiens. Le reste était aux mains de l'ennemi, couché sans secours sous la neige qui commençait à tomber. Combien sans doute expirèrent dans cette nuit lamentable, et quelles nobles victimes sur ce champ de mort ! Troussure, Gastebois, Pierre de Lagrange, Wagner, Quéré, Jean de Bellevue, Paul de la Bégassière, Fernand de Ferron, les deux Mauduit du Plessis, Neyron, de Barry, de la Touche, Saulnier, Catherin, de la Brosse, du Bourg, de Suze, Houdet, Villebois, Pontourny, tant d'autres qui avaient donné leur vie à Dieu et à la France [1] !

» Le colonel de Charette et le capitaine Ferron furent transportés par les Prussiens dans la ferme de Villours. Les autres restèrent sur le terrain, et parmi eux le général de Sonis, baigné dans son sang. Sa blessure était horrible, mais ni sa blessure ni ce cruel abandon ne purent abattre un moment son courage ; sa foi lui avait révélé le mystère de cette guerre terrible : « Je me suis déjà condamné à mort, » écrivait-il à un ami avant son entrée en campagne ; et quand il vit toute son artillerie sauvée et la retraite de l'armée assurée, il attendit la mort avec la sérénité d'une âme chrétienne en qui la piété surpassait tous les autres sentiments. Mais Dieu n'accepta qu'à moitié le sacrifice du héros et ne voulut pas enlever encore un tel serviteur à la France [2]. »

La division Jauréguiberry coucha sur ses positions de la veille, à Faverolles et à Villepion ; l'ennemi n'osa pas l'y attaquer. Chanzy, après avoir réparé autant que possible le désordre, gagna à sept heures du soir Terminiers, où il établit son quartier général, afin d'être ainsi au centre de ses divisions et à portée du 17ᵉ corps, qui, privé de son

---

[1] Le jeune duc de Luynes, des mobiles de la Sarthe, fut aussi tué dans cette bataille. Il marchait sur une batterie bavaroise et criait à ses camarades : « En avant ! leurs obus ne font pas de mal, » lorsqu'un de ces obus qu'il défiait lui enleva la tête.

[2] *La campagne des zouaves pontificaux en France*, par M. S. JACQUEMONT, capitaine aux zouaves pontificaux.

chef, passait directement sous ses ordres, et qui avait repris à peu près ses emplacements de la veille, à Patay, Rouvray, Sainte-Croix et Terminiers.

Là, il apprit que, à sa droite, la division Peytavin, du 15ᵉ corps, en marche pour appuyer l'offensive du 16ᵉ, avait rencontré vers Pourpry et Dambron la division allemande Wittich ; qu'une action très vive en était résultée ; que Wittich, renforcé par l'artillerie de la 17ᵉ division et par une division de cavalerie, avait fini par rejeter Peytavin de Pourpry sur Creusy.

Telle fut, dans son ensemble, cette bataille de Loigny. Elle fut gagnée par les Allemands à cause des facilités de concentration que leur donnaient leurs positions et qui leur permirent de garder sur tous les points une grande supériorité numérique ; mais elle fut illustrée, du côté des Français, par l'habileté du commandement et par des actes de dévouement héroïques. La journée nous coûtait environ 6,600 hommes, dont 2,500 prisonniers, et 11 canons, dont 8 à Loigny même et 3 à Pourpry. Les Allemands laissaient, pour leur part, bien près de 5,000 hommes sur le terrain.

Chanzy informa d'Aurelle : « Je ne sais, lui écrivit-il, ce qu'est devenu Sonis. Le général Deplanque a été blessé ; presque toutes nos munitions sont brûlées ; je redoute une attaque pour cette nuit ou demain matin.... Je ferai tout pour reprendre l'offensive, mais un secours m'est indispensable. »

Vers une heure du matin, il tint conseil avec les généraux du 17ᵉ corps. Tous lui déclarèrent que leurs troupes étaient à bout de forces, et qu'il n'y avait plus à compter sur elles pour un effort sérieux avant qu'elles fussent reposées et réapprovisionnées. Il leur répondit que le seul parti qui restait à prendre était de se défendre si l'ennemi attaquait, et de se préparer à exécuter les instructions attendues du général en chef.

Mais avant le lever du jour, arriva de ce dernier l'ordre formel de battre en retraite.

Au même moment et par suite de renseignements analogues, le prince Frédéric-Charles, jusque alors en concentration et sur la défensive, ordonnait une attaque générale et la marche sur Orléans.

On abandonnait aux Allemands le champ de bataille ; il fallut leur laisser en même temps le soin des blessés. Ils en avaient eux-mêmes autant que nous. Toutes les ressources du pays étaient épuisées et les villages à moitié brûlés. Ramassés à la hâte et entassés dans les maisons et les granges, sans paille et sans couvertures, les blessés français auraient tous péri, autant de froid que de faim, sans les secours apportés de Janville et de Chartres, sans le zèle ingénieux des médecins militaires, des aumôniers de mobiles et du curé de Loigny, dont le presbytère se transforma en un sanglant hôpital. Peu de jours après, la plupart furent transportés dans les villes voisines, à Janville, à Voves, à Orléans, où la charité s'empressa de les recueillir. L'ennemi, selon l'usage, fit relever et enterrer les morts pêle-mêle par les paysans. Les parents, les amis, ne purent s'approcher pour reconnaître les leurs. Les Prussiens ne permettaient alors à aucun Français de pénétrer dans leurs lignes ; ils furent inflexibles.

Nous n'avons pas à raconter ici la série de combats du 3 et du 4 décembre, qu'on a appelés la troisième bataille d'Orléans ; à ces deux pénibles journées le 16e et le 17e corps ne prirent qu'une part indirecte.

Le 3, Chanzy commença une retraite calme, constamment bien ordonnée, coupée de haltes fréquentes pour retarder l'ennemi, avec lequel il échangea au début une première canonnade vers Terminiers, ensuite une autre plus vive vers l'Encorne et Huêtre. Le soir, il installa le 17ᵉ corps autour de Gemigny et le 16ᵉ autour de Saint-Péravy ; il reprenait ainsi son ancien quartier général de novembre, moins gaiement qu'alors, mais avec une égale intrépidité.

Le 4 décembre, la retraite fut continuée dans le même bon ordre, non plus sur Orléans, mais dans la direction de Beaugency, en vue de se porter derrière la forêt de Marchenoir, modification dûment autorisée par d'Aurelle, qui, le désespoir dans l'âme, abandonnait Orléans afin d'éviter un plus grand désastre. En effet, de l'aveu de M. de Freycinet, la désorganisation de l'armée, moins la fraction que commandait Chanzy, dépassait tout ce qu'on peut imaginer.

Cette seconde journée de retraite fut plus agitée pour Chanzy que celle du 3. Traversée d'un contre-ordre qui le rappelait sur Orléans, mais qui arriva trop tard pour être exécutable, elle fut marquée par de chauds engagements des 16ᵉ et 17ᵉ corps contre l'armée du grand-duc de Mecklembourg, à Patay (où le général de Tucé tua 200 hommes à l'ennemi et ramena 40 prisonniers), à Bricy et à Boulay. Des régiments de uhlans couvraient la campagne, le bruit du canon augmentait du côté d'Orléans, indiquant les progrès rapides de l'ennemi ; les communications avec le grand quartier général étaient coupées.

Chanzy coucha à Huiseau.

Le 5, il transféra son quartier général à Josnes, en ralliant ses troupes sur la ligne Beaugency-Josnes-Lorge, où elles formèrent un nouveau front respectable. Leur gauche s'appuyait à la forêt de Marchenoir et leur droite à la Loire.

Présent en quelque sorte partout à la fois, par lui-même ou par ses aides de camp, il n'avait qu'une pensée : limiter les désastres de la déroute dont il avait sous les yeux le désolant spectacle. Partout, en effet, des soldats débandés cherchant leurs compagnies, des cohues d'éclopés ou de blessés passant tristes et silencieux, des parcs et magasins entassés en désordre sur les routes et le long du chemin de fer, sans direction ou sous des responsabilités mal définies et difficiles à contrôler, des voitures renversées, abandonnées avec toutes les provisions qu'elles contenaient et dont le vainqueur allait faire sa proie, tandis que plus loin nos soldats enduraient toutes les privations. Et cette même plaine, vingt-cinq jours auparavant, il l'avait parcourue plein d'espérance, recueillant les fruits d'une victoire ! Ce contraste entre la gloire joyeuse du passé et l'ingrat labeur du présent lui serrait le cœur, bien que son visage n'en laissât rien paraître. Au-dessus de la victoire et de la défaite, au-dessus des biens et des maux qui ne dépendaient pas de lui, planaient l'image de la patrie et le sentiment de la seule chose qui fût en son pouvoir, quoi qu'il pût advenir : faire son devoir.

Le même soir, d'Aurelle et le reste des troupes s'arrêtaient, de l'autre côté du fleuve, à Lamotte-Beuvron, Salbris, Gien. Coupée en deux par le prince Charles, l'armée de la Loire n'existait plus. Gambetta s'en félicitait ; il disait avec une fatuité qui dut faire la joie des Allemands : « Au lieu d'une armée, nous en avons maintenant deux. » Il obligeait Martin des Pallières à donner sa démission et destituait d'Aurelle en lui reprochant, dans un document officiel, d'avoir abandonné Orléans, quoiqu'il lui restât 200,000 hommes, pourvus de 500 bouches à feu et retranchés dans un camp fortifié. La postérité n'a point ratifié ce verdict sévère. Elle a compris que les 200,000 hommes n'étaient pour la plupart que 200,000 recrues remplies de courage et de bon vouloir, mais en face de 200,000 soldats véritables habitués aux fatigues de la guerre et doublés en valeur réelle par une série de victoires. Le présomptueux dictateur et les ingénieurs qui le secondaient portent leur part de responsabilité de la défaite, et cette part est la plus lourde.

Le fragment d'armée dispersé sur la rive gauche de la Loire se reforma péniblement sous la direction de Bourbaki. Celui que Chanzy avait cantonné de son mieux sur la rive droite reçut le nom de deuxième armée de la Loire, et Chanzy en devint le chef suprème.

Il ne fallait pas décourager les généraux. Comme compensation aux sévérités envers d'Aurelle, M. de Freycinet écrivit à Chanzy : « Nous vous félicitons de votre attitude et n'avons qu'un désir, c'est que vous puissiez la faire partager par tous ceux qui vous entourent. »

Eux-mêmes, les stratégistes en chambre, négligeaient de paraître sur le terrain. M. Gambetta, dans une dépêche du 5 à tous les préfets, racontait avec une certaine crânerie que la veille il avait voulu se rendre de Tours à Orléans, mais qu'il avait dû s'arrêter à la Chapelle, près Beaugency, et faire rebrousser son train, la ligne étant coupée depuis quatre heures et demie par la cavalerie allemande ; or, il a été prouvé qu'un autre train parti d'Orléans à 5 heures 20 minutes était parfaitement arrivé à Tours. Bravoure d'avocat. A chacun son métier.

CHAPITRE V

CHANZY GÉNÉRAL EN CHEF. — A JOSNES. — BATAILLE DE
VILLORCEAU

Vainqueurs et vaincus étaient épuisés par une semaine de combats et de marches. Les trois premiers jours se passèrent à se refaire et à s'observer mutuellement. Les Allemands s'étonnaient de trouver encore debout devant eux ce général Chanzy qu'ils croyaient avoir abattu, réduit à l'impuissance, à la journée de Loigny. La série de leurs étonnements ne faisait que commencer.

De Lorges à Beaugency, entre la forêt de Marchenoir et la Loire, s'étend une bande de terrain de onze kilomètres environ, d'autant plus facile à occuper fortement que le sol y est plus accidenté et les fermes et villages plus nombreux, c'est le passage obligé d'une armée marchant d'Orléans sur Tours ; c'est là que Chanzy, qui prévoyait qu'une telle marche allait être incessamment tentée par l'ennemi, fit élever des épaulements et dresser des batteries. Cette position défensive était au reste la seule que lui offrissent les environs. Le gouvernement, qui était encore à Tours, avait les plus pressantes raisons pour qu'elle fût bien défendue. Il envoya à Chanzy, comme renfort, une division commandée par le général Camô et détachée du 19ᵉ corps en formation.

L'ensemble des forces formant l'armée nouvelle comprenait ainsi les 16ᵉ et 17ᵉ corps, qui en étaient le noyau, plus un 20ᵉ corps sous l'amiral Jaurès, et la division Camô ; total, onze divisions et demie d'infanterie et trois de cavalerie, avec 450 bouches à feu.

Le grand-duc de Mecklembourg fut chargé de rompre cette armée, tandis que le prince Frédéric-Charles poursuivait, de l'autre côté du fleuve, celle de Bourbaki, réputée plus considérable. Dès le 6 décembre, le corps du général Camô avait un engagement avec les Allemands, qui avaient surpris le régiment de gendarmerie à pied et qui furent repoussés : ce n'était qu'un prélude. Le lendemain, Chanzy, attaqué à la fois sur toute sa ligne, de Beaugency à la forêt de Marchenoir, retrouvait devant lui ses vieilles connaissances de Coulmiers et de Loigny, c'est-à-dire les deux divisions bavaroises Von der Tann, les deux divisions prussiennes Wittich et Treskow, et les deux divisions de cavalerie prince Albert père et Stolberg, plus la 25ᵉ division, commandée par le prince de Hesse. On se battit à Vallières, à Langlochère et à Messas, à Villechaumont et à Cravant. L'ennemi fut partout repoussé. Ses pertes furent d'environ 500 hommes, dont 200 prisonniers, sans autre compensation que l'occupation de Meung. Chanzy, rentré à huit heures du soir à son quartier général de Josnes, prit ses dispositions contre une attaque nouvelle qu'il prévoyait encore plus sérieuse.

Le 8, avant le jour, la lutte recommença. Elle fut particulièrement vive autour du Mée, de Villechaumont, de Villevert, et surtout entre Beaumont et Villorceau ; de là le nom de bataille de Villorceau, qui fut donné à cette journée. La seule 4ᵉ brigade bavaroise eut 400 hommes hors de combat, dont 32 officiers. Du côté des Français, le général de Flandre, commandant la 3ᵉ division du 17ᵉ corps, fut mortellement blessé. La nuit était complètement venue que l'on se battait encore. A l'exception de Cernay, qu'ils réoccupèrent avant le jour suivant, les Français avaient maintenu toutes leurs positions, et la victoire était complètement à eux, sans un fâcheux incident, résultat de la non moins fâcheuse intervention des ingénieurs civils dans la bataille. Voici comment le général Chanzy raconte cet incident :

« Le commandant en chef, inquiet de ne rien recevoir du général Camô (qui occupait notre droite, aux bords de la Loire), lui avait envoyé plusieurs officiers d'ordonnance. A onze heures, ceux-ci lui apportèrent la désagréable nouvelle que Beaugency était évacué. Le commandant en chef écrivit aussitôt au ministre de la guerre :

« Les communications télégraphiques étant interrom-
» pues depuis quelques heures avec Beaugency, je viens
» seulement d'apprendre que le général Camô, contraire-
» ment aux ordres formels que je lui avais donnés, et
» prétendant obéir à ceux que vous lui auriez adressés
» par un capitaine du génie envoyé de Tours, s'était retiré
» dans l'après-midi de Beaugency, qui a été occupé à la
» nuit par une troupe mecklembourgeoise, se glissant le
» long de la Loire. Je regrette vivement cet incident qui
» a terni le succès de la journée, et je donne l'ordre à
» l'amiral Jauréguiberry de reprendre la ville demain, au
» jour (1).... »

M. de Freycinet a contesté ce fait ; mais Chanzy l'a maintenu dans une lettre à M. de Mazade, où il dit : « Si le fait que je signalais dans ma dépêche eût été inexact ou faux, le ministre m'aurait évidemment répondu ; mais

---

(1) CHANZY, *La deuxième armée de la Loire*, p. 129.

rien, ni alors ni depuis, n'est venu mettre en doute la vérité de cette affirmation, contestée aujourd'hui pour la première fois. »

Le faux mouvement du général Camô eut les conséquences les plus graves, et on peut dire que Gambetta ou M. de Freycinet, ou tout autre qui abusa dans cette circonstance de la signature déléguée par Gambetta, changea en déroute une victoire incontestée.

Chargé de reprendre Beaugency, l'amiral Jauréguiberry a expliqué, dans un rapport au général en chef, pourquoi il ne put exécuter cet ordre :

« .... Malgré notre victoire remportée (à ce que je crois) sur l'armée entière du prince Frédéric-Charles, nos troupes étaient fatiguées par les combats incessants qu'elles livraient depuis le 1ᵉʳ décembre ; leur moral s'en ressentait ; enfin elles paraissaient à bout et incapables de tenter un effort sérieux pour le lendemain. Néanmoins, il fallait autant que possible essayer de conserver notre ligne de bataille, que nous avions su maintenir au prix de grands sacrifices.... Je donnai donc des instructions au colonel Barille et au général Tripart, qui venait de remplacer, dans le commandement de sa division, le général Camô, blessé d'une chute de cheval. Tous deux devaient, avant la pointe du jour, envelopper la ville de Beaugency, que l'on disait plutôt remplie de soldats prussiens ivres que de troupes sur leurs gardes. Ils devaient, agissant de concert et avec vigueur, enlever la ville de vive force et essayer d'y faire prisonniers tous ceux qui l'occupaient.

» Malheureusement, ma dépêche pour le général Tripart ne put lui parvenir à temps, le porteur s'étant égaré dans l'obscurité de la nuit, dans un pays qu'il ne connaissait pas. Du reste, des ordres ultérieurs de vous annulè-

rent toute offensive de notre part. L'absence de tout parc
d'artillerie pour le 16ᵉ corps, le manque d'une réserve
suffisante de cartouches d'infanterie, rendaient dangereux
un tel mouvement, du moment où il était difficile de le
poursuivre [1]. »

L'entrée à Beaugency ouvrait aux Allemands un passage qui leur permettait de tourner la ligne de défense
de Chanzy et de la prendre à revers. Toutefois, celui-ci
ne voulut pas encore abandonner son quartier général de
Josnes et le terrain disputé avec tant d'acharnement depuis trois jours. L'intrépide général, aussi prompt à se
retourner sous les revers que tenace à les considérer
comme non avenus, tant qu'il lui restait une chance de
les réparer, se contenta de rectifier sa position en établissant sa droite sur les hauteurs qui s'étendent de Toupe-
nay à Poisly et dominent le ruisseau de Tavers. Il fit
occuper fortement Tavers et construire des épaulements
en arrière du ravin, de façon à battre à la fois tout le terrain dans la direction de Beaugency et la rive gauche de
la Loire, le long de laquelle on apercevait des colonnes
ennemies marchant sur Mer, dont le général Camô venait
de détruire le pont suspendu.

Ces changements s'exécutèrent en combattant, dans la
matinée du 9.

Le 21ᵉ corps, à l'aile gauche, eut à supporter les plus
vigoureux efforts de l'ennemi. La canonnade continuait
de ce côté, mais le calme s'était à peu près rétabli sur
notre droite et au centre lorsque, vers trois heures et
demie, Chanzy, qui examinait avec l'amiral les travaux
de défense qui s'achevaient, vit déboucher des colonnes
ennemies s'avançant en masses profondes sur le ravin de

____

[1] Chanzy, p. 133.

Tavers. Elles avaient pu se masser, sans être aperçues, derrière une crête qui va de Loynes à Beaugency.

Elles marchaient résolument, croyant nous surprendre, raconte Chanzy, parce qu'elles supposaient notre droite désorganisée par la retraite de la veille. Le temps était très sombre; nos troupes hésitèrent un instant à admettre que ce fût l'ennemi, et purent croire que ces bataillons qui approchaient avec tant de calme appartenaient à la division Tripart. Néanmoins, nos artilleurs étaient à leurs pièces et nos lignes bien formées, lorsque les têtes de colonnes se déployèrent et firent cesser tout doute en ouvrant le feu à douze cents mètres. Notre artillerie et nos tirailleurs furent prompts à répondre. Les bataillons prussiens, pris d'écharpe par nos mitrailleuses, étaient décimés, mais se reformaient et s'augmentaient constamment de nouvelles troupes qui apparaissaient sur la crête.

Ils continuèrent à s'avancer avec la plus grande bravoure; une partie même franchit le ravin de Tavers. La brigade Bourdillon ouvrit alors des feux d'ensemble qui les arrêtèrent de front, tandis que le lieutenant-colonel Faussemagne, du 17e corps, formait sa brigade à la tête du ravin et sur leur flanc. Les Allemands, surpris de cette résistance, démasquèrent à ce moment, sur la droite de Villemarceau, plusieurs pièces d'artillerie qui commencèrent leur tir sur la brigade Faussemagne, mais que l'artillerie du général de Roquebrune, en position en avant de Serquen, réduisit bientôt au silence. Le combat ne finit néanmoins qu'à la nuit close. Nos troupes avaient repassé le ravin, et les 75e et 76e régiments prussiens, qui étaient les plus engagés, durent se retirer en désordre, laissant le champ de bataille jonché de leurs morts et de leurs blessés. On trouva le lendemain, dans toutes les fermes des environs, tous ceux de ces derniers qui avaient pu s'y traîner. Le succès à l'aile droite était donc complet et l'amiral couchait sur les positions qu'il s'était choisies (1).

Sur le centre, en revanche, la 2ᵉ division du 17ᵉ corps se vit assaillie au même moment avec tant de vigueur qu'elle recula de Villorceau et Villemarceau sur Villejouan, et de là, à neuf heures du soir, sur Origny et sur Josnes, ce qui découvrait le quartier général. Heureusement, Chanzy rentrait de Tavers. Saisissant immédiatement l'importance de la regrettable trouée qui pouvait couper l'armée française par le milieu si l'ennemi savait tirer parti de ses avantages, il fit reprendre les armes à la 2ᵉ division à six heures du matin. Malgré leur extrême lassitude, ces braves soldats, stimulés par l'exemple de leur chef, le général Guépratte, réparèrent audacieusement leur faute de la veille en reprenant le village perdu. Les Prussiens, surpris, se défendirent mal. Ils laissèrent, en se retirant, 200 hommes qui furent capturés. Ainsi, à l'aube du 10 décembre, la ligne française se trouvait reformée de Tavers à Poisly, partout solidement tenue, et, sur plusieurs points, retranchée.

Gambetta, arrivé le 9, à six heures du soir, au quartier général de Josnes, où il passa la nuit, put assister à une partie de la bataille et voir « comme la nouvelle armée résistait à l'ennemi. »

Le général en chef profita de sa présence pour lui exposer nettement la situation. On pouvait tenir encore, mais les forces humaines ont des limites, et l'extrême fatigue, le dénuement, l'épuisement visible de nos jeunes troupes, indiquaient que, pour elles, ces limites ne tarderaient pas à être atteintes. L'ennemi, disposant d'effectifs considé-

(1) Chanzy, p. 146.

rables, n'en mettait en ligne, chaque jour, qu'une por-
tion, et laissait reposer le reste; tandis qu'à la fin de
chaque journée, de notre côté, à peu près tout le monde
avait fait le coup de feu. Il fallait donc prendre un parti.
« J'en vois deux, dit le général en chef : ou nous obstiner
ici, comptant sur les changements de fortune si fréquents
à la guerre, ou battre en retraite sur l'ouest. »

Gambetta, toujours aventureux, eût préféré le premier
parti.

« Moi aussi, évidemment, répliqua Chanzy ; mais puisqu'il ne vous est pas possible de me donner des troupes
fraîches, pouvez-vous diminuer celles de l'ennemi en le
forçant à en porter une partie notable de l'autre côté de
la Loire? Le général Bourbaki est-il en mesure de reprendre l'offensive, et de la reprendre sans retard? Si
oui, je continuerai à user l'ennemi, qui n'est guère moins
fatigué que nous, et je conserve l'espoir de le rejeter sur
Orléans et d'y rentrer à sa suite. »

Gambetta gardait un silence significatif.

« Puisque vous ne pouvez pas me promettre une diversion, conclut Chanzy, il faut que je me résigne à aller
me reconstituer derrière le Loir ou la Sarthe ; mais alors
Tours va se trouver à découvert et le gouvernement ne
peut plus y rester. »

Gambetta avoua que cette conséquence avait été prévue
déjà et que la Délégation avait décidé de se transporter
à Bordeaux.

La retraite fut donc résolue. Mais il fallait préparer
cette opération si délicate, et se retirer à son heure, non
en fuyards ; il fallait surtout acheminer sur la nouvelle
base d'opérations les lourds magasins de Mer et de Blois
et toutes les munitions et provisions qui y étaient accumu-
lées. C'est à ces préparatifs que l'on employa immédiate-

ment ce qui restait de la nuit du 9 et toute la journée du 10. Seulement, afin de les masquer, on décida une attaque générale.

Les Allemands avaient tenu conseil, eux aussi, dans leur quartier général de Meung. Satisfaits de progresser constamment, quoique lentement, dans la direction de Tours, et d'avoir occupé Beaugency en même temps que le château de Chambord, enlevé par les Hessois aux francs-tireurs Lipowski, ils avaient décidé de s'accorder un répit de quelques jours. Cette pause si bien gagnée venait d'être officiellement annoncée ; elle était nécessaire pour accomplir diverses mutations de corps projetées depuis une semaine et toujours ajournées par suite de l'entêtement de cet enragé Chanzy à ne reculer que pied à pied. Les Bavarois, qui avaient extrêmement souffert, allaient enfin être relevés par deux corps prussiens en marche vers Beaugency et Blois. Ils avaient reçu avec joie cette nouvelle impatiemment attendue.

Mais une fois de plus, le grand état-major allemand s'aperçut qu'il avait compté sans son hôte.

Le 10, dès avant le jour, les Prussiens furent débusqués d'Origny, ainsi que nous l'avons raconté plus haut. Peu d'instants après, la 3ᵉ division du 17ᵉ corps français, commandée par le colonel de Jouffroy, car les généraux manquaient complètement, enlevait le village de Villejouan, tandis qu'à l'extrême gauche un bataillon d'infanterie de marine s'emparait du château du Coudray. Dans l'après-midi, les forces combinées des 17ᵉ et 22ᵉ divisions prussiennes, avec une puissante artillerie, réoccupèrent Villejouan, où elles firent une centaine de prisonniers ; mais leurs assauts les plus furieux échouèrent contre Origny.

La journée du 10 nous était donc favorable encore, malgré nos pertes. Après un combat qui s'était maintenu depuis le matin jusqu'au soir, avec un grand acharnement réciproque et sur un front de douze kilomètres, nous restions maîtres de nos positions. Chanzy raconte que, ce jour-là, si une diversion avait pu être faite de l'autre côté de la Loire, il eût refoulé l'ennemi sur Orléans, car telle était l'ardeur des troupes, qu'à diverses reprises, pendant l'action, il dut donner ordre aux diverses divisions engagées de ne pas se laisser entraîner trop loin, tout mouvement en avant des lignes choisies pour chacune étant imprudent et inutile [1].

Il en coûtait tellement à lui et à son armée de reculer comme des vaincus, alors qu'ils étaient les maîtres sur tout le front de bataille, qu'il voulut faire encore, le 10 au soir, une nouvelle tentative auprès du ministre de la guerre.

Il lui demandait instamment, dans un télégramme qui réclamait une prompte réponse, d'envoyer la première armée de la Loire (général Bourbaki) « prendre position » entre la Loire et le Cher pour intercepter les communi- » cations de l'ennemi entre Orléans et l'armée allemande » engagée sur Tours, de façon à couper cette dernière à » sa base d'opérations. Si ce mouvement s'exécutait, il se » chargeait, lui, de tenir sur la rive droite de la Loire. »

Gambetta répondit, de Bourges, que la première armée, qui se constituait, n'était point encore en état d'entreprendre une aussi importante opération.

La deuxième armée n'avait donc plus qu'à profiter de ses récents avantages pour opérer le reploiement décidé la veille.

Le général en chef donna des instructions pour commencer ce reploiement le 11, dès dix heures du matin, après que les troupes auraient pris, en vue d'une attaque

[1] Chanzy, p. 150.

possible, les mêmes dispositions que la veille pour les reconnaissances à faire et pour les positions de combat à occuper.

L'opération principale consista en un grand changement de front en arrière, en pivotant sur l'aile gauche. La grande difficulté était d'écouler les parcs d'artillerie, les convois de vivres, les ambulances, sur des points déterminés d'avance, de manière à éviter l'encombrement, et en masquant le plus longtemps possible ces diverses mesures à l'ennemi.

Les ordres avaient été si sagement donnés et furent exécutés si ponctuellement, que vers trois heures, toutes les troupes bivouaquaient sur les positions assignées. Le grand quartier général, à Josnes depuis le 5 décembre, déménagea sur le château de Talcy. Le général Barry, encore à Blois, fit évacuer le matériel sur Vendôme, tout en observant un parti allemand qui voulait passer la Loire sur un pont improvisé, celui de la ville ayant été détruit par les Français.

L'ennemi n'avait rien contrarié, parce qu'il n'avait rien compris. Il n'y avait eu que de légères escarmouches d'avant-postes. On peut s'en étonner, car Chanzy s'avançait à travers une plaine où il ne pouvait dérober ses mouvements.

Le 12 décembre Mer fut évacué au jour et Blois à la nuit. Le général Barry, en se retirant de cette ville sur Amboise, puis sur Saint-Calais, fit couper les chemins de fer derrière lui. L'armée continua sans encombre son mouvement sur Vendôme. Elle formait le soir la ligne brisée Rhodon, — Conan, — Boisseau, — Pontijoux, — Villeneuve, — Frouville, — Oucques, — Viévy. Le grand quartier général était au château des Noyers.

Les éclaireurs allemands suivaient de près les arrière-gardes françaises. Néanmoins il n'y eut aucun engagement sérieux. A Nuisement, un convoi, retardé parce qu'il avait pris un chemin de traverse devenu impraticable par suite du dégel, fut enveloppé un instant par des cavaliers ennemis, mais dégagé à temps par deux escadrons français. La pluie tombait à torrents. Les chemins étaient partout très glissants, le sol trop détrempé pour que les chevaux et les voitures pussent passer à travers champs. Comme fatigue pour les hommes et pour les animaux, cette journée fut une des plus pénibles de toute la campagne. La cavalerie de tous les corps d'armée ne cessa de battre le pays dans toutes les directions. Chanzy n'était qu'à moitié rassuré par la mollesse apparente de l'ennemi; il redoutait quelque mauvais tour, par exemple une pointe par le nord de la forêt de Marchenoir, ou par l'aile opposée le long de la Loire. Rien ne lui eût été plus désagréable que d'être tourné d'un côté ou de l'autre, et de se trouver prévenu sur le Loir.

Il n'en fut rien. Les états-majors allemands ne commencèrent que le 12 au soir à se douter de ce qui se passait.

De plus, leur doute se compliquait d'une inquiétude analogue à celle de leur adversaire, et certes fort honorable pour celui-ci; ils craignaient que Chanzy ne se dérobât par la région de Chartres pour arriver sur leurs derrières et sur les lignes de blocus de Paris [1]. Ils se rendaient donc bien peu compte de la situation réelle d'un homme qu'ils commençaient à apprécier à sa valeur, mais dont ils s'exagéraient les moyens d'action, après les avoir trop méprisés.

Le mouvement sur Vendôme s'acheva le 13, malgré le temps, devenu de plus en plus mauvais. Le 17ᵉ corps fut

[1] Ferdinand LECOMTE, colonel fédéral suisse, article de la *Nouvelle Revue*, 1ᵉʳ mai 1883, p. 50 — *Historique de l'état-major prussien*, 14ᵉ livraison, p. 613.

seul inquiété à la hauteur d'Oucques, par une colonne qui suivait ses traces. Il y eut là un engagement d'arrière-garde, mais nos troupes firent bonne contenance ; une section d'artillerie s'avança, couvrant par son feu la charge d'un escadron de cavalerie légère qui bientôt dispersa les assaillants.

Les uhlans, s'avançant à la faveur des bois, fouillaient les fermes ; ils capturèrent un certain nombre d'hommes à bout de forces, qui ne cherchaient même pas à résister. Ce fut là un événement regrettable que Chanzy, dans son récit de la retraite, ne dissimule point, mais dont les Allemands ont fort augmenté la valeur en annonçant, dans leurs bulletins, qu'ils avaient fait de nombreux prisonniers, alors qu'il n'y avait pas eu de combat réel et qu'ils n'avaient ramassé que quelques centaines de traînards dont la plupart, il faut bien le dire, avaient cherché eux-mêmes cette occasion de ne pas continuer la campagne.

En résumé, cette retraite de la deuxième armée des lignes de Josnes sur Vendôme, dans les conditions de mauvais temps, de fatigues et de dangers où elle s'était effectuée, faisait le plus grand honneur aux troupes. Elle avait assez imposé à l'ennemi pour qu'il n'eût pas osé l'inquiéter et profiter des chances qu'il avait de détruire cette armée, s'il eût su les mettre à profit [1].

En regard de cette appréciation d'un Français le plus intéressé de tous, qui pourrait être suspecte, il est bon de citer celle des Allemands. Voici donc un extrait d'un de leurs récits les plus autorisés :

«.... Les troupes du grand-duc s'emparèrent, le 8 décembre, de Beaugency, ainsi que des villages de Grand-Bonvalet, Villorceau et Cernay. Le caractère de ces

<hr>

[1] Chanzy, *La deuxième armée de la Loire*, p. 172.

combats est toujours le même : leur valeur tactique est médiocre. Les Allemands l'emportaient par la constitution et la mobilité de leurs corps d'armée ; les légions françaises improvisées allaient bravement au feu, mais elles ne tardaient pas à reconnaître que leur bravoure était impuissante contre une direction plus habile et contre la cohésion de leurs adversaires.

» Les commandants, quelque actifs qu'ils fussent, ne pouvaient tenir leurs bataillons dans la main, et quand ceux-ci étaient en désordre, ils ordonnaient la retraite, en s'appliquant de toutes leurs forces à la faire dans le meilleur ordre possible. Mais les Allemands eurent l'occasion de constater la bravoure de ces troupes improvisées, et particulièrement les efforts de leur artillerie, aussi mal montée que possible.

» Dès les premiers rapports du grand-duc de Mecklembourg, le 7 décembre, le prince (Frédéric-Charles) avait fait avancer sa réserve générale, le 10e corps, au secours du grand-duc....

» Le 10 décembre, les troupes de celui-ci, très fatiguées, crurent à un jour de repos dans les positions qu'elles avaient prises entre Beaugency et Cernay, mais Chanzy ne leur laissa aucun répit. Il les attaqua le 10 dans leurs positions ; le combat dura jusqu'à la nuit et fut principalement soutenu par l'artillerie. Le but de Chanzy avait été particulièrement de reconnaître encore une fois les positions des Allemands et d'assurer pour quelques jours sa marche vers le nord, par Vendôme. Il se proposait de se mettre en communication avec l'armée du Nord, dont Faidherbe avait reçu le commandement supérieur le 4 décembre (1).... »

(1) Rüstow, *La guerre de France.*

Les quatre jours de combats autour de Josnes sont restés, pour les Allemands, les plus pénibles de cette rude période qui commence à Villepion pour finir à Vendôme, et qu'ils ont appelés « les Jours de décembre, *die Dezember Tage*. »

Ajoutons que les combats livrés en avant et autour de Josnes, s'ils avaient été onéreux pour les jeunes effectifs français, n'avaient guère coûté moins aux vieilles troupes allemandes. Comme toujours, les grosses pertes frappèrent surtout les Bavarois, qui ne furent remplacés que le 12. Du 7 au 10 ils perdirent à eux seuls 2,176 hommes, dont 96 officiers [1].

(1) Ce chiffre est donné par le lieutenant-colonel Helwig, *Vie du général Von der Tann*, p. 204

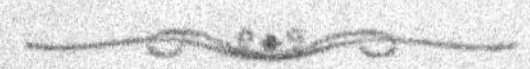

CHAPITRE VI

Chanzy aurait eu grand besoin de pousser sa retraite assez loin pour cesser quelque temps d'être en contact avec les Allemands ; ses jeunes troupes étaient absolument épuisées, désunies par les derniers combats et dépourvues de chaussures solides et de vêtements en rapport avec la rigueur de la saison. Les souliers de carton de nos mobiles de 1870 sont restés légendaires ; ils ne sont pas une invention des polémistes ni des romanciers, et l'on a vu presque partout des fortunes scandaleuses de fournisseurs s'élever sur les désastres publics, grâce à l'incurie et plus souvent à la connivence intéressée de ceux qui étaient chargés de faire les commandes et de vérifier les fournitures. Cependant il y eut de notables différences, sous ce rapport, entre les diverses armées. La moins bien favorisée paraît avoir été celle de Bretagne, alors réunie au camp de Conlie, et la troupe française de l'Est, auxiliaire des bandes internationales de Garibaldi, qui elles-mêmes ne manquaient de rien ; la mieux partagée fut la deuxième armée de la Loire, grâce à l'activité de son chef. Chanzy reçut, dès le 15, des munitions et des approvisionnements demandés à Bordeaux. Il rend, à cette occasion, au gouvernement et au service de l'intendance, un témoignage qui fait contraste avec les griefs trop légitimes exprimés par M. de Kératry, commandant en chef des Bretons, et par tous ceux qui ont assisté dans l'Est aux opérations de Bourbaki.

« Grâce à la prévoyance de l'intendant général Bouché et de tout le personnel administratif, les vivres, dit-il, arrivèrent constamment en quantité suffisante, les distributions purent se faire exactement, et les convois divisionnaires portèrent toujours une réserve variant entre trois et six jours de vivres. Il est bon de faire ici justice des attaques imméritées dont l'administration de la deuxième armée a pu être l'objet de la part de certaines gens qui ne jugeaient que d'après les plaintes qu'ils entendaient, sans en vérifier l'exactitude. Ces plaintes partaient, pour la plupart, d'hommes débandés qui, fuyant le champ de bataille, ne se trouvaient pas à leurs corps au moment des distributions, préférant courir le pays, stimuler la charité par le récit de misères qu'il leur eût été possible d'atténuer tout au moins en restant à leurs rangs, et s'imposer parfois dans les fermes et les maisons isolées, pour les habitants desquelles ils étaient devenus un objet de crainte malheureusement justifiée. Nous affirmons donc que les vivres n'ont jamais manqué pendant les quatre mois qu'a duré cette campagne, malgré les difficultés de toute nature pour se les procurer, les faire aboutir et les transporter. Si quelques distributions n'ont pu avoir lieu exactement, cela a toujours tenu aux circonstances qui retardèrent la marche des convois dans des chemins souvent impraticables, ou qui forcèrent les troupes à se battre et à marcher jusqu'au soir sans un moment de répit. Ajoutons enfin, pour dire toute la vérité, que dans un grand nombre de régiments nouveaux, surtout dans ceux de la garde mobile, les officiers n'appor-

taient pas à cette partie si importante de leur service la
surveillance qui eût été nécessaire, et que beaucoup
d'hommes, la distribution faite, mangeaient immédiatement plus que leur ration d'un jour, gaspillaient le reste,
et abandonnaient souvent dans les bivouacs des monceaux
de biscuit et de viande, pour ne point avoir à les transporter.

« Le service du seul chemin de fer qu'on pouvait utiliser était rendu très difficile par l'encombrement des
gares, par le désordre que produisaient une foule de traînards montant de force dans les wagons, et par le désarroi
qu'avait amené dans la gare si importante de Tours la
panique causée par l'évacuation de Blois. Le général en
chef dut envoyer partout des officiers et des agents pour
faire cesser le désordre; il télégraphia aux généraux et
aux préfets du Mans et de Tours pour réclamer instamment leur concours (1). »

Le ministre de la guerre envoya en outre à Chanzy
deux brigades extraites des boues du camp de Conlie et
formées de gardes nationales mobilisées de la Bretagne.
Ces renforts étaient commandés par le capitaine de fré-
gate Gougeard, ayant le titre de général de division; ils
furent adjoints au 21e corps, celui de l'amiral Jaurès. Ils
suffisaient à peine à combler les vides et n'ajoutaient rien
à l'esprit militaire général; c'étaient des hommes de près
de quarante ans, mal équipés, armés seulement depuis
quelques jours de fusils Spencer ou d'autres modèles va-
riés. Quel contraste avec les renforts qui arrivaient d'Allemagne, bien nourris grâce aux réquisitions de toute nature dont ils accablaient les contrées qu'ils traversaient,
solidement chaussés, chaudement vêtus, logés chez l'habi-

<hr>

(1) CHANZY, p. 182.

tant, qu'ils n'hésitaient jamais à priver du nécessaire pour se procurer à eux-mêmes le superflu !

Chanzy, quoique la possibilité de réaliser ce double objectif parût diminuer chaque jour, ne renonçait pas à l'espérance vague de donner la main à Faidherbe et de tenter avec lui un suprême effort pour dégager la capitale. C'est pour cela qu'il pivotait autour de Paris et ne voulait pas s'en éloigner davantage, au risque d'être attaqué de nouveau sans avoir pu donner à ses troupes le répit absolument nécessaire.

La situation de Vendôme était bien choisie ; la vallée du Loir, sur lequel se trouve cette ville, est favorable à la guerre défensive. « Cette vallée, depuis Illier, par Bonneval, Châteaudun, Cloyes, Fréteval, Vendôme, Montoire, jusqu'à Château-du-Loir, est généralement assez étroite et bordée de mamelons élevés qui offrent, sur la rive droite, de bonnes positions pour défendre les passages de la rivière. Celle-ci coule à pleins bords, avec des profondeurs variables, mais qui présentent partout des obstacles sérieux ; les gués, assez rares, peuvent être rendus facilement impraticables en détériorant les rampes qui leur donnent accès, et qui sont ménagées dans un terrain mouvant et qu'on peut toujours et promptement bouleverser ; les principales localités seules ont des ponts de pierre, les autres, des ponts de bois ou des passerelles faciles à détruire.

« En s'établissant sur le Loir, on menaçait le flanc de l'ennemi descendant d'Orléans sur Tours, sans s'éloigner de Chartres, sur lequel on pouvait déboucher par Châteaudun, restant ainsi sur une des principales directions qu'il faudrait toujours suivre pour reprendre les opérations vers Paris, dès qu'elles deviendraient possibles. Il n'y avait en effet, si l'armée était disposée de Fréteval à Ven-

dôme, qu'à exécuter un changement de front en arrière
sur sa gauche, pour la porter successivement, et jusqu'à
l'Eure, à travers le Perche, sur l'Yères, l'Ozanne et le Loir,
qui coule parallèlement à l'Eure de Thirion-Gardais à
Bonneval, appuyant pendant presque toute cette marche
ses ailes au Loir et à l'Huisne. En attendant ces opérations, elle était couverte sur son flanc gauche par la forêt
de Fréteval ; et dans le cas d'un mouvement de l'ennemi
venant de la direction de Chartres par Illiers, Brou et le
pays si difficile du Perche, qu'on pouvait faire observer
par des francs-tireurs et des corps légers, elle était toujours à temps pour se retirer sur le Mans et en arrière de
la Sarthe [1]. »

Dans l'armée ennemie, le prince Frédéric-Charles avait
repris le commandement en chef, à la demande expresse
du grand-duc de Mecklembourg et sur les rapports des 7
et 8 décembre. Son grand quartier général se trouvait,
le 12, à Suèvres. Les Bavarois, transférés à Orléans,
moins la 4ᵉ brigade, étaient remplacés par le reste du
9ᵉ corps, par le 3ᵉ et le 10ᵉ avec les 1ʳᵉ et 6ᵉ divisions de
cavalerie. C'était donc une armée de huit divisions et
demie d'infanterie et quatre de cavalerie, donnant un
total de 98 bataillons, 128 escadrons et 402 pièces de
canon. Or, en évaluant le bataillon à 1,000 hommes et
l'escadron à 120, on obtient 98,000 hommes d'infanterie
et 19,200 de cavalerie ; total 117,200 hommes, plus l'artillerie, c'est-à-dire, en chiffres ronds, environ 120,000
hommes bien exercés et soutenus par l'élan d'une continuelle marche en avant.

Il serait difficile d'indiquer avec précision l'effectif
exact des trois corps formant l'armée française. Le 21ᵉ,

moins souvent engagé et d'ailleurs renforcé par des mobilisés de Bretagne, devait compter, à Vendôme, 55,000 hommes environ. Quant aux deux autres, ils avaient été si éprouvés, le 16ᵉ surtout, qu'il serait absolument téméraire de prétendre fixer le nombre des combattants qui leur restaient. M. Mallet, dans son excellente histoire de la *Bataille du Mans*, évalue à 100,000 hommes le total des Français. C'est avec ces forces légèrement inférieures en nombre, mais beaucoup plus fatiguées, très inférieures en équipement, égales seulement en courage, que Chanzy allait continuer à sauver sinon le territoire, au moins l'honneur de son pays.

Dès le lendemain de son arrivée à Vendôme, 14 décembre, il fut attaqué sur sa gauche, à Morée et à Fréteval, par le grand-duc de Mecklembourg, qui, maintenant sous les ordres du prince, dirigeait l'aile droite allemande. Les abords de ces localités étaient occupées par le 21ᵉ corps. Le général Rousseau arrêta les Allemands à Morée. L'action fut plus sérieuse à Fréteval. Un bataillon de marins, qui se trouvait seul dans ce village, fut obligé de l'abandonner et ne put le reprendre, malgré l'appui d'un autre bataillon et d'une batterie, envoyés à son secours. La gare toutefois restait en notre possession. L'amiral Jaurès, comprenant l'importance de Fréteval, prescrivit vers le soir un nouvel effort. Le colonel du Temple, commandant la 2ᵉ brigade, fut chargé de réoccuper le village. On lui donna comme soutien, sur sa droite, les marins sous les ordres du commandant Collet. Ce dernier était un officier de marine des plus distingués. Malheureusement il se laissa entraîner par son ardeur, et devançant le moment de l'attaque, se lança sur le village avec quatre compagnies seulement. Il y pénétra; mais bientôt, écrasé par des forces supérieures, il dut se replier, non sans pertes sérieuses. Son audace lui coûta la vie, ainsi qu'à son adjudant-major. L'ennemi était dès lors sur ses garde. Le colonel du Temple ne pouvait plus songer à le surprendre ; il rentra dans ses positions.

Cette affaire en présageait une plus générale pour le lendemain. Chanzy prit ses dispositions en conséquence. Il ordonna qu'afin d'éviter toute indécision, les troupes prendraient les armes à huit heures, « se porteraient sur les diverses positions que chacune avait à défendre, le cas échéant, et y resteraient jusqu'à la rentrée des reconnaissances. » Le paragraphe suivant de ses instructions laisse entrevoir les embarras que lui donnaient certains officiers de rang inférieur, et explique le peu d'estime qu'affectent les historiens allemands pour le commandement dans son armée en général :

« Des soldats et même des officiers n'ont pas rallié leurs corps depuis les derniers engagements. Le commandant en chef est décidé à traduire devant des cours martiales tous ceux qui sont en absence illégale, et des ordres sont donnés pour qu'ils soient recherchés sur les derrières de l'armée, dans leurs foyers, et arrêtés immédiatement. Tous les refus d'obéissance seront déférés aux cours martiales ; il importe de faire immédiatement des exemples et de rétablir, dans la deuxième armée, la discipline à laquelle elle a dû ses succès dans la première partie de la campagne (1). »

Afin de stimuler l'ardeur de ses troupes, Chanzy leur adressa, le 15 au matin, l'ordre du jour suivant :

« Soldats de la deuxième armée ! »

« Depuis quinze jours vous n'avez pas cessé de combattre. Vous avez lutté héroïquement contre la principale

_____

(1) Chanzy, p. 187.

armée allemande, commandée par le prince Frédéric-Charles, et si vous n'avez pas chaque jour, comme à Vallière, à Coulmiers, à Villepion, complètement battu l'ennemi, vous n'avez jamais subi de défaite, puisque chaque soir vous avez couché sur vos positions, disputées avec acharnement de l'aube à la nuit. Pendant cinq jours, la deuxième armée, appuyant sa droite à la Loire, sa gauche à la forêt de Marchenoir, s'est maintenue dans ses lignes en avant de Josnes; et les batailles des 7, 8 et 9 décembre ont été aussi glorieuses pour vous que funestes à l'ennemi, qui, de l'aveu de ses prisonniers, a subi des pertes considérables, surtout en officiers de tous grades.

» Des considérations stratégiques vous ont ramenés sur les positions que vous occupez actuellement. Vous les conserverez, quels que soient les nouveaux efforts de l'ennemi, qui s'acharne à vous parce qu'il comprend que vous êtes pour lui l'obstacle et la résistance.

» Ce que vous venez de faire malgré des privations forcées, des fatigues incessantes, le froid, la neige, la boue de vos bivouacs, vous le continuerez, puisqu'il s'agit de sauver la France, de venger notre pays envahi par des hordes de dévastateurs.

» Pour nos nouveaux efforts il faut l'ordre, l'obéissance, la discipline; mon devoir est de l'exiger de tous; je n'y faillirai pas. La France compte sur votre patriotisme, et moi, qui ai l'insigne honneur de vous commander, je compte sur votre courage, votre dévouement et votre persistance.

> » *Le général en chef,* CHANZY. »

Il s'agissait d'abord d'empêcher l'ennemi de profiter du pont de Fréteval pour passer le Loir. Ce pont était en bois et peu solide. L'amiral Jaurès reçut l'ordre de le reprendre ou de le détruire. Il le brûla sous le feu de l'ennemi ; l'opération fut brillamment exécutée. De ce côté la situation resta bonne, mais c'est sur la droite que devait avoir lieu l'action principale.

Le 10ᵉ corps prussien (commandant en chef le général de Voigts-Rhetz) s'avança par la route de Blois à Vendôme. Chanzy avait projeté de faire de cette dernière ville un vaste camp retranché ; mais il n'en avait pas eu le temps, et Vendôme était une simple tête de pont. Il fit prendre position à son artillerie en avant du Temple et déploya ses tirailleurs aux abords de la route et devant le château de la Chaize.

L'ennemi fut assez long à mettre ses pièces en batterie, par suite de la difficulté qu'il éprouvait à les mouvoir dans un terrain détrempé. Il chercha à s'établir dans les bois qui couvrent cette partie de la plaine. Contenu par un feu bien nourri, il ne put y réussir. Il essaya alors de s'étendre sur sa gauche, d'occuper la route de Tours et de déborder la droite des Français. Mais ce mouvement était prévu. Le 37ᵉ de marche avec le 7ᵉ bataillon de chasseurs, se portant sur les bois de la Gaignetière, le contraignirent à reculer, malgré l'appui de six batteries qu'il avait réussi à mettre en ligne au sommet du plateau de Sainte-Anne. A la nuit, voyant l'inutilité de ses efforts pour refouler les Français sur Vendôme, il se mit en retraite, laissant sur le terrain une grande partie de ses morts.

Mais sur ces entrefaites, le chef de bataillon de zouaves Prudhomme (1), qui occupait avec une batterie et quelques bataillons les hauteurs de Bel-Essort, s'était vu déborder par le 3ᵉ corps prussien. Il n'avait cédé le terrain qu'a-

(1) Devenu depuis lieutenant-colonel du 45ᵉ de ligne, colonel du 51ᵉ, et général de brigade.

près avoir reçu plusieurs blessures, dont un éclat d'obus à la tête. Refoulé sur Meslay et Arcines, il put s'arrêter sur la rive droite du Loir, après avoir brûlé le pont de Meslay.

Sur ce point comme devant Vendôme, la nuit mit fin au combat, lequel a reçu le nom de bataille de Vendôme, et pouvait être considéré comme une victoire pour chacun des combattants, selon le point de vue où l'on se plaçait. L'historien allemand Rustow en convient et, pour une fois, se montre impartial : « Le 15 décembre, dit-il, le grand-duc de Mecklembourg à droite et le général Voigts-Rhetz à gauche rencontrèrent une vigoureuse résistance sur la ligne de Morée à Vendôme. Le combat resta indécis, bien qu'à l'avantage des Allemands sur plusieurs points. »

Malgré les succès obtenus à Fréteval et sur le plateau de Sainte-Anne, la perte des positions de Bel-Essort allait rendre difficile et périlleuse la défense de Vendôme. L'ennemi pouvait établir là des batteries qui prendraient en écharpe celles des Français en avant du Temple. D'autre part, ceux-ci, qui n'avaient pu prendre le moindre repos, souffraient beaucoup de la température ; campés dans la boue et la neige, sans pouvoir allumer les feux de bivouac, ils se montraient mornes, désespérés, et les chefs de corps ne dissimulaient point leurs inquiétudes pour le lendemain. Néanmoins Chanzy ne voulait abandonner la position qu'à la dernière extrémité. Il télégraphia le 15 au soir au ministère de la guerre, à Bordeaux. Après avoir annoncé sommairement les événements de la journée il disait :

« Nous résisterons demain. Mais si nous y sommes forcés, toutes nos dispositions sont prises pour nous diriger sur le Mans.... Je ne le ferai qu'à la dernière extrémité, persuadé que notre meilleure chance est dans la résistance et que tout mouvement de retraite peut être le signal d'un désastre. Je regrette de plus en plus qu'aucune démonstration ne vienne nous aider à sortir d'une position difficile. »

Évidemment, il attendait un mot lui annonçant que cette démonstration était commencée. Alors il aurait tenu à tout prix.

Ce mot ne vint pas. Au lieu de nouvelles encourageantes, il reçut, à cinq heures du matin, la visite de l'amiral Jauréguiberry, dont la ténacité lui était connue : « Nos hommes sont à bout non de courage, mais de forces, lui déclara l'amiral : je ne crois pas à la possibilité d'un effort de leur part dans quelques heures d'ici. » Chanzy, la mort dans l'âme, mais ne laissant rien paraître de son émotion, serra d'abord silencieusement la main de son intrépide compagnon d'armes. Puis, au bout d'un moment : « Quelle terrible campagne ! s'écria-t-il, ne pouvoir jamais compléter une victoire, et, battant ou battu, reculer toujours ! N'importe, nous ferons notre devoir jusqu'au bout. Pour le moment, il faut sauver l'armée ; je vais donner des ordres pour reprendre la retraite et ne l'arrêter qu'au Mans, derrière la Sarthe. »

Ces ordres furent d'une exécution prompte et facile. L'éventualité qui s'imposait avait été prévue, et, dès le 15 au matin, tous les parcs et réserves de l'armée avaient été disposés dans ce but. Le pâle soleil d'hiver, en se levant, eût éclairé le mouvement déjà commencé de toute l'armée, si, ce qui était infiniment préférable, le soleil n'eût jugé à propos de rester voilé et de favoriser ainsi nos opérations, pour la première fois peut-être dans cette année désastreuse. Les ordres avaient été admirablement étudiés ; ils furent suivis aussi exactement que le permettait l'affreux état des chemins. Lorsque, vers les neuf heures, le brouillard commença à se dissiper, on put voir les têtes de colonne des Allemands apparaître sur la rampe du Temple et sur les crêtes de la rive droite; mais le bruit de plusieurs explosions sur la rivière, et les tourbillons de fumée qui s'élevaient au-dessus de Vendôme, leur apprirent que les ponts venaient de sauter. Plusieurs de ces derniers, il est vrai, ne furent qu'imparfaitement détruits; le génie du 10ᵉ corps allemand en rétablit quelques-uns avant la fin de la journée. Mais il était trop tard pour la poursuite.

La grande et dernière préoccupation du général en chef, avant de s'éloigner personnellement de Vendôme, concernait le sort des malades, des éclopés et d'un immense matériel de guerre et de chemin de fer que, malgré l'activité déployée la veille et dans la nuit, on n'avait pu évacuer encore, et qui pouvait être atteint par les projectiles prussiens, ou même capturé dans le trajet. Enfin, après une longue attente, l'énorme convoi, traîné par deux locomotives, s'engageait à toute vapeur et disparaissait bientôt aux regards de ceux qui le suivaient avec inquiétude, dans la direction de Tours. Il y arriva sans encombre, et de là gagna le Mans.

Le 17, le grand quartier général était à Saint-Calais. La journée ne se passa point sans incidents. Huit pièces d'artillerie, embourbées, furent mal défendues par des soldats ou plutôt des traînards découragés. L'ennemi s'en empara. Les mobilisés de Bretagne, surpris à Droué, faillirent également se laisser envelopper. L'énergie du général Gougeard évita un désastre. Il rallia quelques compagnies, culbuta les Allemands et les poursuivit à coups de canon et de mitrailleuse. Beaucoup de soldats et deux officiers supérieurs prussiens furent tués, et 21 prisonniers restèrent entre les mains des Bretons, qui, de leur côté, eurent 14 tués et 35 blessés, dont un chef d'escadron et un aumônier.

Le grand quartier général fut le 18 à Ardenay, et le 19 au Mans.

Du reste, les Prussiens avaient aussi leurs contretemps, et ils ont avoué leur lassitude. « La guerre changeait d'aspect, a dit l'Allemand Von der Goltz ; de toute ferme, de tout buisson, partaient des coups de feu qui obligeaient nos cavaliers à de continuelles poursuites sans qu'on découvrit rien…. Notre armée était forcée de doubler, de tripler ses avant-postes, et d'occuper beaucoup plus de terrain que ne le permettaient ses effectifs. Les combats devenaient moins énergiques, ils étaient menés avec moins de vivacité, et ce qui est caractéristique, la fusillade à grande distance et la canonnade avaient grandi en importance…. Des corps d'armée, des bataillons, il ne restait plus que les titres, non la force et la valeur. Les meilleurs éléments avaient disparu, enlevés par les balles et les fatigues. Sur les chemins où devaient passer les batteries on était obligé d'étendre des couches de branchages, si l'on ne voulait pas voir la roue du canon s'enfoncer jusqu'au moyeu…. Dans l'armée du grand-duc il se trouvait des compagnies dont quarante hommes n'avaient plus de chaussures. Enfin les munitions allaient manquer…. »

Un officier d'ordonnance de Chanzy, égaré dans le brouillard en portant un ordre, avait trouvé les convois allemands en pleine confusion dans les ravins d'Azay et les troupes qui les escortaient complètement débandées. Des renseignements de même nature étaient donnés de toutes parts par les gens du pays. Chanzy regretta amèrement de n'avoir à sa disposition aucune réserve solidement organisée. Mais avec les éléments dont il disposait, reprendre l'offensive eût été folie.

Le grand quartier général prussien resta à Suèvres jusqu'au 16. Dans la soirée de ce jour, le prince Frédéric-Charles fit replier à la hâte les 3ᵉ et 9ᵉ corps sur Orléans, après avoir remis le soin de suivre Chanzy au grand-duc de Mecklembourg, redevenu à cet effet commandant en chef.

CHAPITRE VII

La deuxième armée de la Loire, en arrivant au Mans,
était à peine une armée. Des bandes de fuyards, détachées
de ses rangs, l'avaient précédée dans la ville ; d'autres de
traînards arrivaient à la file, marchant souvent les pieds
nus dans la neige. Chanzy était presque aussi préoccupé
de lui dissimuler à elle-même son état désolant, que de
la refaire et de mettre de l'ordre dans ce chaos. Il fit évacuer la ville, n'y laissa que la gendarmerie, dirigea les
dispersés sur les divers corps dont ils faisaient partie, et
hâta les distributions d'effets, que l'intendance n'avait pu
délivrer depuis le 30 novembre, durant les marches et
batailles incessantes. Le pays n'offrant que très peu de
ressources pour le cantonnement, les troupes durent
camper sous la petite tente ; elles souffraient beaucoup du
froid. Les malades étaient nombreux ; la petite vérole sévissait ; les hôpitaux et les ambulances étaient encombrés
de fiévreux et de blessés. Néanmoins, dès que les hommes
groupés de nouveau autour de leurs chefs se furent re-
posés quelques heures, la confiance et même la gaieté
reparurent au milieu d'eux. Ils se mirent à confectionner

des *gourbis*, protection plus efficace contre la bise et le froid.

Ils commençaient par creuser en terre un trou plus ou moins profond. Avec des branches de sapin garnies de feuillage, — et les sapins abondent autour du Mans, — avec des toiles de tente, ils dressaient une double muraille ou plutôt une sorte de toit portant directement sur le sol. Des mottes de terre venaient combler les interstices et fermer hermétiquement cette charpente rudimentaire. Certaines de ces constructions étaient assez vastes pour contenir une dizaine d'hommes. Un foyer, taillé dans la terre, devant l'ouverture de la cabane, servait de cuisine. L'ensemble ne manquait ni de confortable relatif, ni surtout de pittoresque ; durant la courte trêve qui précéda la reprise des hostilités, les habitants du Mans venaient en foule visiter ces curieux campements.

Tout en hâtant la réorganisation, Chanzy se retranchait, surveillait les mouvements de l'ennemi et s'efforçait de le tenir à distance.

Le Mans est un centre stratégique important ; cinq voies ferrées y aboutissaient déjà, rayonnant vers Paris, Cherbourg, Brest, Angers et Tours. La ville est bâtie sur la rive gauche de la Sarthe, dans l'angle de territoire où cette rivière reçoit l'Huisne, son principal affluent. Dominée à courte distance et presque de tous les côtés par les collines qui bordent les vallées des deux cours d'eau, la ville n'est point défendable par elle-même, mais elle peut être protégée d'un peu loin, grâce à trois plateaux qui la bordent.

Au nord, entre la Sarthe et l'Huisne, c'est le grand plateau de Sargé ; au centre, le plateau d'Auvours, s'étendant de Champagné à Yvré-l'Evêque, et dominant d'un côté la vallée de l'Huisne, de l'autre la ligne du chemin de fer de Chartres et la grande route de Paris ; au sud enfin le plateau moins vaste qui, traversé par les routes de la Flèche, de Tours et de Vendôme, partant toutes trois du faubourg de Pontlieue, se termine, à quatre kilomètres du Mans, à une route dite le Chemin des bœufs, qui en longe le pied ; ses positions dominantes sont appelées la Tuilerie et le Tertre-Rouge.

Le général en chef distribua la défense de ces trois plateaux entre ses trois corps d'armée. Jaurès, avec le 21ᵉ corps, occupa le plateau de Sargé. Le général de Colomb, avec une partie du 17ᵉ corps et la division bretonne commandée par Gougeard, fut chargé du plateau d'Auvours ; Jauréguiberry, avec le reste du 17ᵉ corps et le 16ᵉ, gardait les hauteurs au delà de Pontlieue.

L'armée commençait à se reconnaître et à respirer lorsque, le 22 janvier, deux jours après son arrivée au Mans, on annonça qu'un ballon de Paris, *le Lavoisier*, venait de descendre à Montfort, département de Maine-et-Loire, apportant des nouvelles du général Trochu. Rien d'écrit, par crainte d'une chute au milieu des lignes ennemies ; mais le capitaine d'état-major de Boisdeffre, chargé des fonctions de messager, était un homme sûr et connu de Chanzy.

Amené sans retard au grand quartier général, M. de Boisdeffre s'acquitta de son message verbal. Le gouverneur de Paris mandait confidentiellement à Chanzy qu'il n'avait aucun espoir de faire la trouée tout seul ; qu'en admettant même qu'il réussît à rompre les lignes d'investissement, ce qu'il n'avait pu faire le 30 novembre et le 2 décembre, ses troupes, arrivées à six ou huit lieues de Paris, manqueraient totalement de munitions ; que la capitale restait disposée à tous les sacrifices, mais qu'elle n'avait de vivres que jusqu'à la fin de janvier, et que si elle n'était pas secourue, elle serait forcée de capituler dès le 20, car dix jours suffiraient à peine pour opérer le ravitaillement de deux millions d'hommes ; qu'elle combattait toujours, mais que ses sorties iraient bientôt en s'affaiblissant, les chevaux d'artillerie et de cavalerie étant mangés successivement, bref, qu'elle ne pouvait être débloquée que par un secours immédiat et énergique des armées de province.

Chanzy se hâta de faire connaître ces nouvelles au ministre de l'intérieur et de la guerre, qui se trouvait à Lyon ; mais afin d'en assurer le secret, il les transmit par une lettre dont il chargea le chef d'escadron Marois. Cette lettre se terminait ainsi :

« Bien que la lutte ne doive pas cesser par suite de la chute de Paris, la situation serait tellement empirée par ce fait, que je pense qu'il y a lieu de faire les plus grands efforts pour l'empêcher, et je vais y mettre tous les miens.

» Dans ces conditions, j'ai besoin de communiquer avec le général Trochu. Tel était aussi son désir, et il avait remis à cet effet au capitaine de Boisdeffre six pigeons pour moi, destinés à cet usage. Ces pigeons ont été pris à Angers par le préfet, sur une réquisition du gouvernement. J'ai l'honneur de vous prier de m'en faire rendre au moins quatre.

» Je hâte la réorganisation de mon armée. Je vais employer toute mon énergie et toute ma volonté à la mettre en état de remplir au plus tôt le but qu'il nous faut, je crois, essayer d'atteindre à tout prix, et vous soumettrai mes propositions à cet égard....

» Je vous ferai observer, Monsieur le ministre, qu'il est indispensable, pour la suite de mes opérations, que je sois tenu constamment au courant des mouvement des autres armées, surtout de celles de Bourbaki et de Faidherbe.

» Les renseignements contenus dans les dépêches me sont complètement insuffisants.... »

Ces derniers mots de Chanzy trahissent un certain mécontentement trop légitime, et des rapports tendus avec Gambetta et son entourage politique. De tous les généraux, sauf Garibaldi, auquel on n'osait rien dire, Chanzy est certainement celui auquel le ministère témoignait le plus de confiance, auquel on laissait le plus de liberté d'action. Et cependant cette confiance n'allait pas jusqu'à l'autoriser à communiquer librement avec Trochu ; c'est pour cela qu'on lui ôtait les pigeons envoyés par ce dernier.

Elle n'allait pas non plus jusqu'à lui permettre de se concerter avec Faidherbe et Bourbaki ; on ne lui disait même pas où en étaient ces généraux. Les lettres de Chanzy contiennent des plaintes fréquentes à ce sujet. Il demande où en sont les autres armées ; il insiste sur ce fait évident, que pour coopérer avec elles à débloquer Paris, il a besoin d'être exactement renseigné à ce sujet. À Tours comme à Bordeaux on fait la sourde oreille, on ne donne que des renseignements évasifs, incomplets, bons pour endormir le vulgaire. Un moment même Gambetta eut l'étrange idée d'imposer à Chanzy un surveillant civil. Il lui envoya un journaliste, futur membre de la Commune, le citoyen Lissagaray. Mais Chanzy refusa de le recevoir dans son état-major.

« Je n'ai jamais consenti à admettre un envoyé de ce genre, disait-il plus tard devant la commission d'enquête ; si l'on avait voulu me l'imposer, j'aurais demandé à être relevé de mon commandement. »

Gambetta n'osa pas se hasarder jusqu'à cette extrémité (1).

(1) J. DE BAUDONCOURT, *Le général Chanzy*, p. 336 de la 7ᵉ série des *Illustrations du XIXᵉ siècle*.

Quant à l'incident des pigeons, il a été jugé sévèrement.

Comment un préfet se trouvait-il autorisé à violer un dépôt confié à un officier par le chef du gouvernement de la Défense nationale ? Quel intérêt pouvait-il y avoir, en ce moment, au-dessus de l'intérêt militaire ? A la réclamation de Chanzy, demandant qu'on lui rendit au moins quatre pigeons sur les six, on répondit de la façon la plus étrange, par toute une théorie sur le service des pigeons et ses difficultés. Le dernier mot de ces explications embarrassées, c'est qu'il fallait commencer par envoyer les dépêches à M. Gambetta et à son conseil. Chanzy comprit et n'insista pas davantage [1].

Par suite de la difficulté des communications résultant de l'encombrement et des neiges, le chef d'escadrons Marois ne put arriver à Lyon que le 27 et ne rentra au Mans que le 30, avec la réponse.

Gambetta reconnaissait la gravité de la situation et annonçait un plan d'opérations simultanées dans l'Est, entre Bourbaki et Garibaldi, pour reprendre Dijon, débloquer Belfort et couper les communications de l'ennemi avec l'Allemagne. Ensuite il félicitait Chanzy de son activité et terminait par des affirmations aussi vaines que pompeuses :

« Vous avez décimé les Mecklembourgeois ; les Bavarois n'existent plus ; le reste de l'armée est déjà envahi par l'inquiétude et la lassitude. Persévérez et nous renverrons ces hordes hors du sol, les mains vides. »

Ces déclamations ne pouvaient suffire à un homme aussi pratique et aussi sérieux que Chanzy.

« Eh quoi ! s'écria-t-il après les avoir lues, débloquer Belfort, couper les communications dans l'Est ! Pendant

[1] Ch. DE MAZADE, *La guerre de France*. (*Revue des Deux Mondes*, numéro du 15 octobre 1872.)

ce temps Paris succombera et une armée de 300,000 Français posera les armes! C'est Paris qu'il faut débloquer, c'est avec Paris qu'il faut rétablir nos communications. »

Il adressa, le 30 décembre, au ministre de la guerre, un télégramme chiffré dans lequel, trouvant insuffisants les renseignements et les appréciations donnés, il insistait pour « combiner ses mouvements » avec ceux de Bourbaki et de Faidherbe, « dans un même effort fait au même moment. »

Ce télégramme restant sans réponse, il envoya, le 2 janvier 1871, à Bordeaux, le commandant de Boisdeffre avec une lettre contenant un plan de campagne général et d'ensemble.

« Il ne faut pas se le dissimuler, disait-il, le moment d'agir est arrivé; la résistance de Paris a une limite que vous connaissez, le temps presse, et le grand effort qu'il s'agit de faire n'aura de résultat certain que si toutes nos forces y concourent simultanément, d'après un plan bien arrêté et par des opérations vigoureusement menées. Je n'ai pas malheureusement, quoi que j'aie pu faire, tous les renseignements qui me seraient si nécessaires pour combiner ce plan. J'ignore où en est la première armée; je ne sais rien du général Faidherbe, de ses projets, des obstacles qu'il a à surmonter. Je n'ai que de très vagues renseignements sur la composition des forces de Bretagne et du camp de Cherbourg.... Je m'inspire, pour le parti que je propose, de la situation telle que je la connais....

« Il me paraît indispensable que les trois armées se mettent en marche en même temps : la deuxième armée, du Mans, pour venir s'établir sur l'Eure, entre Evreux et Chartres, couvrant sa base et ses lignes d'opération, qui sont la Bretagne et les lignes ferrées d'Alençon à Dreux, du Mans à Chartres; la première armée, de Châtillon-sur-

Seine, pour venir s'établir entre la Marne et la Seine, de Nogent à Château-Thierry, prenant sa base et ses lignes d'opération sur la Bourgogne, la Seine, l'Aube et la Marne ; l'armée du Nord, d'Arras, pour venir s'établir de Compiègne à Beauvais, avec sa base d'opération sur les places du Nord et sa ligne principale par le chemin de fer de Paris à Lille.

» Les troupes de Cherbourg et de Bretagne formeraient la réserve de l'armée de la Loire. Le 15° corps resterait pour couvrir Bourges entre le Cher et la Loire. L'armée de Lyon, aidée de Garibaldi, se porterait contre Werder pour le tenir en échec.

» Nos trois principales armées, une fois sur les positions indiquées, se mettraient en communication avec Paris et combineraient leurs efforts de chaque jour avec des sorties vigoureuses de l'armée de Paris, de façon à obliger les troupes d'investissement à se maintenir tout entières dans leurs lignes. Le résultat sera dès lors dans le succès d'une des attaques extérieures, et si ce succès est obtenu, si l'investissement peut être rompu sur un point, un ravitaillement de Paris devient possible ; l'ennemi peut être refoulé et contraint d'abandonner une partie de ses lignes, et de nouveaux efforts combinés entre les armées de l'intérieur et de l'extérieur peuvent, dans la lutte suprême, aboutir à une délivrance....

» Il me tarde d'être fixé et d'agir. En attendant, je fais tâter l'ennemi dans toutes les directions, sur le Loir et sur l'Huisne [1].... »

Gambetta répondit :

« Nous avons examiné votre plan avec la plus scrupuleuse attention. Il se rapproche sensiblement de celui que

[1] Chanzy, p. 245.

nous avions conçu nous-mêmes. Il s'en écarte toutefois sur un point, la direction à donner à Bourbaki. En effet, au lieu de faire marcher ce général sur Châtillon-sur-Seine et Bar-le-Duc (1), nous avons jugé plus avantageux de le faire opérer dans l'extrême Est, de manière à amener la levée du siège de Belfort, à occuper les Vosges et à couper les lignes ferrées venant de l'Allemagne.... »

On le voit, le plan de Gambetta, ou plutôt de M. de Freycinet et de l'ingénieur polonais de Serres, « se rapprochait tellement » de celui de Chanzy qu'il en était l'opposé sur le point essentiel. Au lieu de marcher au secours de Paris, on marchait au secours de Belfort. Si l'on réussissait, on arrivait bien à débloquer Paris, mais par un détour si éloigné qu'on y arriverait, dans les circonstances les plus favorables possible, quinze jours au moins après que Paris aurait capitulé.

Gambetta, dans sa réponse, annonçait ensuite à Chanzy la formation de deux nouveaux corps, le 19° et le 25°, l'un à Cherbourg, l'autre à Vierzon, qui n'auraient pas moins de 40,000 hommes chacun et viendraient le renforcer vers le 15 janvier — encore trop tard. Pour finir, il se livrait à son emphase ordinaire :

« Dans ces conditions, général, et avec l'aide de chefs tels que vous, la France peut compter sur la victoire. La Prusse fait aujourd'hui son suprême effort ; elle doit succomber devant notre persistance. Ses armées ont dû jusqu'ici leurs succès à nos fautes, mais une expérience cruellement acquise nous apprendra à en éviter le retour. »

Chanzy insista par une dépêche chiffrée du 6 janvier :

« Je trouverais bonne l'opération dans l'Est si le résultat

____

(1) Probablement Bar-sur-Seine. Si ce n'est pas là une erreur de copie, la méprise de Gambetta est encore plus forte que celle d'Epinay-sur-Seine pour Epinay-sur-Orge.

pouvait en être plus immédiat pour Paris. Mais Paris n'a plus de vivres.... J'insiste pour l'adoption et l'exécution à bref délai du plan que je vous ai proposé. »

La réplique vint de M. de Freycinet le lendemain ; elle ne laissait plus aucune espérance :

« Nous avons délibéré sur votre dépêche.... Mais nous croyons que votre armée, pour marcher efficacement sur Paris, a absolument besoin d'être appuyée des 19° et 20° corps, qui ne pourront entrer en ligne avant le 15. Il faut le temps matériel pour parcourir les distances.... Nous croyons d'ailleurs que notre plan est encore le meilleur, car c'est celui qui démoralisera le plus l'armée allemande. Ne vous laissez pas affecter, Général, par les dépêches du général Trochu, et ouvrez votre âme à l'espoir que doit faire naître un plan d'ensemble bien conçu et bien coordonné pour un effort suprême et décisif. »

Certes, si l'on s'était battu avec des mots pour projectiles en guise de boulets, l'ampleur de cette phrase terminale était de nature à terrasser le prince Frédéric-Charles et à transformer le plan le plus défectueux en « un plan réellement bien conçu et bien coordonné. » Malheureusement si, du côté des Français, la partie était dirigée par des orateurs, c'étaient des hommes de guerre qui tenaient, chez les Allemands, l'échiquier des manœuvres.

Les résultats ont condamné le plan imaginé par la stratégie civile ; n'eussent-ils pas condamné de même le plan du général Chanzy ? L'effort simultané de trois armées novices, sans cesse désorganisées et jamais réorganisées bien complètement, pouvait-il réussir dans une entreprise qu'elles avaient déjà tentée sans succès, chacune séparément ? En tous cas le succès, si improbable qu'il fût, n'était pas matériellement impossible ; tandis que marcher de Bourges et de Nevers sur Paris en passant par Belfort était une conception voisine du grotesque, alors qu'on ne disposait que d'une quinzaine de jours pour accomplir ce tour de force. Eût-on volé chaque jour de victoire en victoire, « il faut, répéterons-nous après M. de Freycinet, il faut le temps matériel pour parcourir les distances. »

Avant de reprendre la suite des opérations de la deuxième armée de la Loire, nous devons mentionner un autre incident plus regrettable peut-être pour la mémoire du dictateur et l'honneur de ses conseillers encore vivants ; ce n'est plus, cette fois, leur compétence militaire qui se trouve entachée de suspicion, c'est la pureté de leur patriotisme.

« Le 22 décembre, raconte Chanzy, le général Jaurès, commandant le 21ᵉ corps, se présenta au grand quartier général avec le prince de Joinville, qui se trouvait en France sous le nom de colonel Lutherod, et qui avait assisté à toute la première partie de la campagne d'Orléans. Le prince demandait à voir le général en chef. Il fut reçu immédiatement et exposa avec beaucoup de cœur et d'émotion son désir de suivre les opérations de la deuxième armée et de se battre pour son pays. Il promettait de conserver le plus strict incognito, se contentant de servir comme volontaire et repoussant toute autre idée que celle de se dévouer pour la France. De tels sentiments devaient trouver partout bon accueil ; l'autorisation qu'il demandait lui fut accordée.

» Toutefois, comme le général en chef voulait éviter au prince les désagréments d'une position mal définie, à l'opinion publique toute équivoque, au Gouvernement tout sujet de préoccupation et pour lui-même une fausse interprétation de sa conduite, il fut convenu qu'une démarche officielle serait faite à Bordeaux pour demander la sanction de la Délégation.

» Le commandant Marois, qui partait le 23 décembre en mission auprès du ministre de la guerre, alors à Lyon, emporta la dépêche ci-après, adressée à M. Gambetta :

« Monsieur le ministre,

» Le prince de Joinville est venu trouver hier le gé-
» néral Jaurès, le priant de solliciter pour lui l'autorisa-
» tion de suivre l'armée. Le général me l'a présenté ce
» matin.

» Le prince est en France sous le nom de colonel Lu-
» therod ; il a assisté aux affaires du 15ᵉ corps en avant
» d'Orléans, a pris part au combat dans une des batte-
» ries de la marine, et n'a quitté la ville qu'avec les der-
» niers de nos soldats.

» Il demande à suivre mes opérations, promettant de
» conserver la plus grande réserve et de ne se révéler à
» personne.

» Ne voyant en lui qu'un soldat, qu'un homme de cœur
» aimant la France et mettant franchement de côté toute
» idée autre que celle de se dévouer pour elle, j'ai cru ne
» pouvoir lui refuser ce que le Gouvernement de la Répu-
» publique accorde à tous les Français.

» Mon devoir est de vous en rendre compte et de
» prendre vos ordres.

» Resté jusqu'ici étranger à la politique, fermement dé-
» cidé à continuer, tout entier à la tâche que le Gouver-
» nement m'a confiée, je tiens à ce que personne ne puisse
» se méprendre sur les sentiments qui m'ont guidé dans
» cette circonstance.

» J'attends donc les instructions que vous me donnerez
» à ce sujet, et vous pouvez être assuré que je m'y confor-
» merai strictement.

» Veuillez agréer, etc. *Signé* CHANZY. »

La réponse fut la suivante :

« Lyon, le 27 décembre 1870.

» Mon cher Général,

» Votre lettre touchant la présence du prince de Join-
» ville à votre armée est d'un honnête homme, d'un loyal
» serviteur du Gouvernement de la France, et je vous en
» remercie.

» Vous me demandez, pour les suivre strictement, mes
» instructions sur ce grave sujet ; les voici :

» Le prince, même sous un nom d'emprunt, ne peut
» rester en France sous aucun prétexte. Il a commis une
» faute très grave en pénétrant sur le territoire subrepti-
» cement et en se rendant aux armées, où il pourrait de-
» venir pour la paix publique, si sa présence était révélée,
» un élément de désordre et dans le pays un brandon de
» guerre civile. La question posée par la présence du
» prince n'est d'ailleurs pas nouvelle pour nous ; elle s'est
» posée dès le lendemain de la révolution du 4 septembre,
» et le Gouvernement de Paris fut unanime pour faire
» ramener à la frontière les imprudents qui l'avaient
» franchie. Dans une occasion plus récente, les intentions
» du Gouvernement leur ont été signifiées de nouveau.
» La conduite du prince de Joinville est donc tout à fait
» coupable. Comme républicain, comme membre du Gou-
» vernement, je dois faire respecter les lois ; dès demain
» M. le colonel Lutherod sera conduit en lieu sûr.

» Telles sont les instructions que je vous prie de faire
» exécuter.

» Agréez, etc. *Signé* L. GAMBETTA. »

Une semblable décision eût été naturelle en temps de
paix et de tranquillité, mais de la part d'un gouvernement qui s'intitulait Gouvernement de la Défense natio-

nale, elle ne se comprend pas. Tant que l'étranger foulait
le sol de la patrie, Gambetta n'aurait pas dû songer à
autre chose, mais suivre l'exemple que lui donnaient les
Charette, les Cathelineau, ainsi que tant d'autres patriotes qui n'étaient pas républicains, et les princes d'Orléans eux-mêmes. Malheureusement les intérêts de son
parti dominaient dans son esprit ceux mêmes du salut
public. Le rôle, pourtant assez beau, de sauveur de la
France ne lui suffisait pas. Il ambitionnait par-dessus
tout le titre de fondateur de la République. Reprenons le
récit du général Chanzy.

« Dès la réception de la lettre du ministre, le 29, le général en chef fit prévenir le prince de Joinville par le commandant de Boisdeffre, son aide de camp, que l'autorisation sollicitée pour lui était refusée par le gouvernement.
Il l'invitait en même temps à faire connaître l'heure de
son départ du Mans et le lieu où il comptait se rendre
pour s'embarquer. Le prince répondit qu'il partirait le
soir même pour Saint-Malo, et écrivit au commandant de
la deuxième armée, qui ne l'avait pas revu depuis l'entrevue du 23 :

« Le Mans, 29 décembre 1870.

» Général,

» Je ne veux pas m'éloigner sans vous remercier de ce
» que vous avez fait pour moi.

» Votre loyauté de soldat avait compris qu'on peut vou-
» loir servir son pays uniquement parce qu'on l'aime.
» Vous aviez compris la douleur de quelqu'un qui a porté
» l'épée, de rester oisif dans la crise terrible que nous
» traversons.

» Tous mes vœux les plus ardents accompagnent vous
» et votre armée. Croyez à mes sentiments reconnais-
» sants.   *Signé :* Fr. d'Orléans. »

« Quelques jours après, le général en chef fut prévenu que l'on disait dans le Mans que le prince avait été arrêté et mis en prison. Voulant savoir d'où provenait ce bruit, auquel il n'accordait aucune importance, il fit demander au préfet s'il savait ce qu'était devenu un colonel américain du nom de Lutherod, qui avait séjourné quelques jours dans la ville. Le préfet, M. Lechevalier, répondit qu'il n'avait aucune connaissance de ce personnage [1]. »

Ce fut seulement plus tard, à Laval, que Chanzy apprit par une lettre du prince de Joinville, insérée au *Times*, que la menace qui terminait la lettre du dictateur avait été bel et bien exécutée à l'insu du général en chef, et que le prince avait été arrêté, détenu cinq jours à la préfecture du Mans, et enfin embarqué à Saint-Malo pour l'Angleterre [2].

[1] Chanzy, p. 328 et suivantes.

[2] Le préfet Lechevalier avait donc sciemment répondu à Chanzy par une contre-vérité.

Si mince que soit dans l'histoire la figure de ce fonctionnaire du 4 septembre, je demande à mentionner ici une anecdote personnelle; quoique d'un intérêt plus mince encore dans un temps où le salut de la patrie était en jeu, elle pourra contribuer à fixer sur la valeur morale de certains collaborateurs de Gambetta.

Replié de Versailles devant l'ennemi, j'étais, du 15 septembre à la fin de novembre 1870, directeur des transmissions télégraphiques au Mans et, à ce titre, appelé à de fréquents rapports avec la préfecture. Une intrigue qu'il serait trop long d'expliquer ici me fit mettre subitement en disponibilité, sans aucun avertissement préalable. Un soir, un camarade m'arrive, le visage légèrement bouleversé, et m'exprime son regret de venir prendre ma place. — Comment, ma place? Mais moi, qu'est-ce que je deviens? — Il paraît que vous êtes suspendu de vos fonctions. — Et pour quel motif? — Ah! vous m'en demandez trop.

Sans perdre de temps à récriminer, je monte chez le préfet Lechevalier, lui demandant s'il connaît la mesure si inattendue qui me frappe. Il se montre aussi surpris que moi : « Je vous ai constamment trouvé fidèle à votre poste, la nuit comme le jour, me dit-il; il doit y avoir là-dessous quelque méprise. — Puisque telle est votre opinion, pourriez-vous la faire connaître à Tours ? — Evidemment, et je vais le faire séance tenante... »

Le prince de Joinville n'est pas le seul exilé qui ait suivi l'entraînement d'une abnégation patriotique dont Gambetta et ses conseillers auraient bien dû s'inspirer également. Chanzy raconte, dans une note à son histoire de la *Deuxième armée de la Loire*, que grâce à l'inattention qu'il lui fut possible d'observer à cet égard, il put laisser un neveu du prince de Joinville, le duc de Chartres, s'acquitter brillamment des devoirs qui s'imposaient alors à tout bon Français libre et valide.

« Le duc de Chartres se trouvait, dit-il, sous le nom de M. Robert Le Fort, attaché, comme chef d'escadrons auxiliaire, à l'état-major du général Dargent, qui, pas plus que son entourage, ne soupçonnait son véritable nom. Le général n'avait pas assez d'éloges à donner au zèle, à l'activité, au dévouement que ce commandant d'état-major

Il prend une feuille de papier, y consigne le plus bel éloge de mon service, met au bas, au-dessous de sa signature : « *A Monsieur Spuller, secrétaire de Monsieur le ministre de l'intérieur et de la guerre,* » puis, m'ayant fait lire le tout, m'assure que M. Spuller, son ami, et celui de Gambetta, aura la lettre dès le lendemain, et me renvoie plein de confiance.

Rien n'étant venu justifier cette confiance, au bout de quelques jours, je pars et vais demander moi-même des explications à M. Steenackers, directeur général des postes et télégraphes, à Tours, malgré le soin qu'il avait eu de me faire savoir que mon voyage serait inutile, « la mesure qui me frappait n'ayant pas été prise à la légère. »

Je fis trois jours antichambre à la porte du cabinet de M. Steenackers ; il refusait absolument de m'entendre et finit par menacer de me faire jeter à la rue. « Faites, lui répliquai-je, au lieu de vous attendre dans votre antichambre, je vous attendrai dans la rue ; la rue est à tout le monde. »

J'abrège. J'avais vu Gambetta plusieurs fois au Mans : ce fut lui qui força M. Steenackers à m'écouter enfin. Gambetta me déroula à cette occasion des axiomes politiques dont je fus stupéfié, mais qui le peignent bien : « Si c'est pour des fautes dans votre service que vous êtes mis en disponibilité, cela s'arrangera, je m'en charge ; si c'est pour des questions politiques, par exemple pour opposition à la République, pas de rémission ! »

A part moi, j'aurais plutôt compris un principe de gouvernement diamétralement opposé ; mais ce n'était pas le moment de contredire, de rappeler l'exemple de Henri IV et de discuter.

M. Steenackers, tout en se plaignant amèrement de la violence que je lui apportait dans son service. Sa parfaite connaissance de la langue allemande le fit même choisir, plus tard, dans les négociations d'armistice avec le grand-duc de Mecklembourg, pour régler la ligne de démarcation entre les deux armées.

» Toutefois sa présence dans l'armée n'était point complètement ignorée, et le bruit courait qu'il y servait sous un nom d'emprunt. Beaucoup d'officiers crurent le reconnaître dans un commandant américain, M. Schoenfsky, qui était employé au 24ᵉ corps. Le général en chef n'avait point jugé utile d'approfondir cette question. Bien que froissé des mesures prises au Mans, à son insu, par la Délégation de Bordeaux à l'égard du prince de Joinville, après la conduite qu'il avait tenue dans cette circons-

faisais, se vit enfin obligé de me mettre en situation de me justifier, si je le pouvais. Ce ne fut pas difficile. Un inspecteur général, M. Bourgoing, après une minutieuse enquête, décida qu'il y avait lieu non seulement de me rendre mon emploi, mais de me faire rappel de mon traitement pour la durée de ma suspension.

Mais savez-vous quelle fut la première pièce à charge qui me fut montrée dans mon dossier ?

C'était une dénonciation contre moi, comme clérical avéré et patriote douteux, dénonciation signée *Lechevalier, préfet de la Sarthe !*

Quant aux motifs d'une aussi sévère appréciation, je les ai cherchés depuis dans ma mémoire.

Un soir, j'avais abordé, pour affaires de service, MM. Gambetta, Jaurès et Lechevalier, conférant ensemble : « Restez, me dit le ministre ; vous n'ignorez pas qu'une rixe a eu lieu entre les zouaves pontificaux et les francs-tireurs de l'Hérault (on les appelait, je crois « les Volontaires de la Mort) ; » il faut absolument qu'on les sépare ; vous connaissez les uns et les autres ; qu'en pensez-vous ? — Monsieur le ministre, répondis-je, si vous les envoyez à l'ennemi pour chanter la *Marseillaise*, les Volontaires de la Mort sont prêts ; si c'est pour se battre, envoyez les pontificaux.

Une autre fois, des volontaires qui allaient à l'ennemi vinrent me demander des détails sur une grande victoire remportée la veille. Ignorant que M. Lechevalier venait de les haranguer, j'eus l'imprudence de répondre que j'ignorais cette victoire.

Tout cela explique le mécontentement du préfet de la Sarthe, mais non sa duplicité.

lance, s'il avait su officiellement que le duc de Chartres était dans l'armée, son devoir eût été de faire ce qu'il avait fait pour le prince de Joinville : le même refus du Gouvernement se serait sans doute de nouveau produit, et il n'eût point admis qu'il fût accompagné des mêmes procédés, ne voyant là qu'une question d'honneur militaire et non une question politique.

» Il préféra donc ne pas tenir compte des bruits vagues qui circulaient, et quand il proposait pour la croix de la Légion d'honneur M. Robert Le Fort, il ignorait que ce fût le prince, et ne récompensait que les excellents services d'un officier des plus méritants et des plus distingués (1). »

La généreuse et large sollicitude de Chanzy eut aussi à s'étendre sur les maux de la population civile, que l'insuffisance de ses moyens d'action l'obligeait à abandonner successivement à la merci d'un ennemi impitoyable.

Nous avons noté déjà la révolution introduite dans les lois morales de la guerre par les vainqueurs de 1870; ce progrès prétendu se présente à nous de nouveau; nous allons le saisir dans le domaine des faits. Oublions un instant les souffrances qu'il nous coûta, et profitons d'abord de l'occasion pour l'analyser au point de vue purement objectif et psychologique, comme dirait un docteur d'au delà du Rhin.

La neutralité de la population civile, en temps de guerre, résulte de ce principe, qui domine ou devrait dominer la civilisation chrétienne : que les effets de la guerre doivent être diminués le plus possible et limités à ce qui est indispensable à son but.

Autrefois la guerre, se faisant de peuple à peuple, prenait facilement un caractère d'extermination. Aujour-

---

(1) CHANZY, p. 636.

d'hui, devant les armées nombreuses et savamment organisées, les simples habitants ne peuvent rien, ne sont rien;
c'est une règle qu'ils soient considérés comme non combattants, et que, en retour de leur abstention de tout acte
d'hostilité contre lui, l'ennemi les respecte, eux et leurs
propriétés.

Les Prussiens, en 1870, n'ont pas hésité à rendre hommage, en paroles, à ces sentiments de justice. Le roi Guillaume, en entrant en France, et alors qu'il n'était pas
encore bien certain de ne pas avoir, lui et ses sujets, à invoquer le bénéfice du principe, disait dans sa proclamation du 11 août :

« Je fais la guerre aux soldats et non aux citoyens français. Ceux-ci continueront, par conséquent, à jouir d'une
sécurité complète pour leurs personnes et pour leurs
biens, aussi longtemps qu'ils ne me priveront pas eux-
mêmes, par des entreprises hostiles contre les troupes
allemandes, du droit de leur accorder ma protection. »

Mais la neutralité de l'habitant a deux conséquences
qui ne sauraient être séparées. D'une part et quelque pénible que cela soit pour son patriotisme, il doit renoncer
à défendre lui-même ses foyers, comme il le faisait jadis,
par tous les moyens en son pouvoir; mais, de l'autre, le
vainqueur renonce au pillage, à l'incendie, et n'a plus le
droit au butin. C'est bien assez que, en raison des nécessités de la guerre moderne, il ne soit plus logé sous la
tente, ni nourri par son intendance, et qu'il trouve sa
nourriture dans la maison où il loge.

Le reproche qu'on peut faire au système prussien, c'est
d'avoir constamment invoqué la première conséquence,
et rarement tenu compte de la seconde. Nul mieux que
lui ne sait se prévaloir du droit moderne quand il s'agit
d'isoler les francs-tireurs. Le pays qui sut si bien orga-

niser le soulèvement national contre Napoléon et pratiquer l'extermination de l'étranger *per fas et nefas*, « tous
les moyens étant bons, et les plus décisifs les meilleurs, »
aux termes de l'ordonnance royale rendue en 1813, ce pays
refuse au peuple français, en 1870, et le droit d'obéir à la
levée en masse, et même celui de ne pas trahir sa patrie
en coopérant avec l'ennemi ; il ne cesse de crier au bri-
gandage, à l'assassinat, à l'absence de sens moral, parce
que l'habitant refusera, par exemple, de prendre part aux
travaux de fortification, ou de révéler ce qu'il sait des
mouvements de ses compatriotes armés.

Mais l'autre partie du principe est complètement mise
de côté. Autoriser tacitement les violences pour encourager
le soldat, gaspiller ou détruire ce dont on n'a pas besoin ;
emporter tout ce qu'on trouve à sa convenance, en argent
ou en nature ; ordonner comme représailles ou mesures
protectrices préventives le massacre et l'incendie ; enlever
des otages, d'une manière usuelle et régulière, afin de pa-
ralyser l'ennemi dans ses moyens de défense ; employer
enfin, comme un moyen de guerre naturel et légitime, la
terreur et l'oppression savamment organisées, tout cela
fit, en 1870, partie du système militaire prussien. Dès
lors qu'il y avait la moindre utilité à frapper la population désarmée, le moindre scrupule eût passé pour faiblesse. Seulement, ce même sentiment de l'utile commandait une certaine prudence et une certaine apparence de
réserve. Il ne fallait ni trop indigner l'opinion publique
chez les puissances étrangères, ni provoquer en France
un soulèvement général. On put constater la trace de
cette préoccupation dans mainte circonstance, notam-
ment dans les ménagements relatifs à l'égard des grandes
villes.

Les réquisitions qui pesaient sur les municipalités

étaient, en général, régulières ; mais celles qui frappaient les particuliers n'avaient d'autre règle et d'autre limite que le bon plaisir. Voici, raconte un observateur que nous avons cité déjà, comment elles se pratiquèrent dans la Sarthe. Des bandes de soldats prussiens, composées de quelques hommes et ne paraissant pas toujours commandées, parcouraient de tous côtés les campagnes. Ils pénétraient dans les greniers, dans les étables, dans les basses-cours, prenaient à discrétion grains et fourrages, bétail et volailles, puis disparaissaient. D'explications, ils n'en donnaient jamais ; de reçus, rarement. Ces derniers, quand ils en donnaient, — et on en a conservé un certain nombre, — n'étaient que des bouts de papier sur lesquels un soldat, fidèle à une tradition assez générale, écrivait au crayon une grossièreté ou une obscénité allemande, sans un mot relatif à la réquisition opérée. Que le paysan essayât de préserver une partie de son bien, qu'il demandât un reçu régulier pour être remboursé plus tard ou pour n'être pas rançonné deux fois, qu'il essayât seulement, en désespoir de cause, de se rendre compte de ce qui lui était pris, en le pesant ou en le mesurant, il était toujours repoussé avec brutalité (1).

Ces violences injustifiées, l'enquête faite après la paix les a constatées par milliers. Nous devons nous borner ici à trois ou quatre faits dans lesquels le général Chanzy intervint personnellement.

Le 20 décembre, le vicomte Jaubert, maire de Rahay, mourait des suites des mauvais traitements reçus. Absent de sa commune, il avait appris la saisie, dans le clocher de l'église, de quelques fusils de gardes nationaux qu'on n'avait pas eu le temps de faire expédier au

____

(1) *Les Allemands dans la Sarthe*, par M. Armand Surmont, p. 34.

Mans, et l'arrestation, pour ce fait, du curé et de plusieurs habitants. Il accourt pour plaider la cause des prisonniers; il se déclare personnellement responsable; on le saisit, mais, sans relâcher les autres. Les Prussiens les traînent tous à leur suite, pendant trois jours, de village en village, ne s'arrêtant que pour leur donner publiquement la bastonnade. Nous avons dit que M. Jaubert en mourut. Les Prussiens avaient eu contre lui un grief plus ou moins légitime, et n'avaient fait qu'exagérer les rigueurs d'un châtiment que, dans tous les cas, son empressement à se livrer aurait dû adoucir. En apprenant les cruautés auxquelles il succomba, Chanzy ne put que le plaindre. Mais il fit des représentations formelles pour le pillage généralement pratiqué des villages évacués et vides d'habitants, où l'ennemi s'adjugeait tout ce qu'il y trouvait, et pour les violences commises à la Ferté, à Lavaré, à Courgenard et ailleurs, sous prétexte de faits de guerre parfaitement réguliers. A Vouvray, une patrouille allemande ayant été attaquée, on saisit des otages, on les condamna à mort, et déjà le peloton d'exécution chargeait ses armes, quand les représentations du sous-préfet de Saint-Calais les sauvèrent d'une mort certaine. A Conerré, la commune fut déclarée responsable de l'arrivée d'un escadron de cavalerie française, et condamnée à 5,000 fr. d'amende. Il n'était cependant pas du devoir des habitants de monter la garde autour de l'ennemi pour veiller à sa sûreté, et l'eussent-ils voulu, il ne leur était pas possible de le faire et d'écarter toute surprise, alors que les deux armées étaient en présence, que le terrain se disputait pied à pied, et que souvent le même village était occupé tour à tour par les éclaireurs des deux armées, plusieurs fois dans un même jour ou une même nuit.

Le 20 décembre, cinq mille Prussiens avaient pris position dans la ville de la Ferté et aux environs. Dans la nuit du 21 au 22, un de ces postes, formé de vingt-sept cuirassiers blancs, fut surpris endormi dans la ferme du Buisson, près de la grande route, par un détachement français. Neuf se défendirent et furent tués ; les dix-sept autres furent emmenés prisonniers ; mais les officiers, couchés au château, s'échappèrent. Le lendemain ils revinrent en force. Ils commencent par enlever avec soin les objets les plus précieux, puis le feu est mis au château et à la ferme, et soigneusement entretenu avec du pétrole pendant vingt-quatre heures. Pour faire disparaître les traces du combat malheureux de la veille, les cadavres des cuirassiers tués dans l'attaque sont placés dans un tas de paille et carbonisés entièrement. Pendant ce temps le fermier du Buisson, qui pourtant avait couché au château avec les officiers, est garrotté ; quatre autres paysans sont pris au hasard dans les environs, et quand l'incendie a achevé son œuvre, on les conduit à Cherré. Ils y passent vingt-quatre heures, en butte à des rigueurs inimaginables, dit dans son rapport le maire de Cherré, et sans aucune nourriture ; après quoi on les relâche. Quant au fermier, condamné à mort, il allait être fusillé si le général Chanzy, prévenu, n'eût fait savoir aux Prussiens que s'ils l'exécutaient, il ferait, de son côté, fusiller les dix-sept cuirassiers blancs pris dans la ferme. Le fermier fut mis en liberté, après avoir subi de véritables tortures et avoir été conduit jusqu'en Beauce (1).

Les Prussiens, dès le lendemain, furent chassés du pays par une colonne mobile du 21e corps, venue par la vallée de l'Huisne. Mais ils reparurent et, pour la deuxième ou troisième fois, réoccupèrent Saint-Calais. Quelques

____

(1) *Les Allemands dans la Sarthe*, p. 87.

coups de fusil furent échangés aux abords de la ville. Les Français, n'ayant ni artillerie ni cavalerie, battirent en retraite presque immédiatement. Les Allemands n'en bombardèrent pas moins la malheureuse ville, et, pour la punir, une heure de pillage fut accordée aux soldats. Pendant ce temps, le commandant exigeait 17,000 francs de la municipalité. Aux observations faites par le maire, qui rappelait les soins donnés dans Saint-Calais aux malades et aux blessés allemands lors de la première invasion, il répondit en les traitant de lâches et de vaincus, et en leur jetant 2,000 francs pris sur la contribution, pour payer, dit-il, les bons traitements dont on lui parlait.

Ces faits révoltants se passaient en vue des avant-postes du général Jaurès, et tellement près, que les Français, ayant reparu en nombre et avec de l'artillerie, le commandant prussien ne jugea pas à propos de les attendre et d'accepter le combat. Il se retira précipitamment sur Vendôme, mais en emmenant son butin, circonstance qui modéra la joie et les moqueries des habitants dévalisés.

Le général Chanzy lui écrivit :

« Du grand quartier général du Mans, 26 décembre 1870.
       » Monsieur le commandant,

» J'apprends que des violences inqualifiables ont été exercées par des troupes sous vos ordres sur la population inoffensive de Saint-Calais, malgré ses bons traitements pour vos malades et vos blessés.

» Vos officiers ont exigé de l'argent et autorisé le pillage ; c'est un abus de la force ; il pèsera sur vos consciences, mais le patriotisme de nos populations saura le supporter. Ce que je ne puis admettre, c'est que vous y ajoutiez l'injure, alors que vous savez qu'elle est gratuite.

» Vous avez prétendu que nous étions les vaincus ; cela

est faux. Nous vous avons battus ou tenus en échec depuis le 4 de ce mois. Vous avez osé traiter de lâches des gens qui ne pouvaient vous répondre, prétendant qu'ils subissent la volonté du gouvernement de la Défense nationale, qui les obligerait à résister alors qu'ils veulent la paix et que vous la leur offrez. Je proteste avec le droit que me donnent de vous parler ainsi la résistance de la France entière et celle que mon armée vous oppose et que vous n'avez pu vaincre jusqu'ici.

» Cette communication a pour but d'affirmer de nouveau ce que cette résistance vous a déjà appris. Nous lutterons avec la conscience du droit et la volonté de triompher, quels que soient les sacrifices qu'il nous reste à faire. Nous lutterons à outrance, sans trêve ni merci, parce qu'il s'agit aujourd'hui de combattre non plus des ennemis loyaux, mais des hordes de dévastateurs.

» A la générosité avec laquelle nous traitons vos prisonniers et vos blessés, vous répondez par l'insolence, l'incendie et le pillage.

» Je proteste avec indignation au nom de l'humanité et de la civilisation, que vous foulez aux pieds. »

M. de Vézian, ingénieur des ponts et chaussées, attaché au grand quartier général, chargé de porter cette dépêche, revint sans avoir pu voir le commandant, mais rapporta le reçu ci-après :

« DEUXIÈME ARMÉE.

» Reçu une lettre du général Chanzy. Un général prussien, ne sachant pas écrire une lettre d'un tel genre, ne saurait y faire une réponse par écrit.

» Quartier général de Vendôme, 28 décembre 1870.

» *Le général commandant à Vendôme.*

» (Signature illisible.) »

Pour la satisfaction de la conscience universelle, on regrette que Chanzy n'ait pu châtier ces barbares; mais l'heure de pillage autorisée à Saint-Calais reste comme une tache sur la gloire des vainqueurs.

CHAPITRE VIII

Cependant l'armée française avait repris consistance,
grâce à l'activité de ses chefs et à la fatigue des Allemands, qui égalait la sienne. L'éloignement de Frédéric-
Charles et l'absence momentanée du grand-duc de Mecklembourg contribuèrent aussi à ralentir les opérations :
ces deux princes s'étaient rendus à Versailles pour assister à la proclamation du roi de Prusse comme Empereur
d'Allemagne, et pour les souhaits et fêtes du 1er janvier.

Chanzy avait employé ce court répit non seulement à
s'approvisionner, à inspecter les campements et à choisir
les meilleures positions sur les plateaux par lesquels il
comptait défendre le Mans, mais à reprendre peu à peu
l'offensive. Il avait organisé trois colonnes mobiles. L'une,
commandée par le général Rousseau, devait pousser sur
Nogent ; la seconde, par le général de Jouffroy, sur Vendôme ; la troisième, par le général de Curten, sur Châ-
teau-Renault. Le général Barry, établi à Chahaignes,
près de Château-du-Loir, devait seconder la colonne de
Jouffroy.

Le 27 décembre, cette dernière repoussait les Prussiens
à Saint-Quentin, près de Montoire. De là elle se portait

sur Vendôme, d'où, après avoir enlevé le château de Bel-Air et les Tuileries, elle ramenait deux cents prisonniers.

Le général de Curten, le 5 et le 6 janvier, culbutait l'ennemi à Villethion, s'emparait de Saint-Amand, d'une centaine d'hommes et de beaucoup de munitions. Mais le général de Jouffroy, après avoir soutenu vigoureusement le choc de l'ennemi à Mazangé et aux Roches, était obligé de reculer derrière la Braye. Ce mouvement de retraite entraîna celui du général Barry. Il pouvait compromettre le général de Curten, trop isolé. L'ensemble des opérations avait manqué d'unité. Chanzy s'empressa de remédier à cette faute en envoyant un homme d'autorité et d'énergie, l'amiral Jauréguiberry, prendre la direction des opérations sur les deux rives du Loir, et effectuer au besoin une retraite générale sur les positions préparées en avant du Mans.

C'est à quoi il fallut se résoudre. Le général Barry, chargé de tenir à Chahaignes le plus longtemps qu'il pourrait pour couvrir le général de Jouffroy, s'y battit durant toute la journée du 9 contre des forces triples, et se retira vers le soir, laissant sur le terrain près de 400 de ses hommes tués, blessés ou disparus.

En même temps, à Brives, la colonne de Jouffroy était accablée par le nombre et reculait sur Grand-Lucé. La neige tombait à gros flocons, les chemins étaient impraticables, une partie des convois français resta dans les ornières.

Le général de Colomb, qui avait une division en avant, au château d'Ardenay, fut également attaqué, se battit jusqu'à la nuit close et revint prendre sa place sur le plateau d'Auvours.

Mais la colonne de Curten, la plus éloignée de toutes,

se vit coupée du côté du Mans et se rejeta sur la Flèche. Ce fut un grand malheur; on le verra bientôt. Si les 11 à 12,000 bons soldats de la division Curten avaient assisté à la bataille du 11, les résultats en eussent été probablement tout différents.

Nous n'étions guère plus heureux vers le Nord. Après avoir obtenu quelques avantages à Courtalain le 31 décembre, et à la Fourche les 5 et 6 janvier, le général Rousseau, débordé, se replia sur la Ferté-Bernard, essaya d'arrêter l'ennemi à Vouvray et à Thorigné, et finalement fut refoulé dans Conerré, après avoir perdu plus de huit cents hommes.

Ainsi on reculait partout. Sur ces entrefaites, le sous-préfet de Saint-Calais, M. Brunet, parvenu au Mans à pied, à travers mille difficultés, informait le général en chef que le prince Frédéric-Charles était arrivé dans Saint-Calais, le 8, avec 10,000 hommes et quarante canons.

Le 9, le prince avait son quartier général à Bouloire. Les Allemands s'avançaient par toutes les routes, par celles de Saint-Calais, de Vendôme et de Tours, sous le prince Frédéric-Charles, par la vallée de l'Huisne sous le grand-duc de Mecklembourg.

L'instant décisif arrivait. On aura une idée des préoccupations du général en chef et de celles de l'armée entière, si nous ajoutons que, malade et succombant à l'excès du travail, Chanzy avait dû garder le lit depuis le 7. Une fièvre violente le dévorait; on craignait même qu'il ne fût atteint de la petite vérole, qui sévissait parmi les soldats, et les médecins n'étaient pas sans inquiétude. Mais lui, la gravité des événements soutenait sa volonté. Il n'avait pas le temps d'être malade.

La violence qu'il se faisait perce dans le ton bref, impérieux, irrité, des instructions générales qu'il donnait le soir du 9 janvier :

« Si l'ennemi avance aussi effrontément, c'est, il est pénible de l'avouer, parce que nous ne lui opposons nulle part une résistance sérieuse.

» La retraite ne mène à rien ; elle n'est que le principe d'un désordre que nous devons éviter à tout prix.

» Il faut donc que, dès demain, dans toutes les directions et sur tous les points à la fois, on reprenne l'offensive.

» La cavalerie a abandonné ce soir, sans même avoir reconnu les forces qu'elle croyait avoir devant elle, sans par conséquent avoir essayé la moindre résistance, les points importants de Parigné-l'Evêque et de Grand-Lucé.

» Le général commandant la cavalerie fera une enquête sur ces faits, et les officiers qui commandaient sur ces points auront à en rendre compte.

» Le général en chef a donné l'ordre au général Deplanque de faire reprendre cette nuit la position de Parigné et de porter demain, au jour, sur ce point toute une brigade de la 1ʳᵉ division du 16ᵉ corps.

» La cavalerie se portera sur Grand-Lucé....

» Sur la rive droite du Loir, l'amiral Jauréguiberry, tout en protégeant la retraite du général de Curten, dirigera une attaque sur le flanc gauche de l'ennemi, qui marche de Chartres sur le Mans.

» Sur la route de Saint-Calais, le général de Colomb attaquera au point du jour, de façon à rejeter l'ennemi au delà d'Ardenay.

» Sur l'Huisne, le général Jaurès, se portant de sa personne à Pont-de-Genne, attaquera l'ennemi à Thorigné et à Conerré.

» Nul ne doit songer à la retraite sur le Mans sans

avoir tenu jusqu'à la dernière extrémité. Ce n'est qu'alors que l'on pourrait songer à venir se replacer sur les positions de défense assignées primitivement à chaque corps, et cela pour les défendre à outrance.

» Le général en chef a été informé que de nombreux fuyards, la plupart des divisions Barry et Jouffroy, étaient déjà rencontrés sur les routes aboutissant au Mans ; il rend les généraux et chefs de corps responsables de ces débâcles que rien ne justifie, et que de l'énergie et quelques exemples immédiats peuvent arrêter.

» Le général Bourdillon portera demain dès le matin les deux divisions de gendarmerie sur toutes les routes.... Il fera arrêter, à quatre kilomètres du Mans, tous les hommes isolés ou détachements qui se présenteront, les réunira sous le commandement d'un officier, fera établir des listes, assignera à chaque groupe un emplacement et rendra compte au général en chef.

» Toute infraction sera punie avec la dernière rigueur....

» La cavalerie et les éclaireurs doivent pousser des reconnaissances incessantes sur tous les chemins, dans toutes les directions, et au moins à quinze kilomètres au delà des lignes.

» Il n'y a point à alléguer le mauvais temps : il est le même pour tous, et les Prussiens ne s'en préoccupent pas. »

Les diverses attaques prescrites par le général Chanzy eurent lieu sur toute la ligne. Elles ne réussirent complètement nulle part.

Le général Deplanque occupa Parigné-l'Evêque, mais ne put s'y maintenir. Insuffisamment appuyé par une partie seulement des troupes du général de Jouffroy, qui survinrent pendant l'action, il fut ramené jusqu'à la hau-leur de Changé, sur la route de Pontlieue. Là, deux pièces de 7 et deux mitrailleuses enfilant la route arrêtèrent la poursuite.

La lutte fut plus vive encore à Changé, et dans les chemins qui vont de ce village à Parigné. Le colonel Ribell y déploya, raconte Chanzy, une activité, une résolution et une énergie dont on ne peut trop faire l'éloge. Il ne quitta le champ de bataille que le dernier, son cheval couvert de blessures. »

A Yvré-l'Evêque, le général Gougeard, avec le premier bataillon des volontaires de l'Ouest (ou zouaves pontificaux), deux bataillons bretons, dont l'un était le vaillant bataillon des Côtes-du-Nord, un détachement de ligne, quatre pièces d'artillerie et un peloton de cavalerie en éclaireurs, passa l'Huisne et fit une pointe sur la route de Saint-Calais. Les Prussiens étant signalés, Gougeard ordonna aux zouaves de se poster en tirailleurs dans les grands bois de pins qui bordaient la route, deux compagnies à droite, deux à gauche, et les deux autres en soutien au bord de la route, puis il fit mettre ses pièces en batterie de manière à enfiler le chemin, tint le reste de ses troupes en réserve et attendit. Quand les colonnes allemandes furent à portée, la fusillade s'engagea, ensuite un duel d'artillerie. Trop inférieur en nombre contre un adversaire qui s'accroissait indéfiniment, Gougeard, au bout d'une demi-heure, craignit d'être coupé en arrière, fit atteler ses pièces et ordonna la retraite. Ici se place un des brillants épisodes de la campagne.

L'officier qui devait porter l'ordre au commandant des zouaves l'oublia, ou ne put rejoindre les deux compagnies déployées dans les bois, à gauche de la route. Celles-ci restèrent donc à leur poste, immobiles, attendant l'ennemi qui ne s'était pas encore présenté à leur portée, et ne se doutant même pas de la retraite. Avec elles s'en trouvait une troisième appartenant au 25° de ligne.

L'artillerie prussienne, établie près de la ferme Saint-Hubert, enfilait la route et poursuivait de ses obus le général Gougeard. L'infanterie avançait toujours. Tout d'un coup les trois compagnies françaises demeurées seules et couchées dans le bois se virent en face de toute une brigade, qui allait les dépasser, mais qui ne les avait pas aperçues encore. Elles n'hésitèrent point à entamer la lutte, si inégale qu'elle fût; c'était du reste l'unique moyen de s'échapper. Les Allemands ripostèrent par un feu terrible, qui prit les Français en face et de travers, sans les déconcerter. Le capitaine de Fabry, comme le plus élevé ou le plus ancien en grade, s'improvisa commandant de tout le détachement, et lorsqu'il fut bien certain que Gougeard n'était plus là pour le soutenir, se voyant débordé et presque enveloppé, il ordonna la retraite, toujours sous bois. Il arriva de la sorte à la route de Paris et la trouva balayée aussi par les canons ennemis. Il fallut se jeter de nouveau dans les bois fouillés par les obus et traverser deux corps prussiens avant de regagner Yvré-l'Evêque. Fabry y ramena le soir ses camarades, mais en en laissant une cinquantaine, morts ou blessés, dans le parcours. Le P. Doussot, aumônier du 1ᵉʳ bataillon de zouaves, et l'aide-major Finot, restés dans une ferme pour soigner les blessés, furent pris par l'ennemi. On sut quelques jours plus tard, par un officier prussien, que la brigade Bismarck avait perdu, dans ce seul engagement, cent cinquante soldats et plusieurs officiers. Rustow, dans son ouvrage sur la *Guerre de France*, raconte ainsi cette affaire : « La 12° brigade (Bismarck) parvint dans l'après-midi à Saint-Hubert, par la Coquillière ; elle y rencontra les Français et fut enveloppée dans un long combat dans les bois.... »

Ce long combat, où cinq à six mille Allemands se crurent enveloppés par trois cents Français, ne servit malheureusement à rien. Le soir, tandis que les zouaves pontificaux et les mobiles des Côtes-du-Nord reprenaient haleine en gardant le pont de l'Huisne menacé par l'ennemi, celui-ci surprenait le village de Champagné. Le détachement auquel était confiée cette position, si importante pour la défense du plateau d'Auvours, se retira en tiraillant. Il perdit beaucoup de monde sur le terrain découvert qui sépare le village du chemin de fer. Une compagnie, retranchée dans le cimetière, arrêta pendant quelque temps la marche de l'ennemi, tandis que les autres se ralliaient au bataillon de Saint-Nazaire, qui accourait au bruit de la fusillade.

Mais l'ennemi franchit la voie ferrée, se déploya en tirailleurs et s'avança en ligne circulaire, depuis les dernières pentes du plateau jusqu'au cours de l'Huisne, de manière à entourer complétement Champagné.

Les Français, se défendant toujours, regagnèrent la rive droite de l'Huisne. Ils se trouvèrent mêlés, à l'entrée du pont, en une masse désordonnée que l'ennemi criblait de coups de fusil du haut de la rue principale. Un instant quelques officiers proposèrent de remonter la rue à la baïonnette ; c'eût été moins dangereux que le passage lent et confus sur ce pont ; mais les soldats refusèrent de les suivre.

Chanzy, prévenu de cette défaillance, ordonna de réoccuper Champagné à tout prix. Le colonel Bel, à la tête du 25ᵉ de marche et d'une partie des mobilisés de la Loire-Inférieure, pénétra dans le village pendant la nuit, vraisemblablement par surprise ; le récit du général Gougeard,

non plus que celui de Chanzy, n'est pas très explicite.
M. de Rustow assure que les Allemands se retirèrent sans
y avoir été contraints. C'est peu croyable quand on songe
aux efforts que nous allons les voir faire dans quelques
heures pour reprendre la position.

Toujours est-il que le colonel Bel, par l'ordre de Chanzy,
passa le reste de la nuit à créneler les maisons de Champagné, les murs du cimetière et des jardins, et à barri-
cader les rues.

Le mouvement du général Barry, de Château-du-Loir sur
Ecommoy, fut retardé par un acte d'incroyable audace
d'un officier allemand dont on aimerait à pouvoir citer le
nom, afin de rendre justice à tous, amis ou ennemis.
Dans la nuit du 9 au 10, un capitaine du génie attaché à
l'état-major du 10ᵉ corps allemand (général Voigts-Rhetz)
prit avec lui six sapeurs, traversa les lignes françaises à
la faveur de l'obscurité, parvint jusqu'auprès d'Ecommoy,
coupa la voie du chemin de fer, que le général Barry devait
suivre pour se rapprocher du Mans, et put rentrer avant
le jour à Brives, au quartier général du 10ᵉ corps, sans
avoir été aperçu d'une seule des sentinelles françaises.

La division Barry put néanmoins arriver à temps pour
occuper la position à l'extrême droite de l'armée française, au sud du Mans, en avant de Pontlieue.

Enfin le général de Jouffroy, au tort de faire un long
détour pour rentrer au Mans, plutôt que de passer par
Parigné, où il eût été si utile, ajouta celui de ramener ses
troupes jusque dans le faubourg de Pontlieue et même de
les engager dans la ville. Leur fatigue était extrême, il
faut le reconnaître ; aucune distribution de vivres ne leur
avait été faite, par suite d'une mauvaise direction donnée
aux convois ; mais, quelles que fussent les instances du
général pour obtenir qu'elles pussent passer l'Huisne et

se reposer la nuit, le commandant en chef, qui sentait venir une action générale, maintint inexorablement ses premiers ordres. Jouffroy acheva de relever, à onze heures du matin, sur le plateau de Changé, la brigade Ribell, qui alla se placer le long du Chemin aux bœufs, entre les routes de Tours et de Parigné. Chanzy donnait l'exemple. En ce moment même, oubliant sa maladie, il passait devant le front des troupes en parcourant les positions.

Moins d'une heure après le canon se remettait à gronder ; la bataille du 11 commençait, et les troupes de Jouffroy durent courir de nouveau aux armes, après quarante-huit heures d'une marche presque sans trêve et sans nourriture.

Ainsi donc, le 10 au soir, toute l'armée française, à l'exception de la division de Curten, qui n'avait pu rejoindre, se trouvait réunie autour du Mans, et tout présageait une action décisive pour le 11. Chanzy, rentré à son quartier général, annonça par un télégramme au ministre de la guerre, à Bordeaux, cette situation grave mais non désespérée. La franchise de ses aveux, et l'énergie contenue qui respirait dans ce modeste bulletin, étaient plus éloquentes sur la fermeté de sa résolution que les phrases les plus pompeuses. « Nous allons lutter comme à Josnes, disait-il ; j'ordonne partout la résistance à outrance. »

Les Prussiens, de leur côté, enregistraient leur succès sans trop de forfanterie :

« Nos colonnes, disait la dépêche du quartier-maître général de Podbielski, se sont avancées, le 10, après une série de combats constamment victorieux, jusqu'à une lieue du Mans. Un canon, trois mitrailleuses et trois mille prisonniers non blessés sont tombés entre nos mains. Nos pertes ne sont pas très importantes. »

A part la dernière ligne peut-être (1), c'était là, malheureusement, l'expression assez exacte de la vérité.

Trois mille prisonniers non blessés, quelle honte ! Cette déplorable facilité, tant des soldats que des généraux, et même du chef suprême Napoléon III, à poser les armes et à se laisser emmener par l'ennemi, fut bien le trait particulier et caractéristique de la fatale guerre de 1870, si peu préparée et si mal conduite. Les capitulations n'ont pu être excusées que chez les combattants de seconde ligne, dans lesquels l'esprit militaire n'avait pas eu le temps de se former, et elles font ressortir d'autant plus la ténacité de Gambetta et de Chanzy. Mais quelle différence avec les soldats de Napoléon Ier et de la première république, de Louis XIV et de saint Louis ! Quel contraste aussi avec les armées des républiques anciennes ! Les mœurs des Romains avaient, sur ce point, une rigueur qui allait, dit Bossuet, jusqu'au sauvage et au farouche.

» Le peuple le plus jaloux de sa liberté que l'univers ait
» jamais vu, se trouvait en même temps le plus soumis
» au commandement.... Les lois de sa milice étaient
» dures, mais nécessaires. Il y allait de la vie non seule-
» ment à fuir, à quitter ses armes, à abandonner son
» rang, mais encore à se remuer, pour ainsi dire, et à
» branler sans l'ordre du général. Qui mettait les armes
» bas devant l'ennemi, qui aimait mieux se laisser prendre
» que de mourir glorieusement pour sa patrie, était jugé
» indigne de toute assistance. Pour l'ordinaire, on ne
» comptait plus ces soldats parmi les citoyens, et on les
» laissait aux ennemis comme des membres retranchés

(1) A la seule affaire de Changé et dans la seule 11e brigade, le général Rothmaller avait été blessé, un major, un adjudant et plusieurs officiers avaient été tués. (CHANZY, p. 307.)

» de la république. Vous avez vu, dans Florus et dans
» Cicéron, l'histoire de Régulus, qui persuada au Sénat,
» aux dépens de sa propre vie, d'abandonner les prison-
» niers aux Carthaginois. Dans la guerre d'Annibal, et
» après la perte de la bataille de Cannes, c'est-à-dire dans
» le temps où la république, épuisée par tant de pertes,
» manquait le plus de soldats, le Sénat aima mieux armer,
» contre sa coutume, huit mille esclaves (et priver Rome
» et la Campagne romaine de huit mille solides travail-
» leurs), que de racheter huit mille Romains, qui ne lui
» auraient pas plus coûté que la nouvelle milice qu'il fal-
» lait lever. Mais dans la nécessité des affaires, on établit
» plus que jamais comme une loi inviolable, qu'un soldat
» romain devait vaincre ou mourir (1). »

Voilà du patriotisme et du courage, voilà des mœurs
vraiment républicaines, et grâce auxquelles, si des échecs
passagers peuvent survenir, le triomphe final est certain.
Elles reposent du spectacle inouï de cinq cent mille Français prisonniers au bout d'une guerre de six mois. Mais
détournons nos regards de la défaillance momentanée
d'un peuple qui, lui aussi, a triomphé plus d'une fois de
tous ses voisins coalisés, et revenons à celui de ses enfants qui soutint le mieux, dans l'effondrement général
de 1870, son antique renommée militaire.

(1) Bossuet, *Discours sur l'histoire universelle*, III⁰ partie, chap. vi.

CHAPITRE IX

Chanzy, au moment où commençait la journée décisive,
pouvait au moins se rendre le témoignage d'avoir fait tout
ce qui était humainement possible pour la rendre favorable à nos armes. Partout des épaulements avaient été
pratiqués pour les batteries, des tranchées et des abatis
pour la défense des lignes; les routes et chemins étaient
coupés. L'artillerie avait reçu de nouvelles batteries et
complété ses attelages; la cavalerie avait pu tirer des
divers dépôts un renfort assez important en chevaux et en
hommes. Excepté les varioleux, dont le déplacement était
impossible, les malades et les blessés avaient été évacués
au loin sur les derrières. L'absence de la division de Curten
était un contretemps. En compensation, on avait tiré du
camp de Conlie neuf à dix mille combattants, mal exercés, il est vrai, mal vêtus, armés de fusils de différents
modèles et n'ayant pas même, à leur arrivée au Mans, les
munitions qui leur étaient indispensables [1]. On avait fait

(1) CHANZY, p. 205.

espérer à Chanzy un renfort de 60,000 hommes. Le camp de Conlie aurait pu le fournir aisément, les mobilisés bretons étant animés des meilleures dispositions. Mais l'organisation de ce camp n'eut jamais rien de sérieux ; le ministre de la guerre avait renvoyé dans les diverses villes de Bretagne la majeure partie des mobilisés qui le remplissaient, et il les avait renvoyés sans qu'on eût pu leur donner encore ni fusils, ni équipements, ni vêtements [1].

Chanzy, auquel nous venons d'emprunter textuellement son appréciation sur le camp de Conlie et les mobilisés bretons, se borne à constater sans commentaire la déplorable négligence du ministère de la guerre. Il n'a pas à la juger ni même à en indiquer les motifs. L'histoire doit pousser plus loin ses investigations et ses rigueurs ; il lui est pénible d'inculper le patriotisme de l'homme qui, sans ses arrière-pensées de parti, eût été le type du patriote ; mais elle est inflexible et elle accuse Gambetta non de n'avoir pas pu, comme dit Chanzy, donner aux Bretons armes, équipements et vêtements, mais de ne l'avoir pas voulu et d'avoir, dans cette affaire comme dans celle du prince de Joinville, trahi sa patrie.

Les Bretons comptent parmi les enfants les plus courageux de la France, mais ils sont catholiques et suspects d'attachement à la monarchie. Voilà pour quelle raison on les garda inactifs dans les boues de Conlie, pourquoi on ne trouva jamais d'équipements pour eux, pourquoi on refusa de s'exposer à transformer en soldats des hommes qui, victorieux des Prussiens, auraient pu devenir un sujet d'inquiétude pour la République.

Il faut lire dans l'ouvrage de M. de Kératry sur l'*Armée de Bretagne*, et dans le *Rapport* fait par M. de la

[1] CHANZY, p. 306.

Borderie au nom de la commission d'enquête (1), les constatations du mauvais vouloir de MM. Gambetta et de Freycinet. Elles sont navrantes.

Gambetta reconnaissait, dans une dépêche du 16 décembre à M. de Freycinet, les tristes conditions physiques et morales du camp de Conlie ; il disait :

« Les conditions physiques tiennent à ce que, par suite des pluies et de la nature du terrain, le camp est devenu très boueux et inondé sur plusieurs points. Les conditions morales résultent, d'une part, des conditions physiques, de l'autre, du mécontentement qu'éprouvent les hommes à être maintenus sur place sans être armés.... »

Le même jour, M. de Freycinet télégraphiait à Gambetta, en lui communiquant une lettre de M. de Marivault, qui commandait le camp depuis la démission de M. de Kératry, et qui insistait ou pour l'armement immédiat ou pour l'évacuation :

« Comme le camp de Conlie confine à la politique, je ne crois pas pouvoir prendre une décision à son sujet sans vous en avoir référé.... »

Lorsque l'évacuation fut enfin ordonnée et que la plus grande partie des mobilisés fut acheminée sur la Bretagne, l'aspect qu'ils présentaient souleva tous les cœurs. Ces jeunes gens, qu'on avait vus passer un mois et demi auparavant pimpants, pleins de confiance, ne demandant qu'à être instruits pour marcher à l'ennemi, reparaissaient en désordre, couverts de boue, errant au hasard par les rues, minés par l'inaction, rongés par la plus énervante et la plus stérile de toutes les fatigues, la fatigue de l'ennui. Le général de division qui commandait à Rennes télégraphiait à Gambetta : « Émotion pro-

(1) Séance du 22 décembre 1872 de l'Assemblée nationale.

fonde et douloureuse dans la population. — Les arrivées successives à Rennes des troupes venant de Conlie portent leur nombre à 10,000. Un grand nombre est à peine habillé et n'a aux pieds que des sabots. Ils ont l'air de mendiants pour la plupart, et leur présence à Rennes produit l'effet le plus déplorable. »

Le maire de Rennes, M. Bidart, se fit l'interprète de l'émotion universelle. Ayant appris l'arrivée à Brest d'un chargement de fusils d'Amérique, il représenta vivement au préfet d'Ille-et-Vilaine la nécessité d'armer enfin les contingents bretons, qui ne demandaient qu'à marcher. Le préfet, M. Ange Blaize, quoique républicain de vieille date, lui répondit : « C'est vrai, on a eu tort de faire une armée de Bretons. Que voulez-vous ? A Tours, ces messieurs craignent que ce ne soit une armée de chouans. » Ces paroles étaient le commentaire naïf, mais exact, de celles de M. de Freycinet : « Le camp de Conlie confine à la politique. »

Le Rapport de M. de la Borderie à l'Assemblée nationale établit que, par suite des arrivages des paquebots d'Amérique et d'autres achats, il s'est trouvé disponible, pendant les mois de novembre et de décembre, 232,673 fusils rayés ; que sur ce nombre 222,493 furent distribués à 53 départements pour l'armement de leurs gardes nationales, même sédentaires ; qu'il en fut donné 157,393 à 33 départements du Midi pour des mobilisés qui ne sont jamais sortis de chez eux, et que 6,900 seulement furent attribués en tout aux cinq départements bretons.

« Quant aux mobilisés entassés au camp de Conlie, ils n'eurent pas un seul de ces fusils (1).

« En fait de cavalerie, on fit d'abord miroiter devant M. de

____

(1) Assemblée nationale, 22 décembre 1872. Note sur les armes.

Kératry, organisateur et premier commandant du camp, deux beaux escadrons de chasseurs qui devaient venir d'Afrique et qui, au dernier moment, se changèrent en un escadron de lanciers incomplet. Pour l'artillerie, ce fut mieux. Il se trouvait à Rennes cinq batteries bien montées, bien commandées, bien exercées; elles formaient naturellement, aux yeux de M. de Kératry, le fond sur lequel il avait compté. Il cherchait des chevaux pour les atteler, lorsque le ministre lui ôta ce soin en les mettant, malgré ses protestations, sous les ordres du général Fiereck. En revanche, on lui donna des canons tant qu'il en voulut, même plus, car, comme on n'y ajoutait ni traits, ni harnais, ni artilleurs, il n'en pouvait faire aucun usage. Bon nombre d'officiers de marine, oisifs dans les ports, ou d'anciens officiers de l'armée de terre demandèrent à servir dans l'armée de Bretagne; le ministre refusa de les y autoriser. L'armée régulière fournit en tout à celle de Bretagne sept officiers [1]. » Enfin, lorsque les réclamations de M. de Kératry devinrent trop pressantes, on le remplaça, comme nous l'avons dit, par M. de Marivault.

Il ne semble pas que Chanzy se soit rendu compte bien complètement d'une aussi déplorable situation. Gambetta, dans la dépêche du 5 janvier, relative à son plan de campagne pour débloquer Paris, lui avait dit que « d'importantes troupes de mobilisés se concentraient graduellement pour occuper les positions en arrière, et que déjà il avait sous la main 40,000 Bretons récemment armés pour garder la ligne du Mans. » Chanzy crut sans y regarder de trop près ce qu'il désirait si vivement. A défaut de la qualité, il fallait bien se contenter de la quantité. Il réclama d'urgence, le 7 ou le 8 janvier, ce

[1] Comte de Kératry, *L'armée de Bretagne*, p. 320.

qu'on pourrait lui envoyer de ces mobilisés bretons, et on lui en expédia 6,000, sous le général de Lalande.

« Le général de Marivault, raconte M. Carré-Kérisouët, déclara d'une manière très ferme au général Chanzy que les mobilisés qu'il lui envoyait n'étaient pas des soldats, qu'ils n'avaient jamais tiré un coup de fusil, que s'il les mettait dans un endroit exposé, il répondait de leur vie. » M. Carré a affirmé, devant la commission d'enquête, avoir eu la dépêche sous les yeux.

Cette déposition est du reste confirmée par le général de Marivault lui-même :

« J'allai voir le général Chanzy, raconte-t-il, après lui avoir envoyé sans observation toutes nos compagnies d'artillerie avec leur matériel. Il demandait en outre toute l'infanterie, pour remplacer son armée dans les positions que celle-ci abandonnerait pour se porter en avant. Je lui représentai avec insistance l'incapacité actuelle de nos bataillons, qui n'avaient encore ni armes ni instruction militaire…. Le général était très souffrant. Surmené par les événements et par son courage, il ne pouvait, à ce moment, donner à mes raisons toute l'attention qu'il eût peut-être prêtée, en d'autres circonstances, à un officier (de marine) qui, dans une carrière parallèle à la sienne, a été longtemps son supérieur et son ancien. Sous l'impression des dépêches optimistes (de M. de Freycinet), il croyait trouver à Conlie plus de troupes qu'il n'y en avait réellement, et, sans s'arrêter à la qualité, il disait qu'une fois en tas, ces troupes se battraient comme les autres. Bref, il avait besoin de son temps et de ses forces, qu'il ne pouvait détourner sur cette question; il était renfermé tout entier dans l'action qu'il dirigeait…. »

N'ayant pu convaincre Chanzy, le commandant du camp de Conlie s'adressa directement à Gambetta et lui télégraphia, dans la nuit du 8 au 9 janvier : « .... Chanzy paraît s'attendre à trouver à Conlie des troupes organisées ; vous savez que c'est le contraire de la situation ; je vous ai fait connaître fréquemment à ce sujet toute la vérité.... Je regrette autant que lui l'impuissance contre laquelle il s'irrite.... »

Il confia les mêmes doléances à MM. Fourichon et Glais-Bizoin, avec qui il était en relations personnelles.

« Je fais appel à votre honnêteté patriotique ; veuillez donc représenter au ministre de la guerre quel crime stérile ce serait de pousser en tas nos mobilisés à peine armés, sans cartouches et sans souliers, au-devant d'une destruction qui anéantirait tout espoir d'une résistance ultérieure. Chanzy s'irrite qu'ils soient ce qu'ils sont, mais ce n'est pas avec ses désirs, c'est avec les faits qu'il faut compter à la guerre. »

Pour mettre fin à ces tiraillements, un télégramme, signé de M. de Freycinet, enleva à M. de Marivault son commandement distinct et le mit sous les ordres de Chanzy. C'était supprimer l'opposition ; que ne pouvait-on supprimer de même les motifs qui l'avaient occasionnée ? Le ministère de la guerre, on aime du moins à le croire, dut alors comprendre la faute commise et regretter amèrement les trois mois perdus au camp de Conlie. »

Il y a plus : au moment même où s'engageait la grande bataille, le 10 au matin, vers dix heures, le général de la Vauguyon, vieil officier qui avait fait ses preuves au Mexique et qui remplissait les fonctions de chef d'état-major auprès du général de Marivault, dit à Chanzy :

« Je vous garantis, mon général, que ces hommes ne tiendront pas. J'ai l'expérience de ces choses, j'ai passé dix ans de ma vie en campagne devant l'ennemi, et je suis certain que sans cadres, sans armes sérieuses, sans ins-

truction militaire — c'est le cas de nos mobilisés — on
ne tient pas en rase campagne. Mais vous savez cela aussi
bien que moi, mon général. »

Chanzy, non sans impatience, car il n'y pouvait rien,
répondit : « Je fais comme je peux ; il me faut aussi le
nombre. Vos mobilisés, on les placera dans sept ou huit
des principaux villages en arrière du Mans, suivant une
ligne allant de la Suze à Ballon par Souligné-sous-Vallon.
— D'après cela, ajoute M. de la Vauguyon, je crus jusqu'au dernier moment que la brigade Lalande serait
mise en arrière du Mans. Je partis avec cette conviction. »

Mais il arriva, et Chanzy le déclare expressément, que
la division de Curten n'ayant pu rejoindre, on manqua
d'hommes pour couvrir Pontlieue, de sorte que pour boucher ce trou et faire un rideau, on mit de ce côté, à
la Tuilerie et au Tertre-Rouge, ces malheureux auxquels
on avait donné des springfields deux jours auparavant.
« Il me souvient, ajoute M. de la Vauguyon, qu'on leur
avait distribué la veille même de la bataille, sur la place de
la ville du Mans, les cartouches qui venaient d'arriver par
le chemin de fer (1). » Le colonel Jullien, directeur de l'artillerie, affirme que beaucoup de ces cartouches n'étaient
pas de calibre. Et le colonel Jehenne, de la 2ᵉ division
d'Ille-et-Vilaine : « Le 11 janvier, je fis tirer trois cartouches à chaque mobilisé, moyen de leur apprendre à se
servir de leurs armes. Ce fut pendant ce tir que mes
officiers me rendirent compte de la démoralisation pro-
duite sur nos hommes par la défectuosité de leurs armes.
De sourdes rumeurs circulaient : tous les chefs les trahis-

(1) Déposition du général de la Vauguyon devant la commission d'enquête,
18 mai 1872.

saient, les avaient vendus aux Prussiens. Je n'étais pas, sous ce rapport, plus épargné que mes collègues, » ajoute le colonel Jehenne [1].

Le gouvernement se montra plus généreux envers Chanzy lui-même qu'il ne l'avait été envers les Bretons. Sur la demande du général en chef d'être investi de pouvoirs absolus en présence de la lutte suprême, une dépêche de M. de Freycinet l'autorisa à casser tout chef de corps qui n'exécuterait pas strictement les ordres reçus ou ne saurait pas maintenir sa troupe. Il lui accordait en même temps le droit de récompenser généreusement, et M. Gambetta ajoutait :

« Bordeaux, 11 janvier, 2 h. 45.

» Nous comptons absolument sur vous pour résister à ce suprême effort.

» Vous pouvez faire toutes les nominations, promotions et révocations nécessaires, assuré que la ratification suivra sans retard. »

Ici, du moins, tout était pour le mieux. Le dictateur comprenait sa mission ; il s'honorait en consentant à s'effacer.

Dès le matin, à sept heures, après une nuit d'angoisses, ses deux aides de camp, MM. de Boisdeffre et Henry, en pénétrant dans sa chambre, trouvèrent le général en chef debout et prêt à marcher. L'énergie de sa volonté lui avait donné la force de se lever. Il demanda son cheval, il se mit en selle, déclara qu'il n'avait plus de mal, que ce n'était pour personne le moment d'être malade, qu'il fallait vaincre ou mourir. Son escorte habituelle de spahis aux longs burnous rouges, dont le costume seul produisait

____

[1] *Le camp de Conlie et l'armée de Bretagne*, par Arthur DE LA BORDERIE, p. 145 et 146.

toujours une vive impression sur des troupes presque
entièrement novices, vint se ranger derrière lui. Il s'élança
au galop, suivi de son état-major, dans la direction de
Pontlieue.

Il parcourut d'abord le front de l'armée dans la partie
qui avait soutenu la veille la plus périlleuse attaque. Il
passa devant les bataillons rangés à leurs divers postes, du
Tertre-Rouge aux hauteurs d'Yvré, distribuant à ceux-ci
des félicitations pour leur conduite passée, encourageant
ceux-là à tenir ferme dans le nouvel assaut attendu d'un
instant à l'autre. Malgré sa faiblesse personnelle, il avait
tenu à ne rien négliger pour réchauffer de sa parole les
courages ébranlés par tant et de si cruelles épreuves.

La température était froide; le ciel clair; la neige, si
abondante pendant les jours précédents, avait cessé de
tomber; mais elle couvrait la terre d'une couche épaisse,
qui entravait les mouvements de l'artillerie et qui semblait devoir favoriser la défense en paralysant les mouvements des agresseurs [1].

En passant devant la Tuilerie, Chanzy donna ses dernières instructions au général de Lalande : « Mes amis,
cria-t-il aux mobilisés bretons, je compte sur vous! » Et
se tournant vers un de ses officiers : « Je crois bien, dit-
il, qu'on ne les dérangera pas. » Rencontrant, dans le
Chemin aux bœufs, le colonel d'Elteil, commandant de la
légion de Redon, il l'interpella : « Eh bien, tout marche
à souhait? » Et comme le commandant paraissait hésiter
et rappelait le déplorable armement de ses hommes et
la difficulté qu'on éprouvait à leur donner confiance,
Chanzy répliqua : « Vous êtes couverts par le corps du
général de Curten, qui arrive par la route de Mulsanne;

____

[1] *La bataille du Mans*, par D. Mallet, p. 119.

ainsi, vous vous trouverez en seconde ligne ; du reste, tout va bien ; nous tenons bon partout. » Quelques instants après, il répétait, presque dans les mêmes termes : « Je ne pense pas que vous soyez attaqués ; le général de Curten va venir ; faites que vos grand'gardes ne tirent pas sur ses coureurs (1). »

Le retard de la division de Curten ne laissait pas de l'inquiéter, et l'unanimité de tous les chefs de mobilisés bretons à douter de leurs soldats finit par l'impressionner. Mais trahir ses inquiétudes n'eût remédié à rien. Il s'efforça de se rassurer lui-même, se dit qu'après tout Gambetta, qui avait visité le camp de Conlie, lui avait offert ces troupes comme bonnes, et qu'au demeurant on était bien obligé de se servir de ce qu'on avait.

Les Allemands étaient si près qu'on voyait, à travers les éclaircies des sapinières, leurs sentinelles qui se dissimulaient derrière les arbres et les haies.

— On les prendrait pour des ombres chinoises, se disaient les officiers.

En avant de Changé, à quatre cents mètres des lignes, un spectacle curieux frappa les regards de l'état-major. Par une de ces gamineries qui ne sont pas rares à la guerre, les Prussiens des avant-postes préludaient à des coups plus sérieux en s'amusant à jeter des boules de neige sur nos tirailleurs. Ceux-ci ripostaient de même. Plusieurs Prussiens, s'étant trop avancés dans ce jeu, furent saisis et retenus prisonniers. Cet incident égaya l'état-major en passant.

Chanzy s'engagea un peu plus loin, avec ses aides de camp, sous un bois de sapins, pour mieux juger des mou-

(1) *Le camp de Conlie et l'armée de Bretagne*, rapport fait à l'Assemblée nationale par Arthur DE LA BORDERIE, p. 156.

vements de l'ennemi. Mais ce groupe d'officiers attira l'attention ; une vive fusillade part des haies et des buissons qui cachaient l'ennemi, les branches des arbres craquent et se brisent autour du général. Il rebrousse chemin et, avec cet air calme et presque gai qu'il avait dans les plus graves circonstances, avec l'allure toute française, toute militaire, que possédaient naturellement ses moindres actes : « Allons, Messieurs, dit-il, ça va chauffer ; je crois que l'ennemi est aussi impatient que nous d'en finir. »

Il rentra dans la ville, à son quartier général. Cette chevauchée au grand air et la perspective d'une bataille imminente semblaient l'avoir transformé. Son visage ne portait plus trace de la fatigue et de la maladie ; il avait retrouvé sa belle humeur et sa tranquillité d'esprit.

Au bout de quelques instants il remonte à cheval et part au galop pour Yvré-l'Evêque [1].

Rappelons sommairement la situation de l'armée française.

Faisant face à l'est, elle dessinait en avant du Mans un demi-cercle irrégulier, qui couvrait trois plateaux.

Sa gauche était au nord-est, entre la Sarthe et l'Huisne, sur le plateau de Sargé occupé par le 21ᵉ corps formant, sous le général Jaurès, les trois divisions Rousseau, Collin et Villeneuve ; elle était appuyée par les volontaires de Cathelineau, qui formaient l'extrême gauche, sur les hauteurs au delà de l'Huisne.

Le centre de l'armée, c'est-à-dire à l'est proprement dit, couvrait le plateau d'Auvours, bordé du côté du nord par le cours de l'Huisne et défendu, sous le commandement supérieur du général de Colomb, par la division de

---

[1] Arthur Chuquet, p. 130.

Bretagne (général Gougeard), du 21ᵉ corps, et la division Pâris, du 17ᵉ.

La droite, au midi ou plutôt au sud-est, occupait le plateau de Changé, aboutissant au faubourg manceau de Pontlieue, du côté du nord, et bordé, du côté du midi, par le Chemin aux bœufs ; la garde de ce troisième plateau était confiée, sous le commandement supérieur de Jauréguiberry, au 17ᵉ corps et au 16ᵉ. Celui-ci formait l'extrême droite.

Du côté des Allemands, c'était le grand-duc de Mecklembourg, qui, arrivé par la vallée de l'Huisne, avait pour mission de culbuter ou de tourner notre gauche.

Le prince Frédéric-Charles en personne, avec les 3ᵉ et 13ᵉ corps prussiens, attaquait le centre.

Le 10ᵉ corps prussien marchait sur notre droite.

Le choc commença sur quelques points dès neuf heures ; il était général à midi.

La plupart des actions que nous allons rapidement esquisser furent simultanées ; mais afin de rendre le récit moins confus, nous procéderons non par ordre de temps, mais par ordre de positions, en commençant par la gauche des Français.

Le Grand-Duc ne réussit ni à culbuter ni même à entamer l'amiral Jaurès. Il enleva cependant, à la fin de la journée, les coteaux de Lombron à la division Collin, qui ne put les reprendre et qui se borna à se retrancher en face. Peu s'en fallut aussi qu'il ne pénétrât dans le village de Pont-de-Gennes ; une compagnie de mobiles de l'Aude, voyant l'ennemi traverser sur la glace à la faveur de l'obscurité, abandonna, sans tirer un coup de fusil, la garde du pont du chemin de fer qui lui était confiée. Quelques compagnies du 94ᵉ de ligne et du 5ᵉ bataillon de marins se portèrent en avant, sur l'ordre de Jaurès, vers sept heures du soir. Arrivées à portée de la voix, elles entendirent crier : « Ne tirez pas, camarades! » Mais l'accent avec lequel ces mots étaient prononcés et les silhouettes des casques à pointe se détachant sur la neige ne laissèrent aucun doute sur la nationalité de ceux qu'on avait devant soi. Les Français tirèrent ; les prétendus amis ripostèrent avec ensemble ; on se battit deux heures dans les ténèbres, presque à bout portant ; enfin les Prussiens se décidèrent à se retirer.

Le Grand-Duc avait engagé successivement cinq brigades d'infanterie et toute sa cavalerie. Ses pertes furent considérables ; mais Jaurès eut une centaine d'officiers et près de 3,000 soldats tués, blessés ou disparus. De ce côté donc, rien de décisif.

Au centre, la lutte fut plus acharnée encore. Le plateau d'Auvours paraissait être la clef de toutes nos positions ; c'est à le percer que le généralissime prussien mit tous ses efforts. Le plateau d'Auvours a une étendue de trois kilomètres, du village de Champagné jusqu'à une courte distance d'Yvré. Le sol, argileux, coupé de chemins creux bordés de haies épaisses, offre partout des retranchements naturels. Le génie militaire y avait en outre créé trois redoutes considérables, dont le feu commandait la route de Paris. Quant au village d'Yvré, ses maisons étaient crénelées et ses deux ponts sur l'Huisne minés et barricadés.

On se canonna d'abord avec fureur, du côté du plateau qui se termine à Yvré. A plusieurs reprises des colonnes allemandes, précédées de tirailleurs et profitant des peupliers et de nombreux bouquets de bois, s'avancèrent sur la gare du chemin de fer. Chaque fois que ces masses apparaissaient à travers les éclaircies du paysage, le feu des batteries de la division de Bretagne, et principalement celui des mitrailleuses, habilement dirigé par le commandant Perron, les décimait et les forçait à reculer. Lorsqu'il les crut découragées de l'attaque, le général Gougeard prit subitement l'offensive, et les intrépides mobiles des Côtes-du-Nord, aidés des francs-tireurs de Fontainebleau, s'élancèrent sur le château des Arches, qui était la principale position des Allemands, y pénétrèrent et les forcèrent à s'enfuir dans les bois.

Mais à l'autre extrémité du plateau les Français étaient un peu moins heureux. Le colonel Bel, barricadé dans Champagné, sa conquête de la nuit dernière, avec plusieurs compagnies des mobilisés de la Loire-Inférieure et du 25ᵉ de marche, avait été attaqué dès le matin et complètement enveloppé. Pourquoi ne fut-il pas secouru? Nous n'avons pu le savoir. Il se défendit tant qu'il eut des munitions; mais, à une heure, il fallut se résoudre à choisir entre capituler ou remonter le plateau d'Auvours. La sortie fut promptement décidée. Le colonel tomba pendant ce glorieux trajet, la poitrine traversée d'une balle, tandis que M. de Trégomeun, commandant le bataillon de Saint-Nazaire, se faisait tuer en défendant les dernières maisons du village.

Bientôt on vit apparaître des casques prussiens sur le plateau. Les premiers qui se présentèrent furent abattus; mais le prince Frédéric-Charles fit avancer sa réserve; la poussée devint pour ainsi dire irrésistible; la division Pâris recule, puis se débande; l'artillerie, l'infanterie, dans un pêle-mêle affreux, descendent au galop et en désordre les pentes glissantes et se présentent en masse pour repasser l'Huisne et s'engouffrer dans le village d'Yvré.

Cédons ici la parole au général Gougeard, et que lui-même soit l'historien du beau fait d'armes dont il fut le héros:

« Un instant me suffit, dit-il, pour juger la gravité de

la situation. Je voyais déjà ma division entraînée par cet exemple, l'ennemi maître d'une position dominante rendant intenables les hauteurs que nous occupions sur la rive droite, en un mot le centre de l'armée enfoncé, les Prussiens nous précédant aux ponts de la Sarthe et coupant la retraite à toute l'aile gauche enfermée entre deux rivières.

» L'hésitation n'était pas permise ; il fallait à tout prix reprendre le plateau avant que l'ennemi y eût monté son artillerie. Je prescrivis donc d'occuper les ponts et d'empêcher qui que ce fût d'y passer ; puis, braquant sur la foule deux canons à mitraille, je menaçai de faire feu si le désordre ne s'arrêtait à l'instant. Rappelée à elle-même par l'imminence du danger, la foule s'arrêta. Quelques malheureux, affolés de terreur, essayèrent de passer la rivière sur la glace et s'y noyèrent. Des officiers énergiques parvinrent à rallier le reste et à le former en bataille ; ils reçurent l'ordre de se disposer à suivre la colonne, car je ne pouvais compter, pour une offensive sérieuse, sur ces troupes démoralisées. Je réunis à la hâte un bataillon d'infanterie, les mobilisés de Rennes, troupe solide, un bataillon de mobilisés de Nantes, les zouaves pontificaux, si éprouvés la veille, mais toujours pleins de feu et d'ardeur (en tout 2,000 hommes). Prenant alors moi-même la direction de l'attaque, accompagné de mon état-major et m'adressant aux zouaves pontificaux, qui étaient en première ligne : « Allons, Messieurs, leur dis-je, en avant pour Dieu et la patrie, le salut de l'armée l'exige ! » Les trompettes sonnèrent la charge et nous marchâmes en bon ordre à l'ennemi.

» Les Prussiens nous attendaient de pied ferme, protégés par les haies ; vingt pas à peine nous séparaient d'eux, et pas un coup de fusil n'avait été tiré. La première décharge fut terrible, les premiers rangs furent anéantis ; mais l'élan était donné et rien ne put l'arrêter. On se battit corps à corps, on se fusilla à bout portant dans les taillis. Un bataillon de chasseurs de la 1re division, qui n'avait pas quitté le plateau (mais s'y était abrité dans un pli de terrain), nous apporta un secours bien nécessaire ; composé de gens de cœur, bien commandé, il fut pour nous un précieux soutien. »

Le général Gougeard eut son cheval percé de six balles, ajoute M. Jacquemont, l'historien des zouaves pontificaux. « Les zouaves étaient conduits par le commandant de Moncuit, hardi et impassible, et par l'adjudant-major Lallemand, officier d'une rare intelligence et le plus brillant au feu qui se puisse rencontrer.... Le corps à corps dura une heure. Les Allemands s'abritaient dans les taillis et derrière de petits épaulements élevés pour des tirailleurs, d'où ils fusillaient à bout portant les volontaires qui se jetaient sur eux à la baïonnette :

» Là tombèrent le capitaine du Bourg, le plus ancien soldat du régiment et l'un des meilleurs d'entre tous ; le capitaine Belon, vétéran, lui aussi, de Castelfidardo ; le capitaine de Bellevue, qui s'était couvert de gloire à Cercottes et à Loigny ; tous les trois furent tués raide au premier rang.... L'abbé Fouqueray fut tué en assistant, sous les balles, le capitaine de Bellevue. Le lieutenant Garnier, après avoir perdu presque toute sa section, rassemblait des soldats épars, mobiles ou chasseurs, et chargeait avec eux. Ramené par la fusillade, il reformait son peloton derrière une masure et s'élançait de nouveau. A la troisième fois il tomba lui-même, la poitrine traversée. Le lendemain, prisonnier et soigné par les Prussiens, leurs officiers, témoins de son courage, venaient lui serrer la main en lui disant: « Brave Français ! »

» Enfin, à la chute du jour, les zouaves étaient maîtres du sommet et l'ennemi reculait devant eux. Mais il essaya de les tourner sur leur droite, les pentes du plateau, de ce côté-là, étant beaucoup plus inclinées. Dès le commencement de l'action, on y avait détaché en observation la compagnie du lieutenant Benoist. Très éprouvée dans le combat de la veille, cette compagnie, malgré ses efforts et l'énergie de son commandant, ne put arrêter l'ennemi. Benoist vit presque tous ses hommes renversés l'un après l'autre, lui-même fut frappé d'une balle dans la poitrine. Il ne voulut pas se laisser emporter et, tandis que ses derniers soldats battaient en retraite, s'assit au pied d'un arbre, tourné, comme Bayard mourant, vers l'ennemi qui s'avançait. Un instant après il fut enveloppé et les Allemands commencèrent à déborder.

» Les zouaves, qui se battaient encore au sommet, furent étonnés de recevoir tout à coup des balles sur leur droite et crurent à une erreur des troupes qui les soutenaient. Le commandant de Moncuit envoya le capitaine Lallemand avec quelques hommes reconnaître ce qui se passait. La nuit tombait et Lallemand, ayant rencontré à quelque distance une troupe qui tirait sur lui, crut que c'étaient des mobiles et cria : « Ne tirez pas, nous sommes Français. — Et nous aussi, répondit une voix de la troupe. — Quel régiment ? — 31ᵉ de marche. » Lallemand s'approche et, à quelques pas, on lui crie : « Rendez-vous ! — Jamais ! » répond l'impétueux capitaine, reconnaissant l'ennemi. Une décharge passe autour de lui sans le toucher. Il regarde les Prussiens en face, les bras croisés : « Maladroits ! » leur crie-t-il, et se tournant comme s'il avait eu un bataillon derrière lui, d'une voix forte il commande le feu. Les zouaves tirent ; l'ennemi déconcerté bat en retraite et se replie sur Champagné....

» Le général Gougeard, qui mena la charge d'Auvours, a écrit des zouaves pontificaux qu'il regardera comme un éternel honneur d'avoir commandé à de pareils hommes.

» Le premier bataillon resta sur le terrain qu'il venait de conquérir et qui était couvert de ses morts et de ses blessés. Mais vers neuf heures du soir, des troupes vinrent pour le relever. Épuisés de fatigue, les zouaves retournèrent à Yvré et bivouaquèrent à l'entrée du village. Mais la moitié seulement y revenait de ceux qui en étaient partis quelques heures auparavant.... Il en était de même pour les mobiles des Côtes-du-Nord, qui avaient perdu cinq de leurs officiers sur six.

» Les blessés d'Auvours furent plus heureux que ceux de Loigny : dans la nuit on les releva tous et on les transporta au Mans. Là, des amis généreux les accueillirent dans leurs maisons et les soignèrent avec tendresse.... Le P. Dulac, supérieur des jésuites, fut d'une charité inépuisable. Les morts furent ensevelis la plupart dans les cimetières d'Yvré et de Champagné ; on les y a retrouvés plus tard et on leur a fait une sépulture au Mans, dans le couvent des jésuites de Sainte-Croix. Dans ce même couvent, le lendemain de la bataille, des officiers prussiens entrèrent et virent, étendus dans une salle, les corps des trois capitaines de zouaves pontificaux tués la veille. Ils se découvrirent devant eux avec respect, honorant la réputation de ces Français soldats du Pape, dont le nom ne leur était pas inconnu, et qu'ils avaient rencontrés dignes de leur réputation à la défense de leur patrie[1]. »

Retournons sur le vaste champ de bataille. Les Français avaient donc reconquis les points culminants de leur centre et rien, de ce côté-là, n'était compromis.

---

[1] *La campagne des zouaves pontificaux en France*, par M. S. JACQUEMONT, p. 155.

Chanzy félicita Gougeard de sa conduite et le nomma commandeur de la Légion d'honneur.

A l'aile droite, l'amiral Jauréguiberry se soutint également sans désavantage. Le colonel de Lambily, sous-chef d'état-major du 16e corps, un des officiers les plus vigoureux de l'armée, fut mortellement blessé. Le 41e de ligne refoula à la baïonnette les Prussiens, qui avaient pu se glisser, à la faveur de bois très touffus, tout près des batteries de la route de Parigné, qu'ils menaçaient d'envelopper. La division Jouffrey, malgré l'excès de ses fatigues, et la division Roquebrune se battirent de midi jusqu'à six heures, sans perdre un pouce de terrain. Le 16e corps, à l'extrême droite, attendit l'arme au bras, mais ne fut pas attaqué.

La nuit tombée, les coups de feu devinrent plus rares, tout paraissait fini, et, en résumé, la victoire demeurait pour le moins incertaine. On a prétendu que Frédéric-Charles songeait à la retraite. C'est aller un peu loin. Ses troupes étaient fatiguées sans doute, mais nullement découragées par l'imprévu de la résistance. On se disait, de part et d'autre, qu'il faudrait recommencer le lendemain, et, en attendant, on s'arrangeait pour passer la nuit le moins incommodément possible et en se gardant des surprises.

Chanzy rentra joyeux à son quartier général. Il rédigeait déjà ses instructions pour la journée du lendemain, lorsque tout d'un coup une rumeur sinistre vint renverser toutes ses combinaisons et ses espérances : la Tuilerie, la clef du Mans du côté de Pontlieue, était aux mains des Prussiens.

Il envoya aussitôt aux renseignements. La funeste nouvelle fut confirmée d'abord par un billet du général de Lalande, puis par une dépêche de l'amiral Jauréguiberry.

Voici ce qui était arrivé :

Une division du 10⁰ corps prussien (la 20⁰), général de Kraatz-Koschlau, après avoir échangé, de trois heures jusqu'à la nuit, quelques coups de canon avec la Tuilerie, position dominante à l'intersection du Chemin aux bœufs et de la route de Tours, eut l'idée de tâter de plus près ceux qui l'occupaient. Un simple lieutenant, très aventureux, entraînant sa compagnie, grimpa à l'assaut du monticule, tandis que les mobilisés d'Ille-et-Vilaine, commandés par le général de Lalande, faisaient tranquillement la soupe, s'imaginant que, pour ce jour-là, tout était fini. L'apparition des assaillants produisit un effet qui certainement dépassa de beaucoup les espérances de ceux-ci. Une panique subite saisit les mobilisés.

Faut-il croire, avec Chanzy, qu'ils « s'enfuirent au premier obus et que l'ennemi s'installa à la Tuilerie sans coup férir ? » M. de la Borderie, dans son *Rapport*, affirme que les mobilisés tirèrent près de trois cents coups de canon à partir de trois heures, qu'ils furent attaqués par l'infanterie prussienne à quatre heures et demie et abandonnèrent la position à six heures ; que pendant l'action, on envoya à leur aide deux compagnies de chasseurs à pied venant de Pontlieue et trois compagnies d'infanterie de ligne venant d'Arnage, ensemble 400 hommes au plus ; que tant que ceux-ci restèrent à leurs côtés, tout alla bien ; mais que les troupes régulières s'étant retirées après avoir épuisé jusqu'à leurs dernières cartouches, une partie des mobilisés partirent avec les chasseurs. Le récit de M. Buffé, capitaine adjudant-major au 1ᵉʳ bataillon de Saint-Malo, ne s'accorde guère non plus avec la légende de la dispersion « au premier obus et sans coup férir. »

« A la fusillade prussienne les mobilisés répondirent par quelques coups de feu plus dangereux pour leurs camarades que pour l'ennemi. La plupart des fusils (c'étaient des springfields) ne partirent pas, soit parce qu'ils avaient été mal chargés, soit que la poudre fût mouillée, soit que les batteries fonctionnassent mal ou que les cheminées et les tonnerres ne fussent pas forés, comme il a été vérifié depuis [1]. »

Quoi qu'il en soit, les mobilisés d'Ille-et-Vilaine perdirent la tête, ou immédiatement ou après une courte résistance, et se mirent à fuir honteusement dans toutes les directions. Ils se répandirent bientôt jusque dans Pontlieue, où ils portèrent la terreur et la déroute.

Les craintes exprimées le matin par le général de la Vauguyon au général en chef se vérifiaient avec une terrible exactitude. Chanzy avait eu trop de confiance en laissant dans un poste de cette importance des hommes qui n'étaient pas des soldats, et l'on peut dire que les Bretons eurent la gloire et la honte de cette mémorable journée du 11 novembre 1870 : la gloire sur le plateau d'Auvours, la honte à la Tuilerie. Mais si l'on veut être juste, il faut faire remonter la honte plus haut, jusqu'au gouvernement coupable qui, dans l'intérêt d'un parti, s'était obstiné à laisser inutile le dévouement d'une fraction considérable des enfants de la France [2].

La disparition des mobilisés fut si prompte et le coup de main des Prussiens si heureux, que la brigade Deplanque, qui se trouvait à gauche, le long du Chemin

---

[1] *Le camp de Conlie et l'armée de Bretagne*, rapport fait à l'Assemblée nationale, par Arthur DE LA BORDERIE, député d'Ille-et-Vilaine, p. 160 et 175.

[2] Le général Gougeard a émis à ce propos le jugement que voici :

« Oui, cette défaillance fut coupable ; elle neutralisa nos efforts et rendit inutile tout le sang versé ; mais quelles excuses ne pourrait-on pas invoquer en faveur de ces pauvres gens, arrivés depuis peu de ce misérable camp de Conlie, sans instruction militaire et pourvus d'armes dans lesquelles ils n'avaient aucune confiance et dont ils savaient à peine se servir ! »

aux bœufs, fut quelque temps sans s'en apercevoir.

Pendant ce temps les Prussiens arrivaient à flots, et le général Isnard de Sainte-Lorette, voisin immédiat du général de Lalande, se retira également.

Cependant la facilité même avec laquelle l'ennemi avait pris ces positions permettait d'espérer qu'on pourrait les lui reprendre. Chanzy résuma ainsi les événements de la journée dans un télégramme au gouvernement, à Bordeaux :

« Nous avons eu aujourd'hui la bataille du Mans ; l'ennemi nous a attaqués sur toute la ligne. Le général Jaurès s'est solidement maintenu sur la rive droite de l'Huisne. Le général de Colomb s'est battu avec acharnement pendant six heures sur le plateau d'Auvours ; le général Gougeard, qui a eu son cheval percé de six balles, a montré là la plus grande vigueur et ses troupes de Bretagne ont puissamment contribué à conserver cette position importante. J'ai annoncé au général Gougeard qu'il était commandeur. Au-dessus de Changé, le général de Jouffroy s'est maintenu malgré la fatigue de sa division et les efforts de l'ennemi ; la division Roquebrune ne s'est point laissé entamer sur la route de Parigné. Nous coucherions sur toutes nos positions sans une panique des mobilisés de Bretagne du général de Lalande, qui cédant sans résister devant un retour offensif tenté à la tombée de la nuit par l'ennemi, ont abandonné la position importante de la Tuilerie. Le vice-amiral Jauréguiberry, chargé de la défense en avant de Pontlieue, a déjà pris ses dispositions pour faire reprendre la Tuilerie avant le jour.

» C'est bien le prince Frédéric-Charles que nous avons devant nous, et qui n'est nullement parti pour l'Est. Nous avons fait des prisonniers, dont j'ignore encore le nombre ; tous l'affirment, citent les divisions de son armée et de celle du grand-duc de Mecklembourg et évaluent l'ensemble des troupes engagées ou en réserve à 180,000 hommes. Le combat n'a cessé qu'après la nuit venue. Je sais déjà que trois de nos colonels sont grièvement blessés ; je crois à des pertes sensibles, mais j'espère en avoir infligé de cruelles à l'ennemi. Je m'attends demain à une nouvelle bataille. »

Le temps pressait. Sur l'ordre de l'amiral Jauréguiberry, le général Le Bouëdec réunit les troupes campées en avant de Pontlieue et voulut les entraîner vers la Tuilerie. Mais comment réussir dans une action de nuit, à moins d'avoir sous la main des régiments éprouvés, rompus à toutes les manœuvres et insensibles aux surprises ? Or la seule nouvelle de la prise de la Tuilerie avait terrifié les soldats ; la plupart connaissaient la position pour avoir travaillé à la fortifier ; depuis qu'ils savaient que les Allemands s'y étaient décidément installés, elle leur semblait imprenable.

La division Deplanque reçut ordre de se former en colonnes dans le Chemin aux bœufs, à droite de la route de Parigné. La brigade Ribell attendit, la baïonnette au canon, de dix à onze heures, le signal de monter à l'assaut. Mais le général Le Bouëdec ne parvint pas à entraîner ses troupes. A bout d'encouragements, de menaces et de supplications pour ranimer leur courage, il revint désespéré auprès de l'amiral, lui avouer qu'il n'y avait plus rien à faire.

Epuisés de lassitude, de sommeil et de faim, les soldats étaient comme frappés de stupeur. Ils faisaient quelques pas en avant, puis s'arrêtaient immobiles et se couchaient sur la neige, bien loin de se disposer à prendre l'élan qui était nécessaire pour monter à l'assaut. Le devoir, l'honneur, le salut de la France, tout leur paraissait indifférent.

A peine avaient-ils conscience d'eux-mêmes. Lorsque des troupes en sont arrivées à cet état de prostration, il serait insensé de compter sur elles pour un effort suprême.

A vrai dire, pour beaucoup d'entre elles, la mesure des forces humaines était dépassée; il n'est ressort si élastique et si fort qui ne mollisse lorsqu'il reste indéfiniment tendu. L'heure devait venir où, malgré l'énergie de son chef, la deuxième armée de la Loire faiblirait, et les défaillances qui s'étaient produites çà et là, depuis quelques jours, annonçaient que cette heure était proche. Ce ne fut pas l'incident de la Tuilerie qui causa la défaite du Mans; si les troupes n'avaient pas plié en cet endroit d'une bataille qui durait depuis quinze jours, elles auraient plié dans un autre.

Aussi dut-on renoncer bientôt à l'entreprise que rêvait le commandant du 16e corps. La division Deplanque, après avoir attendu près de deux heures, retourna à son campement, près du Chemin aux bœufs. Pour occuper les hommes et les arracher au sommeil à une si courte distance de l'ennemi, on eut soin de les déplacer d'heure en heure tant que dura la nuit. Obligés de mettre à chaque instant sac au dos et de faire quelques centaines de pas, tantôt en avant, tantôt en arrière, ils furent tenus éveillés, moins semblables à des soldats qu'à des ombres errantes.

De temps en temps on entendait dans le silence le cri de quelque sentinelle, puis des coups de feu échangés aux avant-postes. Les deux armées se touchaient presque, et des grand'gardes françaises furent cernées et enlevées par l'ennemi sans qu'on pût les secourir.

« Nous ne chercherons pas à peindre dans toute leur horreur les angoisses de cette dernière nuit, dit un témoin; depuis plus de quarante-huit heures personne n'avait fermé les yeux, et quant à manger, heureux ceux qui avaient eu à leur disposition un peu de pain ou de biscuit ! car il avait été matériellement impossible à ceux qui se battaient ou marchaient toujours de s'arrêter pour faire la soupe. Pas de distribution de vin ni d'eau-de-vie ; c'était un luxe inconnu depuis longtemps [1]. Ajoutez à cela un froid âpre et pénétrant, qui glaçait les plus fermes et immobilisait les plus ardents ; et puis, autour de nous, cette neige brillant d'un éclat sinistre aux rayons de la lune, dans les clairières des sombres bois de sapins. Pour ceux qui ont assisté à cette lugubre veillée d'armes, il en est resté comme une lueur étrange et fantastique mêlée à la douleur de leurs souvenirs.

» Car ce n'étaient là que les souffrances matérielles ; les souffrances morales étaient plus poignantes encore. Les cœurs les plus vaillants étaient maintenant abattus. On sentait que désormais tout était fini ; à travers les rêveries et les hallucinations singulières que produisent les jeûnes et les veilles, ceux qui avaient conservé la force de penser voyaient que le lendemain allait éclairer une déroute ; la trouée était faite, les Allemands se trouvaient dans nos lignes ; ils n'avaient qu'à pousser devant eux pour séparer l'un de l'autre deux corps d'armée ; ils pouvaient jeter le trouble et la confusion dans nos rangs et produire peut-être une panique générale [2]. »

Chanzy se raidissait encore contre la vérité cruelle et contre cette fatalité qui semblait s'attacher à lui avec un acharnement inouï. Il écrivait à l'amiral à quatre heures vingt-cinq minutes : « Reprenez l'offensive au point du jour ; vos troupes se reconnaîtront, tout peut être sauvé. »

(1) Le général Jouffroy télégraphiait à Chanzy, le 11, de Petit-Pinet : « Mes hommes n'ont rien mangé depuis quarante-huit heures ; les chevaux d'artillerie n'ont pas bu depuis plusieurs jours. » CHANZY, p. 378.

(2) D. MALLET, *La bataille du Mans*, p. 172.

Mais l'ennemi avait attaqué le premier, vers quatre heures. Les troupes du général Deplanque, dont on vient de voir l'état de prostration, avaient plié dès le premier choc ; les fuyards augmentaient dans le faubourg, où l'encombrement pouvait devenir un danger sérieux. L'amiral Jauréguiberry, qui était sur les lieux et qui avait contribué pour sa part aux inutiles efforts tentés pour rendre confiance aux soldats, ne se faisait plus aucune illusion. Tout en commençant à faire passer de l'autre côté de la Sarthe les convois et les réserves d'artillerie, il télégraphiait à sept heures cinquante-cinq minutes :

« Tout mon état-major est sur la place depuis quatre heures du matin, occupé à réorganiser les fuyards, mais n'y réussit pas. Je suis désolé d'être obligé de dire qu'une prompte retraite me semble impérieusement commandée. »

En effet, la démoralisation gagnait de proche en proche. A l'extrême droite, les troupes du général Barry s'étaient rapprochées dès avant le jour ; à gauche, celles du général de Jouffroy abandonnaient leurs positions. Le général de Roquebrune seul tenait encore, mais il allait être débordé par l'ennemi, qui, s'il manœuvrait avec hardiesse, pouvait l'envelopper complètement. Le général Barry adressait au général en chef cette dépêche d'un laconisme éloquent :

« Toute l'artillerie partie à cinq heures pour le Mans et Laval. Grand nombre de mobilisés décampent. Attends des ordres. On ne tiendra pas une demi-heure. »

Au centre même, où s'étaient accomplis de si brillants faits d'armes, on perdait courage en apprenant le désastre de la Tuilerie. Le général Gougeard, en rentrant au Mans pour venir rendre compte au général en chef, avait remis les hauteurs d'Auvours à la garde des mêmes régiments qui, la veille, les avaient abandonnées à l'ennemi. Ces régiments les abandonnèrent de nouveau et repassèrent l'Huisne sur les ponts d'Yvré-l'Evêque.

S'il n'avait écouté que son indignation, Chanzy aurait fait sauter tous les ponts et lutté quand même, comme il l'écrivait trois jours après au ministère de la guerre. Mais, à la réflexion, il se demanda avec quels éléments soutenir cette lutte désespérée. Les quelques régiments solides, décimés la veille et, quelques-uns, réduits de plus de moitié, ne formaient pas le quart de ses effectifs ; le reste ne demanderait qu'à se rendre : pouvait-il arrêter une armée victorieuse où tout le monde se battait ? Il jugea qu'il valait mieux sauver encore une fois cette deuxième armée de la Loire, qu'il avait déjà arrachée si souvent à la destruction, et qui prendrait peut-être un jour sa revanche.

Il se décida donc, vers huit heures du matin, en pleurant de rage, à rédiger pour l'amiral la dépêche suivante :

« Le cœur me saigne ; mais quand vous, sur qui je compte le plus, vous déclarez la lutte impossible et la retraite indispensable, je cède.

» Préparez donc tout pour cette retraite ; qu'elle se fasse lentement et avec le plus d'ordre possible. Faites tout pour détruire le pont de l'Huisne dès qu'il ne vous sera plus nécessaire. Mais disputez, je le répète, le plus longtemps possible l'entrée de la ville à l'ennemi. Il faut que nous ayons le temps de sauver les autres corps d'armée. »

En même temps il expédiait des officiers d'état-major aux généraux Jaurès et de Colomb pour les informer de la décision prise, et il télégraphiait au ministre de la guerre à Bordeaux :

« Notre position était bonne hier au soir. La panique des mobilisés de Bretagne a été le signal de la débandade sur toute la rive gauche de l'Huisne. Toutes les troupes se sont dispersées ou refusent de combattre.

» Le vice-amiral Jauréguiberry déclare que la retraite est impérieusement commandée. Sur les autres positions les autres généraux déclarent qu'ils ne peuvent plus tenir. Le cœur me saigne ; je suis contraint de céder. »

Voici maintenant les dépêches prussiennes qui rendaient compte de la bataille ; elles sont adressées à la reine Augusta :

« Versailles, 12 janvier.

» Le 10 et le 11, combats victorieux devant le Mans. Beaucoup de prisonniers, mitrailleuses et canons pris. Pertes modérées dans les 3e, 9e et 13e corps. Détails manquent encore. Des télégrammes français avouent, pour la première fois, la défaite. »

« Versailles, 12 janvier.

» Le 11, les corps d'armée en marche sur le Mans ont eu à souffrir, jusqu'à la tombée de la nuit, de violents combats. Le débouché de Champagné a été enlevé ; on a pris le château d'Arches et conquis sept canons et mitrailleuses. Le nombre des prisonniers faits le 10 n'est pas de 2,000, comme il a été dit jusqu'à présent ; il s'élève, rien que pour la colonne qui a pénétré dans le centre, à 5,000 hommes et quatre mitrailleuses.   GUILLAUME. »

Le prince Frédéric-Charles, entouré de son état-major, demeura derrière le chevet de l'église de Changé, tout le temps de la bataille. Il était là dans une situation excellente, suffisamment abrité contre le feu des Français, et au centre du mouvement convergent de tous ses chefs de corps, dont il recevait à chaque instant des billets, et auxquels il ne cessait d'envoyer des estafettes pour leur transmettre ses ordres.

Gambetta avait l'habitude de communiquer à toute la France, mais non sans leur faire subir quelques retouches, les rapports importants qu'il recevait des généraux sur les faits de guerre de chaque journée; les populations attendaient sans cesse, dans une fiévreuse anxiété, ces bulletins qui, chaque fois, arrivaient habilement arrangés, de façon à remonter les courages, car on ne pouvait se faire à l'idée que l'écrasement fût définitif. Gambetta ou ses secrétaires eurent la main malheureuse dans la forme qu'ils donnèrent à la réexpédition aux préfets des deux télégrammes de Chanzy sur la bataille du Mans. Ils supprimèrent, du premier de ces télégrammes, la phrase disant combien les troupes de Bretagne avaient puissamment contribué à conserver l'importante position d'Auvours, mais ils maintinrent soigneusement, dans l'un et dans l'autre, ce qui concernait la panique des mobilisés bretons.

Intentionnelle ou fortuite, cette rédaction, lorsqu'on connut le texte réel de Chanzy, irrita la Bretagne, envers laquelle le dictateur trahissait une fois de plus son mauvais vouloir, et étonna profondément le reste de la France.

CHAPITRE X

Le général en chef, la retraite une fois décidée, formula
les instructions suivantes :

« La retraite du Mans, nécessitée par les défaillances
qui se sont produites cette nuit, ne peut pas être la perte
de la deuxième armée, sur laquelle la France compte encore ; elle doit se reconstituer le plus vite possible et dans
les meilleures conditions, pour faire oublier les tristes
événements de cette journée et reprendre son rôle.

» En conséquence, l'armée devra aboutir entre Prez-
en-Pail et Alençon, et s'établir, la gauche à la Sarthe,
appuyée au 19ᵉ corps, qui doit arriver à Alençon, et la
droite à Prez-en-Pail.

» La marche s'effectuera en quatre jours, avec une
moyenne de quatorze à seize kilomètres par jour, dans
l'ordre ci-après. (Ici venaient des indications locales de
marche, qui ne furent pas suivies, la direction de la retraite ayant été changée, comme on le verra, d'Alençon
sur Laval.)

» Chaque jour, le commandant de chaque corps d'armée

fera connaître au général en chef ses positions, les particularités de sa marche, son quartier général.

« La cavalerie de chaque corps sera répartie : le gros précédant le corps d'armée sur les routes et chemins qu'il doit suivre, d'une étape pour arrêter les fuyards, les grouper, les ramener, en même temps qu'elle reconnaîtra les cantonnements ; le reste de cette cavalerie couvrant la retraite pour surveiller les mouvements de l'ennemi.

« Pendant la marche on devra constituer, en arrière de chaque colonne, et avec les meilleures troupes, une arrière-garde solide, chargée de protéger la retraite et de défendre le terrain pied à pied. Cette arrière-garde, en se retirant, achèvera les coupures commencées sur les routes pour retarder la marche de l'ennemi ; on laissera, à cet effet, tout le génie et les outils nécessaires avec l'arrière-garde.

« Le matériel roulant doit toujours être engagé sur les routes à suivre, assez longtemps à l'avance pour ne pas retarder la marche des troupes et n'avoir rien à craindre d'une attaque de l'ennemi.

« Les vivres distribués, les réserves du sac et les ressources des convois divisionnaires doivent suffire pendant huit jours au moins.

« Chaque commandant de corps d'armée prendra ses dispositions en conséquence.... »

Mais il fallait traverser le Mans et, tout d'abord, y arriver, ce qui n'était point facile en vue de l'ennemi, par des routes aboutissant toutes à des passages restreints. L'amiral redoubla de vigilance et d'énergie pour éviter tout encombrement sur le pont de Pontlieue, le seul qui pût donner accès dans la ville aux 16e et 17e corps. Le général Le Bouëdec fut chargé d'occuper ce poste périlleux et de masquer le passage. Le général Bourdillon, avec ses gendarmes, le seconda en se postant à la tête du pont, afin de régulariser, d'une part, la circulation, et d'arrêter, de l'autre, les colonnes allemandes lorsqu'elles commencèrent à arriver, poussant les fuyards devant elles.

Comme à Josnes, comme à Vendôme, les Prussiens furent lents à comprendre ce qui se préparait. Chanzy tremblait de les voir, par une pointe hardie, pénétrer au Mans avant les troupes de l'amiral, et les obliger à mettre bas les armes. Il ne paraît pas que le prince Frédéric-Charles se soit rendu compte immédiatement de l'importance de la prise de la Tuilerie et des redoutes voisines, et du parti qu'on pouvait tirer de cette trouée subitement ouverte au travers des lignes françaises. Il fut, au contraire, d'une prudence extrême, se contenta de s'établir fortement sur les hauteurs conquises, et attendit d'abord le jour, ensuite la disparition des brouillards, pour juger plus sûrement de la situation.

Quand le jour parut, Chanzy, afin de prolonger son hésitation, se hâta de prendre un semblant d'offensive. La division Roquebrune, qui restait encore au Chemin aux bœufs, lança des tirailleurs contre le château de la Paillerie, occupé par une brigade d'infanterie et la brigade de cavalerie Schmidt. Pendant ce temps, le reste du 17ᵉ corps et le 16ᵉ tout entier gagnaient rapidement Pont-lieue. Le général de Roquebrune, combattant toujours, établit ses bataillons par échelons rétrogrades et put ainsi rentrer dans la ville sans trop se presser. Vers onze heures seulement, le général Schmidt, sentant la résistance diminuer graduellement, comprit ce qui se passait, prévint le général Voigts-Rhetz, commandant du 10ᵉ corps, et se mit à la poursuite des Français.

Les brouillards du matin achevaient de se dissiper, mais le froid restait très vif, les routes étaient couvertes de neige et de verglas, et les Français avaient une avance de trois bonnes heures.

Malgré la présence de l'amiral, le désordre était grand sur le pont de Pontlieue. A l'entrée fourmillaient en tumulte fourgons et canons, fantassins et cavaliers, se pressant, se croisant, se bousculant, pour franchir au plus vite l'étroit passage au delà duquel on entrevoyait le salut. Quelques bombes tombant au milieu de cette mêlée eussent fait en un instant des milliers de victimes et complètement obstrué le passage.

Chanzy et son état-major ne commencèrent à respirer que lorsque cette masse humaine, engagée dans la ville, put déboucher sur la rive droite de la Sarthe. *

On s'occupa alors de l'évacuation des nombreuses voitures de vivres qui encombraient la ville, prêtes à rejoindre l'armée, qui jeûnait en grande partie depuis vingt-quatre heures et plus. Le soir même du 11 janvier, il en était entré beaucoup par le pont de la Sarthe; ce qui prouve combien l'on était éloigné alors de la pensée d'un désastre. Quelque diligence qu'on mit à les réexpédier en arrière au plus vite, plusieurs centaines de ces voitures furent la proie du vainqueur.

Vers onze heures, les premiers obus prussiens éclatèrent à hauteur du pont de Pontlieue et jusque sur la ville. Les soldats débandés arrivaient nombreux encore; mais, en fait de troupes organisées, les gendarmes restaient seuls au delà de la rivière avec les 36ᵉ et 46ᵉ de marche et le général Le Bouëdec. Celui-ci fit disposer deux mitrailleuses en batterie et faire des épaulements avec des sacs d'avoine pris sur les convois.

Les chutes d'obus se multipliaient. Le Bouëdec en avait compté déjà quinze autour de lui, lorsqu'il se retira avec ses deux régiments, laissant encore sur la rive gauche les gendarmes à pied, qui se dévouèrent pour donner à la retraite une heure de plus, et une compagnie du génie, qui minait le pont pour le faire sauter.

Il était deux heures environ lorsque l'avant-garde des Prussiens parut au rond-point de Pontlieue. C'étaient la cavalerie du général Schmidt et la 38ᵉ brigade d'infanterie qui débouchaient presque en même temps par les routes de Tours et de Parigné. Le capitaine du génie Legros, bien que la mine sous le pont ne fût point terminée, y mit le feu lui-même. Il fut blessé dans l'opération ; mais une partie du pont seulement s'écroula. Moins heureux que n'avaient été autrefois les Vendéens, évacuant le Mans après leur défaite, les soldats de Chanzy laissaient un passage rétréci, il est vrai, mais suffisant encore pour qu'on le franchît sans péril.

Toutefois, avant de s'y engager, l'ennemi dut compter avec les gendarmes du général Bourdillon. Soutenue par les deux mitrailleuses, cette troupe héroïque s'était échelonnée sur la rive droite de la rivière, qui n'est pas très large. Jusqu'à trois heures ils foudroyèrent les Prussiens qui se hasardaient sur le pont ou se massaient le long de la rive gauche. Eux-mêmes perdirent dans cette lutte deux officiers et 83 hommes ; ces chiffres sont le plus bel éloge qu'on puisse faire du courage des gendarmes. Lorsqu'il fut bien prouvé que les corps qui les précédaient se trouvaient réellement hors de danger, alors seulement ils consentirent à rétrograder, pas à pas, en ordre et tirant toujours.

Dès lors, l'avant-garde allemande s'avança librement par l'avenue de Pontlieue. Les premiers rangs, en éclaireurs, marchaient avec circonspection, le doigt sur la détente des fusils, l'œil aux fenêtres des rues, comme des chasseurs à l'affût.

Mais un certain nombre de ceux qui suivirent, arrivant au pas gymnastique pour rejoindre l'avant-garde, se dispersèrent, pénétrèrent dans les maisons et se mirent à piller. Bien qu'on ne leur eût fait aucune résistance dans les rues, ils vengèrent par leurs exactions et leurs violences la mort de ceux qui les avaient précédés et que le courage des gendarmes avait tenus quelque temps en échec [1].

La ville était terrifiée. Confiante la veille dans le succès, ballottée le matin, par l'incertitude de nouvelles contradictoires, entre l'espérance et la crainte, elle était devenue certaine du désastre en voyant arriver confusément par le pont de l'Huisne le flot des soldats et des fourgons, qui s'écoulaient en hâte au delà de la Sarthe. Chanzy informa par un billet le maire, M. Richard, de la pénible nécessité où il se trouvait d'abandonner la ville.

La municipalité et les chefs de la garde nationale se réunirent pour délibérer. Ils décidèrent que résister étant impossible, on se soumettrait au vainqueur. Le préfet, M. Lechevalier, fit savoir qu'il se retirait. Néanmoins des tentatives isolées de résistance éclatèrent sur un grand nombre de points, dans cette patriotique cité. Sur la place des Halles, où les envahisseurs se présentaient par trois rues à la fois, une vingtaine d'entre eux tombèrent ; les autres, exaspérés, bombardèrent les maisons avec de l'artillerie, à bout portant. Dans la rue Basse, plusieurs coups de fusil ayant été tirés des fenêtres, les Prussiens mirent le feu aux bâtiments et ne permirent pas qu'on l'éteignît avant le lendemain ; sept maisons furent consumées [2].

---

(1) D. MALLET, *Les Prussiens au Mans*, p. 17.

(2) On ne lira peut-être pas sans intérêt quelques détails donnés par un témoin :

Les Prussiens se présentèrent sur la place des Halles par les rues Court-Hardy,

La gare fut, naturellement, un des premiers objectifs de l'invasion. Elle était encombrée de fuyards, de blessés, et, la veille au soir, contenait encore 1,200 wagons. Pré-

des Minimes et de Quatre-Roues. A leur aspect, un officier de mobiles et un officier de gendarmerie, qui commandaient des détachements chargés d'escorter des convois, se hâtèrent de disposer leurs hommes en tirailleurs, les abritant derrière les voitures entassées, ou les embusquant sous les porches à l'entrée des hôtels et des corridors. La première compagnie, qui arrivait par la rue Court-Hardi, avait à sa tête un officier; au moment où il levait son sabre pour faire un signe de commandement, une balle vint l'atteindre en pleine poitrine; on le vit tournoyer sur lui-même et tomber pour ne plus se relever.

A mesure qu'ils sortaient des rues aboutissant à la Halle, les Allemands se répandaient en cordon le long des maisons situées sur le côté sud. De là, ils répondirent au feu des tirailleurs; mais ne pouvant pas s'abriter aussi aisément qu'eux et connaissant mal le terrain, ils avaient un grand désavantage; aussi perdirent-ils plus de monde que nous dans cet engagement. Un officier de gendarmerie, posté au coin de la rue Dumas, à l'angle du café de l'Univers, en abattit plusieurs pour son compte; des mobiles, se tenant derrière lui, chargeaient son fusil tour à tour, et sitôt qu'un casque pointu se montrait à l'autre bout de la place, il l'ajustait et ne le manquait pas.

Quelques habitants prirent également part à cette lutte, ce qui était contraire non certes au droit naturel, mais au droit moderne, imaginé par les Allemands, qui déclarent neutres tous les citoyens non enrégimentés. Les envahisseurs se mirent à tirer sur tout ce qui se présentait; ils tuèrent des gens qui traversaient la rue ou couraient aux blessés. Vers cinq heures, ils amenèrent du canon. Ils mirent une pièce en position à l'angle de la rue des Minimes, et leurs obus ouvrirent dans la façade du café Lecour de larges trouées. Toutes les maisons qui formaient la place de ce côté portèrent la trace des projectiles prussiens, tandis que celles qui leur font face étaient criblées par les nôtres. Du reste, il n'en est pas une, sur la place des Halles, qui ne fût touchée par les balles. Celles qu'on avait transformées en ambulances ne furent pas plus épargnées que les autres.

Maîtres du champ de bataille, les Prussiens placèrent deux pièces de canon à l'entrée de chacune des rues donnant sur la place des Halles; de là, ils étaient prêts à balayer la ville dans toutes les directions.

Lorsqu'ils virent que toute résistance avait cessé, ils se débandèrent et assaillirent les hôtels et cafés à coups de crosse de fusil. Ils enfonçaient les portes en poussant des cris pour se faire ouvrir et se livraient au pillage des provisions. L'hôtel de France fut seul épargné, à la grande surprise de ceux qui l'habitaient. On eut le mot de l'énigme lorsqu'on vit venir un officier prussien qui annonça que cet hôtel était destiné à l'état-major du 10e corps, visita successivement toutes les chambres, les fit évacuer par leurs occupants, inscrivit sur chacune des portes le nom d'un officier et exigea un dîner somptueux de trente couverts, avec tous les meilleurs vins de la cave.

On se battit jusqu'au soir à la Croix-de-Pierre et du côté de la route de venu confidentiellement du désastre, le chef du mouvement, M. Piquet, se hâta de renvoyer ce matériel par toutes les lignes encore libres. Il fit vingt-cinq trains en

Bonnétable. Là, les vainqueurs, irrités, se laissèrent aller aux plus déplorables excès. Ils prirent d'assaut les ambulances sous prétexte d'y chercher des francs-tireurs, insultèrent les religieuses, arrêtèrent l'aumônier, chassèrent des varioleux de leur lit et même transpercèrent dans le sien un jeune mobile de la Mayenne.

Le maire du Mans, M. Richard, ceignit son écharpe, arbora au bout d'une canne un foulard blanc en guise de drapeau parlementaire et parvint, après mille difficultés, jusqu'à l'avenue de Pontlieue, où se trouvait le général Voigts-Rhetz, commandant du 10ᵉ corps. Celui-ci lui dit brusquement :

« Vous êtes le maire de la ville? Vous venez bien tard. Cependant, je vous ai envoyé des obus pour vous prévenir de mon arrivée.

— Je suis venu aussitôt que j'ai pu, répondit le maire, mais les rues sont tellement encombrées, et vos soldats ne voulaient pas me laisser passer.

— Ah ! reprit le général en élevant la voix, et pendant ce temps vos concitoyens assassinent mes soldats. Entendez-vous la fusillade ? La ville du Mans paiera une contribution de quatre millions, et les habitants logeront et nourriront mon corps d'armée, qui est de 40,000 hommes, moyennant quoi les personnes et les propriétés seront sauvegardées.

— Ce ne sont pas, répliqua le maire, les habitants de la ville qui fusillent vos soldats, ce sont les soldats français qui se battent encore avec les vôtres dans nos rues. Quant à la contribution que vous nous demandez, la ville est absolument hors d'état de la payer.

— Il faudra bien cependant qu'elle la paie, dans son intérêt comme dans le nôtre, » dit le général. Puis, montrant de la main un de ses officiers, il ajouta : « Prenez maintenant les ordres de M. le major. »

A l'instant même l'officier qu'il venait de désigner répéta :

« La ville paiera, dans les vingt-quatre heures, quatre millions de francs. Les habitants logeront et nourriront l'armée, hommes et chevaux, pendant toute la durée de l'occupation. Les munitions, armes de guerre, fusils de chasse, seront immédiatement portés à la mairie et livrés aux autorités allemandes. Tout acte d'hostilité envers nos troupes sera puni de mort et la maison dans laquelle le fait aura eu lieu sera brûlée, comme celles dont vous apercevez les flammes là-bas. (Et il montrait de la main l'incendie de la rue Basse.) Allez maintenant, et obéissez, ou malheur à vous ! »

Sur ces mots, il fit faire un demi-tour à son cheval et s'éloigna.

La contribution de la ville fut, un peu plus tard, diminuée de moitié; mais aucun allégement ne fut obtenu pour les contributions en nature : elles furent précisées comme suit : « Pour les officiers, l'ordinaire d'une maison riche et bien tenue; pour les soldats, par homme et par jour, deux litres de vin, deux livres de viande, café et pain à discrétion. »

Veut-on connaître l'ordinaire quotidien de la préfecture, où s'installa le prince Frédéric-Charles? Voici la lettre-programme qui fut envoyée à la mairie par le major Kanitz :

moins de sept heures. Le dernier s'ébranlait au moment où arrivaient les Prussiens. Il leur échappa sous une grêle de projectiles et franchit le pont de la Sarthe, qui était

« Le Mans, 14 janvier 1871.

« Monsieur le maire,

« Voilà ce que je vous prie de commander chaque jour pour la préfecture :

« 1° Le déjeuner à midi.

« 2° Le dîner à sept heures et demie ; moi, je commanderai moi-même les menus, mais il faut que le chef y soit lui-même pour faire servir les plats.

« 3° Le café au lait à huit heures du matin.

« 4° Quarante bouteilles de bordeaux, quarante bouteilles de champagne, six bouteilles de madère et trois bouteilles de liqueurs. Il faut que cette réquisition soit apportée chaque jour à dix heures du matin précises à la préfecture.

« 5° Le lampiste doit arranger les lampes et garnir les lustres chaque jour avant déjeuner.

« 6° Des garçons pour dresser la table pour le déjeuner et le dîner et des femmes pour laver la vaisselle.

« Je suis chargé, Monsieur le maire, de vous indiquer que chaque fois où la moindre des choses que j'ai mentionnées manquera, la ville sera punie d'une amende *remarquable*.

« Agréez l'assurance de ma considération la plus distinguée.

« *Signé* KANITZ, aide de camp. »

On voit que les Prussiens ne se sont pas montrés méthodiques et raides uniquement en campagne, et que leur généralissime n'a pas entièrement usurpé la réputation qu'il a laissée partout en France — et même en Prusse — d'homme grossier, brutal, mal élevé et bien inférieur par la délicatesse et la grandeur de l'âme à ses qualités d'intelligence et de force corporelle. Le document ci-dessus fixe le menu régulier de ce goinfre et de ses officiers ; en voici un autre, daté du lendemain, qui paraît imposé en vue d'un extra ; il est signé du même major Kanitz :

« Je prie le maire de fournir immédiatement pour la cuisine du prince Frédéric-Charles :

« 25 kilos de jambon.

« 15 kilos de saucisson.

« 13 kilos de langues.

« 5 douzaines d'œufs.

« Légumes de différentes qualités, des oignons.

« 10 kilos fromage de gruyère.

« 5 kilos parmesan.

« 15 kilos viande de veau (rouelle).

« 26 poulets.

« 6 dindes.

« 12 canards.

« 5 kilos de sucre en poudre. »

La municipalité, au bout de peu de temps, dut faire des efforts inouïs d'ima-

miné et que l'on s'attendait à voir sauter derrière lui.
Mais on attendit vainement ; l'opération, mal préparée,
ne réussit pas.

ginalion pour découvrir encore du champagne. Ce qu'elle envoyait sous ce
nom n'avait plus rien de commun avec le Moët ou la Cliquot. De simples vins
blancs du pays, plus ou moins mousseux, passaient, avec un peu de bonne
volonté, pour des produits des plus grands crus ; c'était la quantité qu'il fallait,
beaucoup plus que la qualité ; d'ailleurs les plus habiles gourmets risquant de
commettre des erreurs quand ils en sont à rouler sous la table, ce qui arrivait
parfois, pendant l'armistice, au généralissime, et tous les soirs à quelques-uns
de ses officiers.   (*Les Prussiens au Mans*, par D. MALLET, p. 208 et suiv.)

Citons encore, sur le prince Frédéric-Charles, une anecdote se rapportant à
son installation à Azay-le-Rideau, dans le château de M. de Biencourt, pendant l'armistice.

Un jour, un officier dit au marquis de Biencourt, de la part du prince
Frédéric-Charles :

« Il y a ici, Monsieur le marquis, cinq voitures qui vous appartiennent.

— Cinq, en effet.

— Eh bien, Son Altesse désirerait s'en servir.

— Je ne prête pas mes voitures.

— S'il en était ainsi, Son Altesse se verrait obligée, à son grand regret...

— De me les prendre ? Que Son Altesse ne se gêne pas ; un acte de pillage
de plus ou de moins....

— Oh ! vous calomniez Son Altesse, on vous rendra vos voitures, on vous
les rendra. »

L'officier fit atteler les voitures, et les nobles Prussiens y montèrent avec une
douzaine de drôlesses qu'ils avaient peut-être réquisitionnées aussi, mais qui
n'étaient certainement ni leurs femmes légitimes, bien loin alors, ni des
femmes honnêtes du pays.

La petite fête terminée, les voitures furent renvoyées à leur propriétaire.

Le lendemain, le prince Frédéric-Charles passait une revue en face du château. On vit une grande flamme s'élever devant la porte principale. Le prince
voulut savoir ce qu'était cet incendie. C'étaient les voitures du marquis. Celui-
ci, ne voulant plus s'en servir après qu'elles avaient été souillées, avait ordonné
qu'on y mît le feu.

Pour la ville du Mans, durant les vingt-deux mois que dura l'occupation
prussienne, le montant des réquisitions s'éleva à . . . . .   1,124,894 fr. 89
Celui des dégâts résultant d'incendies à   430,000   »
Celui des titres, meubles et autres objets enlevés sans
réquisition, à   1,866,501   71
Et celui des sommes payées ou remboursées aux Prussiens
par la recette municipale, à   2,552,507   94

                              Total général. . . . .   5,893,804 fr. 54

On ne peut s'empêcher de noter en passant combien fréquemment le génie de la deuxième armée de la Loire échoua dans ce service de rupture de ponts, si important dans une retraite, ou ne l'accomplit qu'à moitié.

Quelques zouaves pontificaux, restés dans la gare, tirèrent sur les arrivants jusqu'à leurs dernières cartouches ; ils ne se décidèrent à partir que lorsque, devant le nombre sans cesse croissant, ils se virent impuissants et au moment d'être cernés. Quelques employés, qui avaient pris des fusils pour les aider, s'esquivèrent avec eux.

Mais plusieurs centaines de soldats, qui erraient démoralisés, se laissèrent prendre et pousser dans une salle, comme un vil bétail. Ils allèrent expier leur lâcheté en Allemagne et mourir de misère, du moins en grand nombre, pour avoir refusé de s'exposer à mourir en braves dans leur patrie.

Les Allemands retinrent tout le matériel qui se trouvait encore dans la gare : 6 machines et 212 wagons d'approvisionnements. On se consola en songeant que, quelques heures plus tôt, ils en auraient eu 998 de plus, qui étaient maintenant en sûreté.

Le général en chef sortit de la ville un des derniers, à deux heures et demie. Du haut d'un mamelon qui domine la chapelle Saint-Aubin, il observa, le cœur serré de tristesse, les progrès de l'ennemi, que rien n'arrêtait plus maintenant ; mais il put constater aussi que, malgré l'encombrement, le verglas et la fatigue excessive, la retraite s'opérait avec plus de facilité qu'il n'eût osé l'espérer.

Ce fut le général Jaurès, avec le 21ᵉ corps, le moins désorganisé par les combats des jours précédents, qui assura le salut commun. Il avait été prévenu le dernier, au moment où il venait d'envoyer, des hauteurs de Montfort, la 1ʳᵉ division (général Rousseau) porter assistance à

— 188 —

Gougeard sur le plateau d'Auvours. Il se hâta de rétrograder vers le nord, suivi de près et parfois précédé par les Prussiens, dont la cavalerie avait pris de l'avance sur lui ; mais il s'ouvrit passage par la force à Chanteloup, à Saint-Corneille, à Bonnétable, à la Croix et à Courceboeuf. Il s'installa, la nuit venue, sur la route de Ballon.

L'artillerie du général Rousseau courut un sérieux danger. Pour trouver des chemins praticables, elle dut être acheminée par le Mans. Elle y arriva en même temps que l'ennemi et allait être enlevée, lorsqu'elle fut dégagée par une charge brillante du 13ᵉ bataillon de chasseurs à pied, sous le commandement du chef de bataillon Lombard.

La résistance de Jaurès acheva l'illusion de Frédéric-Charles, qui ne se crut bien certain de sa victoire que le soir, après s'être imaginé, durant toute la journée du 12, que les Français faisaient encore front sur toute la ligne. Grâce à ces incertitudes heureusement entretenues par le 21ᵉ corps, le 16ᵉ et le 17ᵉ s'éloignèrent du Mans sans être trop inquiétés.

Chanzy exprima toute sa satisfaction à Jaurès pour cette belle retraite, « rendue difficile, disait-il, par la dispersion de ses divisions, les distances à parcourir et les combats à livrer. » Il rendit également un public hommage aux troupes du 21ᵉ corps qui, dans cette opération, « avaient fait preuve d'ordre, de discipline, de ténacité et de vigueur, alors que se produisaient, dans certaines portions de l'armée, ces défaillances qui nous avaient forcés à reculer au moment où nous avions les meilleures espérances (1). »

Du reste, ajoute Chanzy dans son histoire des opérations, il ne faut pas trop s'étonner de la mollesse de la

____

(1) Ordre du jour daté de Sillé-le-Guillaume, 13 janvier.

poursuite. « Les Allemands avaient considérablement souffert pendant les trois derniers jours ; leurs soldats étaient épuisés ; ils ne les avaient soutenus que par des distributions d'eau-de-vie faites à profusion, et il leur fallait rallier leurs colonnes, dont quelques-unes avaient déjà commencé un mouvement rétrograde, et pourvoir aux soins à donner à leurs nombreux blessés (1). »

Le récit de Rustow prouve combien peu les Allemands se rendirent compte de ce qui se passait alors de notre côté. Rustow considère la journée du 12 comme aussi sérieuse pour le moins que celle du 11, et paraît croire que Chanzy ne se détermina à la retraite qu'après avoir perdu la gare du Mans. Sur ce dernier point il mentionne des scènes sauvages dont nous n'avons trouvé aucune trace dans les nombreux ouvrages, histoires générales, monographies ou souvenirs publiés sur la campagne. Cette réserve faite, voici comment s'exprime Rustow :

« Le 12 janvier, le prince Frédéric-Charles voulut continuer l'attaque, toujours dans la même direction. Chanzy prit lui-même l'offensive dès le matin sur tous les points. Le prince avait établi son quartier général, à onze heures du soir, à Ardenay. Le 12, le temps était froid et nébuleux, le brouillard ne se dissipa que vers midi ; toutes les routes étaient gelées et glissantes.

« La 22e division du 13e corps se porta à la droite de la Chapelle, par Saint-Célerin et Forcé, contre la route de Bonnétable au Mans, et arriva à cette route en combattant jusqu'à la Croix. A sa droite, la 4e division de cavalerie poussait jusqu'à Ballon et Souligné.

« A la gauche de la 22e division, la 17e se déploya contre Saint-Corneille, soutenue par la 35e brigade (Blumenthal), qui était alors tout entière sur la rive droite de l'Huisne. Deux de ses bataillons qui, le 11, avaient pris position à Fatines (1), furent, dans la matinée du 12, vigoureusement attaqués par les Français.

« Au centre, la partie disponible du 9ᵉ corps combattit,

(1) Il y a certainement ici une erreur. Le général Catholineau raconte avoir couché à Fatines le 11, avec son bataillon de volontaires :

« Le 11 janvier, dit-il, nous étions à peine arrivés à Fatines, que nous vîmes les Prussiens établir des batteries sur l'autre coteau, à notre droite ; sur la neige, leurs grosses pièces noires ou jaunes tranchaient parfaitement. Je compris qu'ils regardaient la prise de Champagné comme très importante et qu'ils avaient quelques projets.... Mais ils ne paraissaient pas disposés à traverser la rivière de l'Huisne.

» Je trouvai à Fatines un escadron de dragons et priai le commandant de mettre à ma disposition quelques-uns de ses cavaliers pour aller voir, sur la route, ce que faisait l'ennemi. Ils partirent cinq et ne revinrent que trois ; les deux autres avaient été pris par des cavaliers prussiens qui se trouvaient cinq ou six, dans une maison, à six kilomètres. Je ne pus rien y comprendre : nous n'avions entendu aucun engagement. Le lieutenant de Vinzelles me demanda immédiatement quelques hommes pour aller délivrer les prisonniers, ce que j'accordai, tout en recommandant la prudence. Ils n'étaient pas plus tôt partis que je craignis une embuscade ; je les fis appuyer par cent hommes de choix, aux ordres du commandant Queyriaux....

» .... Tout d'un coup j'entendis une fusillade assez vive.... Nous marchions de ce côté. A cinquante mètres de Fatines se trouvait un terrain vague, sans clôture, sur la droite du chemin. En y arrivant, nous recevions tant de balles que nous jugeâmes avoir devant nous non plus une avant-garde, mais au moins 10,000 hommes. Je hâtai le pas. Soudain je vois des mobilisés revenir à plein chemin, se pressant et fuyant comme un troupeau effrayé. Je leur parle, je cherche à les arrêter, leur reprochant d'abandonner les hommes que j'avais en avant ; ordres, prières, menaces, rien ne put les arrêter. Nous nous rangeâmes sur les côtés de la route pour les laisser passer, reprîmes notre marche et arrivâmes à la hauteur de la maison où je comptais retrouver ma compagnie, et à la vue des Prussiens....

» D'un bois de sapins, presque en face de nous, partit un feu très nourri, commandé sans doute par le chef des mobilisés qui y était resté avec les hommes qu'il avait pu retenir. Les miens devaient se trouver entre deux feux. J'allais en faire aviser le commandant de ces tirailleurs, lorsque j'appris par un de mes volontaires qu'ils étaient à côté de nous....

» Voici ce qui était arrivé. Le commandant Queyriaux sachant que Vinzelles et ses éclaireurs étaient en avant, croyait les rencontrer avant l'ennemi. Mais Vinzelles avait vu les Prussiens s'embusquer dans les broussailles, auprès de la maison où avaient été arrêtés les dragons ; il s'embusqua à son tour, attendant pour tirer qu'ils se fussent démasqués. Queyriaux, n'entendant rien, marchait avec des alternatives de succès et de revers, sur la rive gauche de l'Huisne, autour du plateau d'Auvours. Les Français avaient pris dès le matin l'offensive contre le 3e corps sur l'Huisne inférieure, dont ils occupaient

toujours lorsque, à un détour de la route, il se trouva barbe à barbe avec l'ennemi, et si rapproché que nos hommes du premier rang ne purent mettre la baïonnette au bout du fusil. Il eut heureusement la pensée de se jeter sur la gauche, derrière un talus couvert de joncs. Grâce à cette protection, ils purent se défendre, malgré le grand nombre des Prussiens, jusqu'à ce que le feu des tirailleurs mobilisés vint à leur aide. Ils savaient du reste que je ne serais pas long à arriver....

» Il nous restait à remonter tous ensemble le coteau pour plonger sur l'ennemi et le mettre entre notre feu et celui des tirailleurs. C'est ce que nous fîmes promptement et, jusqu'à la nuit close, il fut écrasé sous nos balles....

» Dans cette rencontre, j'avais perdu une vingtaine d'hommes; les Prussiens avaient dû subir des pertes sérieuses, ce qui s'explique par la disposition des lieux. Cette affaire fut très heureuse; elle empêcha l'ennemi d'arriver jusqu'à Fatines dans la soirée même... Nous n'y trouvâmes plus rien : le village contenait dix maisons. (Nous n'avions touché, en quarante-huit heures, qu'un quart de ration par homme). J'écrivis à Jaurès pour lui demander des vivres et des renforts. Il me répondit qu'il ne pouvait m'envoyer ni l'un ni l'autre, mais qu'il fallait tenir la position à cause de son importance.... N'ayant pas mangé, nous ne dormîmes pas non plus; nous nous établîmes, dans la neige, par postes rapprochés, sur la route qui descend de Montfort et traverse Fatines pour se rendre au Mans par Yvré, sur une longueur de quatre kilomètres; je fermais ainsi la vallée de Champagné. Pendant toute la nuit l'ennemi chercha à juger nos forces; il nous trouvait partout.... La nuit se passa dans un perpétuel échange de coups de fusil....

» Avant le matin (le 12), nous entendîmes un bruit de chariots sur la route de Montfort à Savigné. Il semblait descendre vers le Mans. On ne pouvait l'expliquer que par une retraite de l'armée française de Montfort, où l'on s'était battu très avant dans la nuit. Nous n'avions pas été prévenus de ce mouvement, qui n'eût pu s'exécuter, si la veille nous n'avions arrêté les Prussiens en avant de Fatines.... J'appris bientôt les mauvaises nouvelles.... Je fis revenir tous les postes.... En même temps arriva le brave général Rousseau, désolé, furieux d'être obligé de reculer encore, écrasé par le nombre....

» Il fit arrêter ses troupes. Nous passâmes quelques instants à examiner la carte, éclairés par une mauvaise chandelle. Il fut décidé que la retraite s'opérerait par les buttes de Sainte-Croix.... Mes soldats restèrent à Fatines tant qu'il y eut un homme à passer; ils fermèrent la marche en servant d'arrière-garde à l'armée. Cette retraite protégée et la défense de la soirée sont les plus beaux titres de gloire de mes volontaires.... »

(Le corps de Cathelineau pendant la guerre, par le général CATHELINEAU, p. 135 et suiv.)

toujours la rive gauche. On combattit toute la journée sur ce point sans résultat décisif.

» A l'aile gauche des Allemands les opérations furent décisives. Le 10e corps et la brigade Schmidt se portèrent vers le Mans, sur les routes d'Ecommoy et de Grand-Lucé, vers quatre heures de l'après-midi. Une terreur panique s'empara de l'aile droite des Français. Des scènes terribles eurent lieu alors. Des soldats français en désordre jetèrent les blessés hors des wagons où ils avaient été mis, pour prendre leur place. Le général Chanzy n'eut plus autre chose à faire que d'ordonner la retraite au plus vite. Il dirigea le 21e corps (Jaurès) au nord sur Alençon, le 17e et le reste du 16e à l'ouest sur Laval. Il ordonna l'évacuation immédiate du camp de Conlie, et chargea l'amiral Jauréguiberry de couvrir la retraite, qui, dès lors, se changea en déroute.

» Le prince Frédéric-Charles, qui, pendant le combat du 12 janvier, s'était rendu sur le champ de bataille du 3e corps, ne regardait la journée que comme indécise. Il était retourné à Ardenay à la tombée de la nuit, afin de prendre ses dispositions pour les attaques du lendemain. Là il reçut, à huit heures du soir, la nouvelle de l'occupation du Mans par le 10e corps. Il apprit en même temps que la 3e division de la 3e armée s'était mise à la poursuite du centre des Français et avait pénétré dans la ville par le château des Arches.

» Les pertes de la deuxième armée allemande, de Vendôme au Mans, s'élevaient à 3,500 hommes en tués et blessés. Celles des Français, pendant ces six journées, du 6 au 12 janvier, étaient bien plus considérables. Les Allemands leur avaient fait 16,000 prisonniers non blessés, pris douze canons ou mitrailleuses, et une grande quantité de bagages.

» Dans les jours qui suivirent la prise du Mans, le nombre des prisonniers tombés aux mains des Allemands s'accrut de 6.000....

» L'armée du général Chanzy était pour longtemps hors d'état de combattre.

» Le prince Charles avait parcouru les neuf milles qui séparent Vendôme du Mans en remportant sans cesse la victoire. Il avait mis une semaine à parcourir cette distance [1].... »

Arrêtons-nous maintenant, avant de quitter ce mémorable champ de bataille, pour jeter un coup d'œil de critique timide, hésitant, et nous oserions presque dire respectueux, sur les opérations que nous venons d'esquisser.

Nous avons vu le vainqueur, mal informé, manquer de hardiesse. Ne peut-on pas reprocher au vaincu d'en avoir eu trop, au moins dans les débuts, et d'avoir trop présumé de ses forces ?

Certes, il ne faut pas juger uniquement d'après les résultats. Peut-être Chanzy, au Mans, se montra-t-il plus grand capitaine que Frédéric-Charles. Ce ne fut pas le général qui succomba, ce furent les soldats, malgré l'héroïsme de quelques-uns. Mais le général n'aurait-il pas dû prévoir les défaillances qui se produisirent ? Les troupes qu'il avait sous la main étant encore bien novices pour se mesurer avec des vétérans, n'eût-il pas mieux fait d'attendre l'assaut dans ses lignes au lieu de prendre l'offensive au loin, de diviser ses forces, d'exposer des corps nombreux, qui n'étaient pas de simples avant-gardes, mais de véritables petites armées, à se compromettre en des actions isolées, et à ne pouvoir rallier au moment décisif, ainsi qu'il arriva à la division de Curten ?

[1] Rüstow, *La guerre de France,* 4ᵉ livraison.

On répond que Chanzy, en envoyant ses colonnes mobiles, voulait uniquement les exercer, leur rendre confiance en elles-mêmes et sonder le terrain. Si tel était son but — et sa correspondance ne permet guère de le croire — il s'exposait à ce que ses lieutenants l'entendissent autrement. Dans une lettre du 30 décembre 1870, le général de Jouffroy lui disait : « Permettez-moi de vous exprimer la pensée qu'il faut que toutes les troupes dont vous pouvez disposer se préparent à suivre et à seconder le mouvement hardi pour lequel je ne constitue qu'une avant-garde. »

Chanzy répondit le 4 janvier 1871 : « Je répète au général de Jouffroy que la mission que je lui ai confiée ne doit point entraîner un mouvement général de l'armée dans la direction où il opère. Il a à déloger l'ennemi de Vendôme et à le repousser sur Blois. »

Les lieutenants de Chanzy, trop forts pour ne pas concevoir quelques illusions à la suite des faciles succès des premiers combats, se laissèrent aller à étendre leurs opérations, agirent chacun selon son plan particulier, puis, dès que fut effectuée la concentration à laquelle ils forçaient les Prussiens, ils se rabattirent à la hâte, épuisés et déjà désorganisés, sur le gros de l'armée, auquel ils n'apportèrent plus tout le concours qu'on était en droit d'attendre d'eux.

Non, comme l'observe très justement le général Cathelineau, nous n'aurions pas dû attaquer Vendôme ; cette attaque sur Vendôme nous a ramené l'ennemi, en lui démontrant notre intention de reprendre l'offensive, et nous n'étions pas en mesure pour cela ; on ne devait livrer le combat que dans les positions du Mans, d'où l'ennemi ne nous aurait pas délogés si on l'y avait attendu. Mais n'accusez ni l'imprévoyance du général en chef ni l'ardeur de ses généraux ; dites ce qui est : le gouvernement, l'armée, la France tout entière, voulaient la marche sur Paris ; il fallait arriver à Paris, tenter l'impossible pour sauver Paris ; c'est à ce désir seul qu'il faut attribuer les fautes commises [1].

On a blâmé également Chanzy d'avoir trop étendu ses lignes. Garder avec moins de 100,000 hommes un front de trente kilomètres d'abord, puis de vingt, lorsque la lutte l'eut resserré, constituait, selon les règles classiques de la stratégie, une insuffisance de profondeur ; mais ne fallait-il pas couvrir les abords du Mans dans tous les sens où l'ennemi pouvait se présenter ?

Le reproche le plus grave consiste dans le choix des mobilisés bretons pour une position aussi importante que celle de la Tuilerie. Mais nous avons vu qu'il n'avait pas précisément choisi et qu'il ne pouvait guère faire autrement. Comptait-il bien sérieusement sur des hommes armés depuis vingt-quatre heures et qui n'avaient du soldat que l'habit ? Peu importe ; obligé de les employer, il l'était de les traiter en soldats. Il est bien évident que s'il avait eu sous la main les vieux régiments de la garde impériale, que Bazaine avait rendus inutiles à Metz, jamais il n'eût songé à poster des mobilisés au point le plus important de son aile droite. Ajoutons qu'il ne pensait pas que l'ennemi arriverait sitôt jusqu'à eux. Il pensait qu'ils auraient tout au plus à tirer de loin quelques coups de canon, et c'est ce qui fût arrivé en effet sans la pointe audacieuse du capitaine prussien. Jusqu'à ce que l'ennemi fût en leur présence, il espérait avoir le temps d'aviser.

Que si nous nous trompons, s'il eut réellement en eux la confiance qu'il leur montra, nous laissons à d'autres le

---

[1] *Le corps de Cathelineau*, p. 152.

soin de condamner son erreur. La confiance, une indomptable confiance, fut le trait caractéristique de la grande âme de Chanzy. La confiance fit sa force toujours, et sa faiblesse quelquefois. Sans elle jamais il n'aurait été ni vaincu ni vainqueur. La lutte était devenue impossible, les sages le proclamaient [1] ; Chanzy, Faidherbe, Gambetta, furent des fous ; mais la France a absous leur folie, et la postérité l'admirera tant que l'idée de patrie fera battre le cœur des hommes.

[1] Nous nous rappelons que, dès le mois de septembre, un général de division commandant au Mans, le général F., nous disait à nous-même : « Je n'espère rien, il n'y a rien à faire ! — Hélas ! général, lui répondîmes-nous, vous avez raison, je le crains ; mais vous ne devriez pas le dire. »

CHAPITRE XI

Chanzy, nous l'avons vu, avait d'abord dirigé la retraite sur Alençon. Il allait ainsi à la rencontre des
19ᵉ et 20ᵉ corps, qu'on lui faisait espérer depuis si longtemps, et qui, d'après ses prévisions, auraient dû être
prêts déjà et même arriver à temps pour la bataille du
Mans.

Comptant, pour refaire son armée, sur des recrues qui
incessamment allaient la doubler en nombre, l'intrépide
homme de guerre pensa que rien n'était perdu. Ayant
toujours devant les yeux Paris mourant de faim, Paris
qu'il fallait secourir à tout prix, car sa chute entraînerait
celle de la France, et d'autre part toujours enclin, nous
devons le reconnaître, à présumer trop des forces de ses
soldats, il ne renonçait point encore à marcher sur Paris ;
c'est pour cela qu'il formait le projet de remonter au
nord ; ainsi s'expliquent les ordres que nous l'avons vu
donner aussitôt après s'être déterminé à la retraite.

Mais il avait compté sans le dictateur et ses conseillers, qui refusèrent d'approuver ce plan, quoique déjà en

voie d'exécution. Le 12, à onze heures et demie du soir, Chanzy télégraphiait, de son quartier général de Domfront, au ministre de la guerre à Bordeaux :

« Je ne prévoyais certes hier ni les défaillances de la nuit dernière, ni la retraite à laquelle elles allaient me contraindre. J'en suis le premier navré, mais ma confiance était telle qu'elle a résisté, et que c'est en m'en inspirant qu'ont surgi les idées que vous n'approuvez pas.

« En parlant des lignes de Carentan comme objectif de retraite, je me rappelais vos propres instructions données à Josnes, quand il s'agissait d'aller reconstituer l'armée. Mais mon intention n'a jamais été de gagner ces lignes si je n'y étais pas contraint. Ne pouvant me séparer de la pensée que Paris est aux abois, me cramponnant à l'idée d'un mouvement dans cette direction, notre but suprême, je portais ma droite à Alençon, appuyée fortement au 19ᵉ corps, que je croyais une force sérieuse et immédiatement utilisable. Une fois établi d'Alençon à Prez-en-Pail, pivotant sur ma droite avec les éléments réellement résistants de mon armée, ralliant à Argentan le reste du 19ᵉ corps, je marchais, sans perdre un jour et sans presque allonger les distances, sur Dreux et Evreux, dans la pensée d'appuyer ma gauche à la Seine et de forcer l'Eure dans une partie moins préparée par l'ennemi pour sa défense que celle de Chartres à Dreux. Ce que je vois autour de moi, vos propres objections, vos préoccupations pour Rennes et pour Nantes, alors qu'à Josnes elles étaient surtout pour Cherbourg, me forcent à renoncer à une marche hasardeuse sans doute, mais qui pouvait tout sauver.

« J'obéis donc et je change mes dispositions. Dès cette nuit, les 16ᵉ, 17ᵉ et 21ᵉ corps reçoivent pour objectif Laval, de façon à venir s'établir le 17 ou le 18 derrière la

Mayenne, sur un front de 10 kilomètres, la droite à Laval.... »

Le ministre de la guerre répondit le 13, à six heures
du matin :

« Quelle que soit la cruauté de la fortune à notre égard,
elle est impuissante à lasser des hommes tels que vous,
qui sont résolus à soutenir jusqu'à l'épuisement total la
guerre sainte contre l'étranger. La confiance du gouvernement n'est en rien diminuée, et l'échec, quelque grave
qu'il soit, que vous avez subi, ne doit être qu'une leçon
et qu'une excitation de plus à bien faire.

« Cela dit, je réponds à votre dépêche de ce matin.
Quand je vous ai parlé, à Josnes, des lignes de Carentan,
j'ai voulu seulement indiquer que la résistance à outrance
du pays avait une dernière forteresse inexpugnable. Mais
nous n'en sommes pas encore là au lendemain d'un premier échec. Ma pensée, au contraire, a toujours été que le
terrain devait être disputé pied à pied, comme vous l'avez
fait déjà dans votre belle retraite.

« Quant au dessein que vous nourrissiez, me dites-
vous, de vous arrêter, s'il était possible, entre Alençon et
Prez-en-Pail, pour de là tenter une marche hardie sur
Paris par Dreux et Evreux, je vous ferai remarquer que
cette tentative généreuse était de nature à amener la perte
de votre armée. D'une part, en effet, vous auriez couru le
risque de ne point refaire vos troupes avant de reprendre
votre marche, et, d'autre part, vous auriez infailliblement
rencontré sur votre chemin l'armée de Frédéric-Charles,
laquelle, parcourant du Mans à Dreux ou à Mantes une
corde dont vous-mêmes parcourriez l'arc, vous aurait
nécessairement gagné de vitesse.

« Nous estimons donc qu'à tous les points de vue la
retraite sur la Mayenne et Laval est infiniment préférable.

Il va de soi qu'en vous parlant de la rivière Mayenne comme ligne défensive, nous n'avons nullement entendu vous prescrire d'aller jusque-là. C'est une limite extrême que nous avons indiquée; mais si vous trouvez dans l'intervalle, par exemple dans la forêt de Sillé, de bonnes positions défensives, nous nous en applaudirons pour notre part; car, ainsi que je vous l'ai dit en commençant, nous désirons que le sol de la patrie soit disputé pied à pied....

» Je suis d'ailleurs en mesure, à l'aide des dépêches que je viens de recevoir de Paris, et parmi lesquelles se trouve une lettre du général Trochu, de vous dire que les vivres ne manquent nullement dans la place, et que le général lui-même recule la fatale échéance jusqu'à la fin du mois. Cela nous laisse du temps.... »

Gambetta, on le voit, se montrait toujours optimiste. En disant à Chanzy que son échec du Mans était le premier et en annonçant que Paris ne manquait pas encore de vivres, il parlait en avocat habitué aux euphémismes ; de même qu'en traçant à un général ses plans de campagne, il continuait un système d'outrecuidantes prétentions dont les sévères leçons de l'expérience ne l'avaient pas désabusé. Chanzy fit preuve, en cette circonstance, d'une grande docilité, on pourrait dire d'une grande modestie; mais tout s'explique lorsqu'on se rappelle un mot de son télégramme : « Ce que je vois autour de moi » me décide. Ce qu'il voyait autour de lui, c'était évidemment le désordre de ses troupes, leur diminution en nombre et en valeur. En vain se raidissait-il contre ce cruel spectacle, il ne pouvait pas ne pas le voir. La promptitude avec laquelle il renonce à la marche « hasardeuse qui pouvait tout sauver » indique qu'il ne l'avait projetée qu'avec une confiance modérée. « J'obéis, dit-il, et je change mes dispositions. »

Le 16ᵉ corps reçut ordre de se diriger par la grande route du Mans à Laval, le 17ᵉ par Parennes, Neuville et Sainte-Suzanne, le 21ᵉ par Conlie et Sillé-le-Guillaume.

Le grand quartier général fut établi, le 13, à Sillé-le-Guillaume. De là, maintenant qu'il avait pourvu au plus pressé et que la retraite était organisée, Chanzy écrivit au ministre un peu plus longuement sur les opérations accomplies ou projetées. Il disait à la fin de sa lettre :

« En marchant sur Alençon, j'aurais marché sur Paris : tous prévenus, cette fois, qu'il fallait arriver ou mourir. La grandeur du but à atteindre me semblait justifier ces risques suprêmes. Vous en avez jugé autrement, j'obéis....

» Si le suprême bonheur de sauver Paris nous échappe, je n'ai pas oublié qu'après lui il y a encore la France, dont il faut sauver l'existence et l'honneur. »

Ainsi des stratégistes improvisés, du fond de leur cabinet, à Tours ou à Bordeaux, faisaient marcher nos armées, selon l'expression de Gambetta, « comme des pions sur un damier. » Si leur génie n'a pas obtenu la sanction de la fortune, si, au lieu de nous ramener la victoire, ils n'ont abouti, malgré leurs généreuses intentions, qu'à aggraver la défaite, au moins n'accuseront-ils pas le mauvais vouloir et l'obstination de Chanzy.

La retraite était plus pénible qu'aucune des précédentes. Le froid restait vif et les routes verglacées ; les convois n'avançaient qu'avec peine à travers la neige ou la brume. Chaque soir beaucoup de soldats manquaient à l'appel, surtout dans les 16ᵉ et 17ᵉ corps. Les uns ne pouvaient suivre ; les pieds en sang dans les fameux souliers de carton, l'estomac creux, le dos collé à des vêtements sans cesse mouillés et qui ne séchaient pas, ils se couchaient au bord des fossés, appuyaient la tête sur leur sac et attendaient la mort ; d'autres, entrés dans les fermes pour y trouver un morceau de pain, y échangeaient leur uniforme contre une blouse de paysan et se cachaient, grâce à la complicité de quelque pauvre femme qui avait, elle aussi, son frère ou son mari à la guerre, et qui ne songeait qu'à les délivrer des maux de l'heure présente : d'autres enfin retardaient à dessein leur marche, afin de se faire prendre par les uhlans.

La dépêche suivante en dit plus que les descriptions les plus lamentables ; elle est datée du 14, après le combat de Chassillé, et signée d'un homme peu suspect de faiblesse et de sentimentalisme : l'amiral Jauréguiberry :

« La cohue des fuyards est inimaginable. Ils renversent les cavaliers qui s'opposent à leur passage, ils sont sourds à la voix de leurs officiers ; on en a tué deux qui refusaient de s'arrêter ; cet exemple n'a rien fait sur les autres....

» Je trouve autour de moi une telle démoralisation, que les généraux du corps d'armée m'affirment qu'il serait dangereux, dans ces circonstances, de rester ici plus longtemps, et je suis désolé de battre encore en retraite.

» Si je n'avais pas avec moi un matériel considérable qu'il faut essayer de sauver, je m'efforcerais de trouver une poignée d'hommes déterminés et de lutter, même sans espoir de succès. Mais il serait, ce me semble, insensé de sacrifier huit batteries pour n'arriver, en résumé, à aucun résultat utile.

» Je ne me suis jamais trouvé, depuis trente-neuf ans que je suis au service, dans une position aussi navrante pour moi. »

Un autre témoin et acteur dans ces terribles journées raconte avoir vu, à Joué-en-Charnie, un capitaine d'état-major décharger à bout portant son revolver sur un soldat qui refusait obstinément d'obéir. Cet exemple ne produisit qu'une très vive irritation parmi les camarades du malheureux, et la discipline n'y gagna que peu de chose [1].

Les mobilisés d'Ille-et-Vilaine, en passant par Conlie pour retourner dans leur pays, dirent adieu à leur façon au triste camp dans lequel ils avaient tant souffert et si peu appris. Ils pillèrent les vivres et détruisirent les munitions qui y restaient, brisant les fusils et jetant les cartouches dans la neige; puis ils continuèrent leur route, toujours affolés. Cependant les éclaireurs algériens, et après eux les Prussiens, arrivant à leur tour à Conlie, y trouvèrent encore quelques approvisionnements qui purent être utilisés.

L'ennemi suivait nos troupes de très près; ses têtes de colonnes apparaissaient sur toutes les routes aboutissant à nos positions. Il fallait les arrêter de temps à autre, car « la retraite sans combattre, c'était, selon Chanzy, la débandade, l'abandon d'une partie de notre matériel et peut-être, si les Allemands étaient audacieux, la destruction de l'armée. »

(1) D. MALLET, *Bataille du Mans*, p. 239.

Encore un trait raconté par le même écrivain :

« Arrivé devant Laval, notre régiment fut obligé de fusiller un de ses déserteurs, condamné à mort par jugement de la cour martiale. Celui-ci était plus malheureux que coupable. Entré dans une ferme située à quelque distance de la route, il avait été surpris par les gendarmes au moment où il se dépouillait de son uniforme. Son frère, qui en faisait autant, fut pris et amené avec lui jusqu'à Laval. Tous deux comparurent devant le terrible tribunal. Aux questions qui leur furent posées, ils répondirent avec tant d'inintelligence et d'ahurissement, qu'ils montrèrent par cela même combien leur action avait été inconsciente, combien peu ils avaient compris l'étendue de leur faute. Un mot les aurait sauvés; ils n'eurent pas la force de le prononcer, tant la continuité des souffrances avait émoussé chez eux jusqu'à l'instinct de la conservation. Grâce à l'intervention de notre aumônier, l'abbé Morancé, un seul fut exécuté devant les régiments de la brigade réunis.

« Nous avons rapporté ce fait, dont nous fûmes nous-même témoin, pour montrer à quel degré d'anéantissement moral étaient arrivés ceux d'entre nous que ne soutenaient pas les grandes idées d'abnégation. »

(D. MALLET, *ibid.*)

Une première tentative pour mettre un terme à la poursuite, à Chassillé, n'eut aucun bon résultat. C'était le 16° corps qui se trouvait de ce côté. Chanzy lui commanda de s'arrêter sur la ligne de la Vègre et de la défendre; mais ce corps n'était capable en ce moment d'aucun élan général. Il se laissa expulser de Chassillé, qu'une charge brillante du 31° de marche, entraîné par le colonel Roud et le général Barry, ne réussit pas à reprendre. La ligne de la Vègre perdue, l'amiral continua sa retraite; il s'arrêta à minuit, le 14 au soir, à Saint-Jean-sur-Erve, où ses soldats exténués prirent quelque repos.

Mais la journée du 15 devait être marquée par deux combats plus sérieux et plus honorables, à Saint-Jean-sur-Erve et à Sillé-le-Guillaume.

La division Deplanque venait de rejoindre le gros du 16° corps, auquel elle rendait un peu de nerf, et une reconnaissance faite par la cavalerie annonçait qu'elle n'avait pas rencontré de Prussiens à quatre lieues à la ronde, lorsque la canonnade et la fusillade retentirent à la fois, vers onze heures du matin, aux abords de la route du Mans.

Heureusement l'amiral avait déjà pris ses mesures. A peine arrivé à Saint-Jean, il avait parcouru les hauteurs qui dominent le village, et, les jugeant favorables à la défense, avait résolu d'y passer la journée, tout en faisant continuer à ses bagages l'acheminement sur Laval. Il avait donc désigné les points sur lesquels chacun devait s'établir, étudié quelques travaux éventuels et ordonné d'attendre, de se reposer si l'on était laissé tranquille, et de se défendre si l'on était attaqué.

Le village de Saint-Jean, situé dans un bas-fond, sur les bords de l'Erve, petite rivière qui sépare dans une partie de son cours le département de la Sarthe de celui de la Mayenne, est dominé, du côté de Laval, par des collines escarpées, sur le flanc desquelles s'élèvent quelques maisons en amphithéâtre. Au sommet de ces hauteurs circulent plusieurs chemins creux, très encaissés entre des haies et des talus qui forment des retranchements naturels, faciles à utiliser.

A peine la fusillade fut-elle engagée que tout ce qui gardait un peu de cœur ou de force parmi ces soldats qui venaient enfin de se reposer quelques heures, traversa le village en toute hâte et gravit les pentes qui conduisent aux sommets. De là on pouvait battre non seulement la route du Mans à Laval, mais la vallée de l'Erve sur une grande étendue, du nord au sud. Quatre batteries de la 1ʳᵉ division s'établirent derrière les épaulements naturels des chemins creux, dans les talus desquels on se mit à pratiquer des embrasures, tandis qu'une autre section du génie préparait, sous le feu de l'ennemi, la destruction du pont sur l'Erve.

« L'artillerie, raconte Chanzy, fut répartie de la façon suivante : la 24ᵉ batterie de 4 du 15ᵉ régiment (lieutenant Michaëlli), à l'extrémité droite du plateau ; la 23ᵉ batterie de 4 du 10ᵉ régiment (capitaine Thiébault), au centre et à droite ; la 19ᵉ batterie du 10ᵉ régiment (capitaine Delahaye), composée de trois mitrailleuses, à gauche et en face de la ferme de la Séraunière ; enfin la 19ᵉ batterie du 8ᵉ régiment (six mitrailleuses, capitaine Perret), quatre pièces dans le chemin creux à l'extrémité du plateau, les deux autres à cent mètres en avant pour fouiller les ravins.

» Les troupes prirent les positions suivantes : la 1ʳᵉ division formant l'aile gauche au-dessus et en arrière de Saint-Jean ; ce qui restait de la 2ᵉ division à droite, déployant toutes deux de nombreux tirailleurs abrités à mi-côte derrière des haies et des fossés, avec deux compagnies en avant du village sur la route du Mans. Malheureusement ces divisions, qui ne comptaient pas à elles deux plus de six mille combattants, n'étaient pas assez fortes pour garder toutes les issues et les hauteurs par lesquelles l'ennemi pouvait déboucher.

» Les Allemands se présentèrent vers onze heures et demie, au moment où nos troupes se plaçaient. L'action se borna d'abord à un feu de tirailleurs. A midi et demi, une batterie prussienne essaya de tirer à 4,000 mètres sans résultat. Une colonne d'avant-garde s'avança alors, suivie de deux pièces qui vinrent s'établir à 2,500 mètres environ de notre position, sur la route de Laval au Mans. Nos deux batteries de 4 firent converger leur feu sur ces pièces, tandis que nos mitrailleuses tiraient sur l'infanterie. Cette dernière, écrasée par ce feu intense, dut s'arrêter et attendre l'effet de trois nouvelles batteries qui étaient venues se mettre en position en face de la grande route. Le lieutenant Michaëlli lutta courageusement sous une grêle d'obus qui blessèrent le sous-lieutenant Rovel, tuèrent neuf chevaux, brisèrent un affût et détériorèrent presque toutes ses pièces. Les mitrailleuses du capitaine Delahaye arrêtaient également la marche des colonnes ennemies et les obligeaient à se déployer. Un obus, après avoir traversé le cou du cheval de l'amiral, vint frapper mortellement le brave colonel Béraud, chef d'état-major du 16e corps.

» L'ennemi, qui, bien qu'en nombre supérieur, ne pouvait aborder de front nos positions, prononça alors un mouvement tournant sur notre droite, trop faible par suite de notre insuffisance numérique. L'amiral, ne pouvant la renforcer, la fit soutenir par les mitrailleuses du capitaine Delahaye, dont le tir (377 coups) fut très efficace, en même temps qu'il soutenait le moral de nos tirailleurs. Nos canons à balles avaient, par une seule décharge, réduit au silence une section de montagne que l'ennemi avait audacieusement établie devant nous et à bonne portée.

» Au centre et à gauche, nos batteries, quoique souffrant beaucoup, arrêtaient partout les efforts désespérés que faisaient les Allemands pour enlever la position. Les six pièces de 4 du capitaine Thiébault répondirent avec avantage, pendant toute la durée du combat, à huit pièces établies sur la droite de la route, tandis que le capitaine Perret, avec ses mitrailleuses, faisait replier à diverses reprises une autre batterie qui cherchait à se poster à 2,000 mètres, et dispersait des colonnes qui essayaient de déborder notre gauche. La batterie Thiébault tira 180 coups et eut deux hommes tués et six blessés, dont le lieutenant Cognon; la batterie Perret, qui avait consommé 576 boites, n'eut qu'un homme tué et deux blessés; mais chacune eut plusieurs chevaux hors de combat et son matériel fortement endommagé.

» Vers cinq heures et demie le feu cessa sur toute la ligne. Nos troupes n'avaient pas perdu un pouce de terrain et l'ennemi n'avait pu pénétrer dans le village de Saint-Jean.

» L'affaire paraissait terminée, lorsque vers six heures, la nuit venue, le colonel Rübell, commandant l'aile droite, vint informer l'amiral que le 22e mobiles ayant été forcé d'abandonner ses positions, l'ennemi, profitant de cette trouée, nous avait débordés à la faveur de l'obscurité et pénétrait dans le village. C'était en effet une colonne ennemie qui, ayant pu franchir le pont de Saint-Pierre-sur-Erve, tournait nos positions par des chemins creux que, faute de monde, l'amiral n'avait pu garder. Il fallut dès lors songer à la retraite, qui s'opéra en bon ordre, sans l'abandon d'une seule pièce ni d'une seule voiture.

« Le général Le Bouëdec, qui occupait Saint-Jean, essaya vainement d'y tenir; le 40ᵉ de marche, commandé par le chef de bataillon Mercier, fit des prisonniers en se retirant [1]. »

Mais ce brave régiment perdit le cinquième de son effectif.

Tandis qu'il tenait l'ennemi en respect, l'artillerie descendit des hauteurs où elle avait fait une si vaillante contenance. Les chemins étroits, glissants et encombrés rendirent cette descente pénible. Arrivées sur la route de Laval, les troupes se placèrent de chaque côté des canons et des fourgons, pour les défendre en cas d'attaque.

On marcha de huit heures à minuit et l'on s'arrêta à Soulgé-le-Bruant sans être inquiétés.

Cette affaire de Saint-Jean-sur-Erve ne fut pas sans honneur pour les débris du 16ᵉ corps; il faut se rappeler en effet que ce corps n'était qu'une ombre de lui-même, et qu'en portant à 6,000 le chiffre de ses combattants, le général en chef se montre généreux.

Les débris du 17ᵉ tinrent beaucoup moins bien, comme on le verra bientôt; mais le 21ᵉ, qui était resté le plus solide et aussi le plus nombreux, s'illustra une dernière fois à Sillé-le-Guillaume.

Dans le même moment où Jauréguiberry s'arrêtait à Saint-Jean-sur-Erve pour faire face au 9ᵉ corps prussien, Jaurès prenait la même résolution à l'égard du 13ᵉ (Mecklembourg), qui arrivait, plein d'ardeur et de confiance, par la route de Conlie.

Les crêtes qui dominent Sillé-le-Guillaume à l'est lui ayant paru très favorables à une défense, il y établit sa 3ᵉ division (général de Villeneuve), dans l'ordre suivant :

[1] CHANZY, p. 357.

« le 78e mobiles à l'embranchement des routes de Crissé
et de Conlie ; au centre, la 1re brigade, qui se reliait par sa
gauche avec la 1re division (général Rousseau) ; enfin la
2e brigade surveillant le chemin de traverse de Conlie et
la voie ferrée. Les marins, déployés en tirailleurs dans
les chemins creux qui bordent la route, formaient une
première ligne ; les autres bataillons, groupés et abrités
derrière des plis de terrain, formaient la deuxième ligne.
L'artillerie en colonne sur la route, sur la pente du côté
de Sillé, et hors de la portée des projectiles, détachait
une section de mitrailleuses à 200 mètres en avant de la
coupure de la crête ; une section de 4 tirait par-dessus ces
mitrailleuses ; enfin, sur la crête même, une section de 8
dominait le champ de bataille. Plus en arrière, à la gare
même de Sillé, deux pièces de 4 enfilaient la voie ferrée.

« En dehors de ces emplacements, il était impossible
de mettre les pièces en batterie à cause des talus et des
fossés qui séparent les propriétés, et de la neige qui couvrait le sol sur une épaisseur telle que les chevaux enfonçaient jusqu'au poitrail (1). »

L'attaque se prononça vigoureusement vers les dix
heures ; les troupes prussiennes s'avançaient en colonnes
serrées. Le général de Villeneuve les laissa arriver jusqu'à 1,500 mètres ; alors il les arrêta net par des salves
de mitrailleuses qui les dispersèrent de chaque côté de la
route. Les Prussiens ne se découragèrent pas. Ils vou-
lurent monter à l'assaut des batteries, mais de nouvelles
décharges les rejetèrent à plus de 2,500 mètres en arrière.

Le seul moyen qui leur restait était de mettre à leur
tour leur artillerie en position. C'est ce qu'ils firent ; l'at-

(1) CHANZY, p. 355.

taque se changea en un violent duel d'artillerie. « Le tir
des batteries françaises de 4 devenant insuffisant à cause
de la distance, elles furent remplacées par des pièces de 8,
qui répondirent avec le plus grand succès à l'ennemi,
bien que son tir fût d'une grande justesse [1]. »

« Cependant le général Rousseau, établi à Saint-Remi-de-
Sillé avec la première division, apprenait, par ses reconnaissances, que d'autres colonnes ennemies, débouchant
de Crissé, s'approchaient par la chaussée du chemin de
fer et par la route qui lui est parallèle. Le 5e bataillon des
mobiles de la Sarthe (commandant Sufflet), qui gardait
ces deux issues et qu'appuyait le 26e de ligne, reçut bravement le choc de ces colonnes. L'ennemi, arrêté par cette
résistance, se disposait à un nouvel effort, lorsque le
commandant Bonnefond, à la tête d'un bataillon du 58e,
se précipita au cri de : Vive la France! aborda l'ennemi
à la baïonnette et le mit en déroute, en lui faisant même
une vingtaine de prisonniers.

» Nos troupes, entraînées par ce succès, se lancèrent à
la poursuite des fuyards jusqu'à un kilomètre au delà de
Crissé. Elles ramenèrent encore de nombreux prisonniers,
dont un major hanovrien [2]. »

(1) *Rapport* de l'amiral Jaurès.

(2) Chanzy, p. 356.

À cette description d'ensemble tracée par le général en chef, nous croyons
devoir ajouter un récit épisodique par le commandant Sufflet, du 5e bataillon
des mobiles de la Sarthe. Ce sont les épisodes qui déterminent et fixent la
physionomie particulière des événements, qui reste sans cela confuse et dans
une banale uniformité.

« Nous passâmes la nuit dans ces conditions.

» Le lendemain matin, 15 janvier, à la pointe du jour, j'allai visiter mes
positions et particulièrement les lignes qui se dirigeaient vers Crissé. Le brouillard avait disparu; je rectifiai quelques emplacements. À ce moment, une
compagnie des marins de la brigade du Temple vint soutenir les deux compagnies que j'avais à la Philippière. La ferme fut crénelée et toutes les dispositions
prises pour résister à l'attaque attendue sur la route du Mans à Laval. J'allai

Cette fois, c'était bien une victoire; l'ennemi avait disparu, momentanément du moins, laissant le terrain couvert de ses morts et de ses blessés. A quatre heures du soir, Jaurès se préparait à prononcer son mouvement en avant et à faire tourner la droite de l'ennemi par la division Rousseau, qui commençait déjà cette manœuvre.

Mais ce dernier combat livré par la deuxième armée de la Loire devait être, en raccourci, une répétition de la bataille du Mans, ou plutôt de la campagne entière.

ensuite m'établir à l'entrée de la route de Crissé, à un kilomètre en avant. A un endroit où cette route se rapproche de la voie ferrée, je fis placer en grand'-garde la 7ᵉ compagnie, commandée par le capitaine Dalmagne.

» Vers neuf heures, une reconnaissance des tirailleurs algériens qui rentrait à Sillé par cette même route me cria en passant au galop: Prussian! Prussian! Je me portai aussitôt jusqu'à la grand'garde, prévins le capitaine Dalmagne de se tenir prêt et envoyai en avant quelques éclaireurs pour nous renseigner à temps et avec certitude sur les mouvements de l'ennemi. Je fis en même temps demander la 2ᵉ compagnie, que j'avais laissée en grand'garde à Saint-Remy.

» Ces dispositions étaient à peine prises que je recevais du colonel de Vilars, qui commandait notre brigade (la 2ᵉ), l'ordre d'observer la route de Crissé, où l'ennemi était signalé. Un avis du commandant May, chef d'état-major de la 1ʳᵉ division, me prévint en même temps que derrière les éclaireurs prussiens, il y avait de l'infanterie et de la cavalerie. Enfin le général Rousseau se présenta lui-même, approuva les dispositions prises, nous recommanda de tenir ferme et nous promit du renfort. Un instant après, arrivait un cuirassier blessé, soutenu par un de ses camarades, qui nous annonçait que l'ennemi était là. Presque aussitôt, c'est-à-dire vers dix heures, les premiers coups de feu se firent entendre, et bientôt les balles sifflèrent à nos oreilles, la plupart passant au-dessus de nos têtes. On nous croyait plus loin.

» L'ennemi d'ailleurs s'était logé dans le repli de terrain que suit la voie ferrée; il profitait de la courbe du chemin de fer, très prononcée près de Crissé, et, posté là comme dans une tranchée, tirait sur nous, au juger, de bas en haut. Notre poste avancé, attaqué vigoureusement, avait reculé; mais le capitaine Dalmagne, avec la 7ᵉ compagnie, se porta en avant pour le soutenir, et tint ferme, malgré le nombre croissant des assaillants, jusqu'à l'arrivée du capitaine Lucas et de la 5ᵉ compagnie, que j'envoyai pour l'appuyer. Avant même l'arrivée de ce renfort, la solidité de la 7ᵉ compagnie avait déjà arrêté l'ennemi.

» Mais de nouveaux renforts nous arrivaient, et nous allions prendre l'offensive à notre tour.

» Trois compagnies du 26ᵉ de ligne, d'un effectif un peu faible, mais résolues, nous étaient amenées par le capitaine Barafort. J'envoyai la première soutenir les capitaines Dalmagne et Lucas; je dirigeai la seconde par la voie

Au moment où les soldats allaient, pleins d'enthousiasme, reprendre l'offensive, une lettre du général de Jouffroy annonçait à Jaurès que le 17ᵉ corps, qui couvrait la droite du 21ᵉ, n'avait pas tenu dans ses positions et s'était mis en retraite sur Sainte-Suzanne. Ce malheureux 17ᵉ corps était absolument démoralisé; la dépêche suivante de Chanzy au général de Colomb, qui le commandait, atteste son désarroi.

ferrée, gardant en réserve la 3ᵉ compagnie, dont le capitaine Barafort s'était réservé le commandement.

» Ces mouvements étaient à peine opérés, qu'au milieu d'une fusillade des mieux nourries, apparut sur la voie ferrée, venant de Saint-Remy, un détachement du 58ᵉ de ligne. Poussé en avant tout entier par son chef, le commandant Bonnefond, qui, le revolver à la main, faisait parler la poudre et excitait les plus timides, le 58ᵉ s'élance au pas de course, à la suite de la compagnie du 26ᵉ de ligne, et, par son attaque bruyante et vigoureuse détermine la retraite des Prussiens. Il fut lui-même appuyé immédiatement par la 2ᵉ compagnie du 5ᵉ bataillon de la Sarthe, qui, arrivant de Saint-Remy, fut dirigée sur Crissé par le chemin qui, à notre extrême gauche, longeait le chemin de fer. Cette compagnie devait prendre l'ennemi en flanc.

» Il s'agissait de poursuivre l'avantage obtenu. Je préviens le commandant Bonnefond que je me repose sur lui de la défense de la voie ferrée et, suivi du capitaine Barafort et de sa compagnie, je pousse en avant tous ceux des nôtres qui étaient déjà engagés sur la route de Crissé.

» Nos soldats s'élancent à la baïonnette sur les maisons qui bordent la route, débusquent les Prussiens qui y sont retranchés et dont plusieurs se rendent. La poursuite continue. En approchant de Crissé, près d'un village qui domine le chemin de fer, la résistance devient plus opiniâtre. Mais nos hommes, enlevés par leurs officiers, et plus particulièrement par les capitaines Dalmagne et Lucas, du 5ᵉ bataillon de la Sarthe, et par les sous-lieutenants Pinguet, du même bataillon, et Daremort, du 25ᵉ de ligne, redoublent d'intrépidité, toujours à la baïonnette. Ils firent de nouveaux prisonniers et mirent en complète déroute les Prussiens, dont un assez grand nombre abandonna ses armes, que nous dûmes un peu plus tard briser, faute de moyens de transport pour les enlever.

» Pendant ce temps, le commandant Bonnefond, avec son 58ᵉ de ligne, la 2ᵉ compagnie du 25ᵉ de ligne et la 2ᵉ du 5ᵉ bataillon de la Sarthe (capitaine Lebreton), plus une compagnie de fusiliers marins qui était venue les rejoindre en dernier lieu, avait fait une vingtaine de prisonniers, dont un major hanovrien, et pénétrant jusque dans Crissé, après avoir complètement balayé la voie, s'était emparé du pain que les Prussiens y avaient déjà réquisitionné.

» Nous étions victorieux sur toute la ligne.... Mais j'avais une préoccupation. On n'entendait plus le feu de notre artillerie sur la route du Mans. L'ennemi était-il le maître sur cette ligne ? Sur la hauteur que j'occupais, comme un

« Retirez-vous lentement en protégeant tout votre matériel. Je ne puis admettre qu'on perde une voiture, et, à plus forte raison, un canon. J'ai arrêté vos fuyards de partout où je les ai trouvés sur ma route; donnez des instructions précises et rendez vos généraux responsables de leur exécution. La division de Jouffroy, sans chef, allait faire trente et un kilomètres, alors qu'elle prétend être si fatiguée; je lui ai prescrit de s'arrêter à Montsurs

promontoire, dans un poste avancé, n'étais-je pas exposé à être tourné? Qu'étaient devenues mes quatre compagnies, laissées à la Philippière et à Vitré, où elles avaient, elles aussi, leurs postes à défendre? J'acquis bientôt la certitude que ces quatre compagnies n'avaient pas été attaquées et n'avaient pas bougé... Alors, sentant ma droite solidement gardée par elles, après avoir éclairé ma marche par quelques éclaireurs, je poussai en avant tout mon monde, persuadé que l'ennemi, qui nous envoyait encore quelques coups de fusil, n'était pas loin.

» Notre petite colonne n'avait pas fait cinq cents pas au delà du hameau dont nous venions de débusquer l'ennemi, que nous fûmes assaillis par une vive fusillade venant de face et de flanc, sur notre droite. Il était évident que les Prussiens, chassés de Crissé, s'étaient retirés sur la route du Mans à Sillé pour s'appuyer sur le gros de leurs forces.

» Je fis enlever par une section de la 7ᵉ compagnie une maison isolée, située à droite, sur une élévation de terrain qui dominait les environs. J'établis ma réserve dans un chemin creux, sous le commandement du capitaine Barafort, et j'allai à mon tour en éclaireur. Je me vois encore. Le jour allait bientôt nous manquer. Je traversais des champs où la neige s'était amoncelée à tel point que mon cheval en avait jusqu'au ventre. Ce ne fut pas sans peine que je pus reconnaître la position de l'ennemi et indiquer à chaque compagnie la direction à donner à ses feux; mais le soin ne fut pas inutile. Vers six heures et demie, malgré le verglas, malgré l'obscurité, la fusillade de l'ennemi prenait une certaine intensité, lorsque j'y fis répondre par des feux de peloton et des feux par rang dont l'efficacité fut telle que les Prussiens, après trois ou quatre salves, se turent comme par enchantement.

» Quelques moments avant de commencer ces feux, notre colonne avait été renforcée par trois compagnies de mobiles, une de l'Aude et deux de la Loire-Inférieure, qui nous avaient aidés à faire le dernier coup de feu et nous avaient rejoints en criant : « Vivent les moblots de la Sarthe! Vive la ligne ! » cris auxquels nous répondîmes par celui de « Vive la France ! »

» Le succès ne nous coûtait pas trop cher. Le 3ᵉ bataillon n'avait eu qu'un tué et cinq blessés, et nos mobiles avaient non seulement montré les mêmes qualités solides que dans les affaires précédentes, mais encore fait preuve, en chargeant à la baïonnette, d'une résolution à laquelle on n'était pas habitué.... Le sous-lieutenant Duremort fut blessé assez grièvement au bras gauche.... »

et d'y attendre vos ordres. J'ai également dirigé sur le
pont de Saint-Jean une grande partie de votre parc, qui
restait indécis en deçà d'Evron. »

Ainsi, malgré le succès de Sillé-le-Guillaume, malgré
la brillante défense de Saint-Jean-sur-Erve, l'armée n'était
plus en état de tenir campagne : un corps tout entier se
dérobait à la main de ses chefs.

« Tenir plus longtemps sur la gauche de notre ligne,
c'était s'exposer à se faire rejeter en dehors des routes
fixées pour la retraite sur la Mayenne. Le général en chef,
après s'être assuré que les convois engagés sur la grande
route de Sillé à Evron étaient assez loin pour n'avoir rien
à craindre, donna au général Jaurès l'ordre de se mettre
en retraite à la nuit et de venir coucher en arrière de
Sillé-le-Guillaume. Quoi qu'il en coûtât au 21ᵉ corps, en-
couragé par ses succès de la journée, cet ordre fut exécuté
avec la plus grande précision, et avec tant de régularité
et de calme, que l'ennemi se retira sur Coulie, au lieu de
nous poursuivre.

» Nos pertes dans cette journée du 15 (tant à Sillé qu'à
Saint-Jean-sur-Erve) étaient numériquement insigni-
fiantes, si on les compare à celles de l'ennemi. Des officiers
prussiens faits prisonniers quelques jours après avouèrent
avoir perdu dans cette affaire 3,000 hommes tués ou
blessés, et ce renseignement est encore confirmé par les
dires des gens du pays, qui le recueillirent également des
troupes qu'ils eurent à loger (1). »

Il y eut aussi une assez chaude affaire, mais hors de la
portée et de la direction de Chanzy, aux abords d'Alençon, où le colonel Lipowski et ses 2,000 francs-tireurs
avaient été dirigés comme avant-garde. Lipowski, appuyé

____

(1) Chanzy, p. 355 et 356.

de 4,000 mobilisés de l'Orne et de la Mayenne, disputa l'entrée de la ville au grand-duc de Mecklembourg, le tint en échec de midi à six heures, lui mit 800 à 900 hommes hors de combat, en en perdant lui-même 160, dont 3 officiers; mais ne voulant pas exposer la ville aux conséquences d'une lutte de rues dont le résultat définitif ne pouvait être douteux, il se décida à se mettre en retraite, la nuit venue, sur Prez-en-Pail.

Ces trois engagements de Saint-Jean-sur-Erve, de Sillé-le-Guillaume et d'Alençon, tous trois des plus honorables pour nos armes, terminèrent les opérations actives de notre héros, et les épreuves glorieuses et pressées de ses compagnons de bonne et de mauvaise fortune. De Coulmiers à Alençon, l'armée de la Loire avait livré, en un peu plus de deux mois, une demi-douzaine de véritables batailles et près de cinquante combats. Nous ne comptons pas une petite escarmouche du 16 à Soulgé, dans laquelle le général de Curten, avant de rejoindre à Laval, avec sa division, le 16e corps, dont il s'était trouvé si malheureusement séparé depuis huit jours, enleva quelques dragons prussiens, parmi lesquels le lieutenant de Moltke; nous ne ferons également que mentionner un combat qui eut lieu le 18, à Sainte-Melaine, et dans lequel le même général de Curten repoussa l'ennemi, qui perdit une centaine d'hommes, dont un officier supérieur.

Le 17 janvier, conformément aux instructions précises du général en chef, toute l'armée acheva de passer la Mayenne, en coupant les ponts derrière elle, pour occuper ensuite les positions suivantes :

« Le 16e corps à cheval sur la route et le chemin de fer de Laval à Vitré, sa gauche à Changé, son centre à Saint-Berthevin ;

» Le 17e le long de la route de Saint-Ouen, son centre à

Saint-Germain-le-Fouilloux, observant tout le cours de la Mayenne en face de lui jusqu'au pont de Montgiroux ;

» Le 21°, sa gauche à la ville de la Mayenne, sa droite à Contest, se reliant par sa cavalerie avec la gauche du 17° corps ;

» Les convois et les parcs de chacun des corps d'armée bien à l'abri derrière les lignes, et chaque commandant ayant fait toutes les positions au delà de la rivière, de façon à s'établir le plus solidement possible pour faire tête à l'ennemi s'il essayait de nous poursuivre encore.

» Après s'être assuré à Montsars, le 16, à midi, que tout était bien engagé dans les directions voulues et qu'il n'y avait plus rien à craindre pour le moment, le général en chef était venu coucher à Laval pour remédier à l'encombrement de cette ville envahie par les fuyards, étudier les passages de la rivière, préparer la destruction des ponts si cela devenait nécessaire, et reconnaître les positions qu'il fallait occuper pour rallier l'armée et la réorganiser [1]. »

Chanzy venait de sauver ses troupes encore une fois et de conserver à la France sa dernière armée.

Il était temps, car le 16° et le 17° corps se trouvaient réduits au delà de toute expression, et le 21°, auquel les deux autres devaient de ne s'être pas complétement dispersés, avait tellement souffert qu'un de ses régiments n'avait plus que six capitaines debout sur treize. Les historiens allemands confessent que, de leur côté, les vainqueurs étaient rendus. Lorsque le 10° corps, renonçant à poursuivre les Français au delà de la Mayenne, revint au Mans, ses soldats offraient l'aspect le plus bizarre et le plus bigarré qu'on pût imaginer. Leurs uniformes tombant en loques,

[1] Chanzy, p. 368.

ils avaient pris, pour les remplacer, les pantalons bleus de nos mobiles, dont ils arrachaient la bande rouge, et s'étaient chaussés qui de sabots de paysan, qui de jambières de linge, qui de bottes à l'écuyère. Par un froid toujours excessif, beaucoup s'estimaient heureux d'avoir des pantalons de toile. Qu'on juge par là de ce que devait être l'accoutrement des vaincus !

Les cadres des Allemands avaient été singulièrement éprouvés : des régiments qui comptaient 63 officiers au début de la campagne n'en avaient plus que 15 ou 20 ; des compagnies étaient commandées par un *Feldwebel* ou sergent-major ; presque toutes avaient, durant ces terribles « journées du Mans, » changé de chef, souvent jusqu'à deux ou trois fois ; des sergents, des volontaires d'un an, faisaient le service d'officier [1].

Mais la victoire les dédommageait de tout. Selon l'appréciation malheureusement exacte du prince Frédéric-Charles, exposée par Rustow, dans l'état où se trouvaient les choses, « Chanzy ne pouvait songer de longtemps à reprendre l'offensive. » Le nombre des troupes qui lui restaient s'élevait à peine à 70,000 hommes, et il ne pouvait fonder de grandes espérances sur la qualité des renforts qui pouvaient lui être envoyés les semaines suivantes. D'ailleurs il aurait fallu bien du temps pour rendre ces forces capables de reprendre une marche en avant. On peut donc dire que, dans l'hypothèse la plus favorable, Chanzy ne pouvait être sous Paris que dans les premières semaines de mars.

» Le gouvernement de la Défense, à Paris, ne fut pas informé du véritable état de l'armée de l'Ouest. Il apprit par les dépêches de Gambetta que Chanzy avait reculé sur

____

[1] Arthur Chuquet, p. 151.

la Mayenne. Mais il pouvait conclure, par la rédaction de la dépêche, que Chanzy s'était volontairement retiré dans l'intérêt de l'exécution de quelque plan profond de Gambetta. Le gouvernement de Paris ne pouvait attendre; il signa l'armistice le 28 janvier. »

Un homme compétent, écrivain aussi coloré qu'observateur judicieux, le général Ambert [1] a exprimé en quelques pages chaudes et parfaitement justes ce qu'on pourrait appeler la moralité des événements que nous venons de retracer. Désespérant de dire mieux, ni même aussi bien, nous allons reproduire une partie de ses réflexions :

« Chanzy se multiplia, conservant dans les plus grands périls cette attitude calme et ferme qui inspire confiance. Soutenu par le sentiment du devoir, il s'élevait pour ainsi dire au-dessus de lui-même, prévoyant tout, sans trouble, encourageant les généraux par un langage clair et ferme…. Ses ordres du jour sont de véritables modèles; il est sévère, impitoyable pour les faiblesses…. Dans les retraites, il prenait à chaque instant l'offensive, parce que ces retraites, quand nos troupes ne voyaient plus l'ennemi, prenaient le caractère d'une déroute.

» C'est là le propre des armées improvisées. Avec elles, il ne faut pas d'échecs : elles ne savent pas les réparer, pas même les supporter. L'erreur du dictateur fut de demander aux armées de province plus qu'elles ne pouvaient donner. L'erreur fut un peu celle des généraux.

» Les braves jeunes gens appelés à la défense du pays répandaient généreusement leur sang et vivaient misérablement, sans vêtements, sans abris, sans distributions régulières, malpropres, épuisés au moral et au physique;

(1) Ancien député, ancien conseiller d'Etat.

mais la nature a des bornes que nul ne peut dépasser. Ces jeunes hommes souriaient entre deux combats, ils retrouvaient leur ardeur pour courir au feu, ils restaient de longues heures les pieds dans la neige, ils supportaient les tortures de la faim. De leurs corps sanglants ils sillonnaient les chemins, mouraient de la petite vérole qui décimait les rangs; en un mot ils donnaient tout ce qu'ils avaient de forces et de facultés. Leur demander ce que créent le temps, l'éducation militaire, l'expérience; leur demander l'ordre et le silence dans les rangs, le sang-froid sous les obus, la bravoure calme du vrai soldat; exiger d'eux la précision dans les mouvements tactiques, c'était trop. On ne conduit pas la guerre avec des hommes qui n'ont que six mois ou un an de service, quel que soit leur courage (et combien n'avaient que six semaines, ou même moins!). La guerre de 1870-71 en province fait honneur au patriotisme de la nation. La France accomplit des sacrifices dont aucun autre peuple n'eût été capable. Mais ceux qui ont espéré un seul jour que les Allemands seraient chassés par nos armées improvisées ont nourri des illusions....

» Nos armées de province se fondaient comme la neige sous les rayons du soleil. L'habileté d'un général, son caractère énergique, sa science du métier, pouvaient prolonger de quelques jours l'existence des troupes, soutenir des défaillances, inspirer les commandements secondaires; mais l'arrêt qui prononçait notre perte a été certain le jour où disparaissaient les armées permanentes de l'Empire.

» On comprend toutefois les illusions généreuses de quelques patriotes inexpérimentés. Depuis longtemps les historiens de la Révolution française avaient jeté dans les masses les croyances les plus fausses et les plus dange-

reuses. L'opposition, à la tribune et dans la presse, affirmait qu'en frappant du pied le sol de la patrie, on en
ferait jaillir des armées. MM. Gambetta, de Freycinet et
leurs amis le croyaient; les généraux savaient le contraire,
tout en cherchant à sauver le pays.

» Sans doute, les armées ennemies s'affaiblissaient de
leur côté; sans doute, les généraux prussiens éprouvaient
de grandes surprises, et parfois des craintes d'une résistance dont la nation allemande elle-même, je le répète,
n'eût pas été capable; mais le mécanisme de l'armée
prussienne ne cédait pas, les ressorts de la machine
étaient remplacés à mesure; et, pour nous servir d'une
comparaison matérielle, le combustible se renouvelait au
moindre geste du roi Guillaume....

» Les enfants de la France, de pauvres enfants, partis
la veille de leur village, mettaient en fuite les grenadiers
prussiens. Mais, l'effort accompli, ils tombaient épuisés;
les uns mouraient, les autres qui, avec le temps, fussent
devenus invincibles, se dispersaient à tous les horizons....
Pendant ce temps, les Prussiens, réfugiés dans les villes,
reprenaient haleine et frappaient de nouveaux coups avec
de nouvelles armes. Ces souvenirs seront la gloire du général Chanzy et de ses lieutenants.... »

Telle fut la principale cause de nos revers durant la
deuxième période de la guerre allemande, et ce que le
général Ambert dit, avec tant d'autorité, des simples soldats et des armées de province, nous paraît s'appliquer
également au corps d'officiers et à toute la garde nationale
organisée en armée de Paris par le général Trochu.

« Le 26 janvier 1871, parut un décret de la Délégation,
qui reprochait à l'officier de n'être pas l'ami et le tuteur
de ses soldats; de n'avoir avec eux que peu de contact, de
loger en ville pendant qu'ils vivaient au camp et sous la

tente. Ce décret arriva trop tard, mais, fût-il arrivé plus tôt, il n'eût pas rendu à nos officiers l'ascendant qui leur faisait défaut. Eux aussi étaient des novices pour la plupart, sinon comme soldats, du moins comme officiers. Dès son arrivée d'Afrique, avec Chanzy, au commencement de novembre 1871, le général de Sonis remarque qu'il a sous ses ordres « des chefs qui connaissent bien peu leur affaire, des officiers qui ne savent pas commander les manœuvres, et des soldats qui ne savent pas les exécuter. »

Ajoutons à ces désavantages la supériorité, alors incontestable, de l'artillerie allemande. Elle aurait pu être compensée par celle, incontestable aussi, du chassepot sur le fusil à aiguille. Mais la fatalité avait voulu que la plus grande partie de nos chassepots eussent été pris à Metz, à Strasbourg, à Sedan, et quel que fût le zèle déployé sous la Défense nationale, on ne parvint jamais à en faire plus de 15,000 par jour. On reprit les anciens fusils à percussion, qui n'inspiraient plus aucune confiance ; on se rejeta sur les fusils de modèles étrangers : Gallagher, Peabody, Sharp, Spencer, Berdœn, Winchester, Joslyn, Liedener, Warner, Remington, Snider, Enfield, Springfield (1). La confusion s'augmenta, mais non la confiance. Une compagnie ne savait pas se servir de l'arme d'une autre, ou manquait de munitions pour son arme alors que la compagnie voisine en possédait en surabondance pour la sienne.

Bref, ce qui a fait défaut en premier lieu aux armées de la Défense nationale peut se résumer en un seul mot : le temps.

(1) Tous ces modèles étaient représentés dans les chargements achetés en Amérique par Gambetta. Les moins nombreux étaient les Gallagher et les Warner, représentés chacun par 2,500 échantillons ; les plus nombreux, les Remington : 73,724 ; mais le Remington lui-même se subdivisait en trois espèces : Remington-Springfield, Remington *espagnol* et Remington *égyptien*. (*Le camp de Conlie et l'armée de Bretagne*, par Arthur DE LA BORDERIE, p. 350.)

Il est bien étrange que la leçon ait été si vite oubliée, et que, une quinzaine d'années après, il se soit trouvé des législateurs pour vouloir réduire à trois et même à deux ans la durée du service militaire en France. Si le but de cette belle conception est de diminuer les charges et les servitudes de la nation, il serait bien plus simple de supprimer l'armée, de raser toutes nos places fortes et de ne conserver qu'un corps de volontaires pour la gendarmerie. Mais nous ne voulons pas entrer ici dans la politique courante ; nul, d'ailleurs, n'ignore que les promoteurs du service universel et court ne se préoccupent qu'en apparence de l'allégement des charges publiques et visent un autre résultat.

Un deuxième malheur, en 1870 et 1871, fut la continuelle ingérence, que nous avons signalée déjà souvent, d'un ministre civil et de son conseil d'avocats et d'ingénieurs, dans la direction des armées.

Que faisaient donc à Paris le ministre de la guerre et celui des affaires étrangères, et tout ce gouvernement bloqué, et comment le général Trochu, un vieux militaire, put-il consentir à déléguer ses pouvoirs en province à un jeune homme qui n'avait jamais commandé un peloton, ni même appris l'exercice comme soldat ?

S'il faut deux ans pour faire un sous-officier, suppose-t-on qu'il soit possible de faire en vingt-quatre heures un ministre de la guerre ?

A vrai dire, l'ignorance fut une des sources du courage du délégué qui s'improvisa si vite dictateur. Sans ignorance, il eût manqué d'audace, manqué surtout de persévérance.

Mais les désastres inévitables eussent été moins fréquents, les chutes moins profondes, la rançon finale moins lourde.

Le général d'Aurelle de Paladines est pour lui d'une grande sévérité, mêlée d'un peu d'aigreur bien naturelle :

« Tous les jours, dit-il, les commandants de corps d'armée recevaient directement du délégué de la guerre leurs instructions, avec recommandation expresse d'attendre, chaque fois, de nouveaux ordres.

» Une situation semblable a-t-elle jamais été faite à des commandants de corps d'armée?

» Cette succession de mouvements tantôt en avant, tantôt en arrière, ces temps d'arrêt automatiques exécutés par ordre du télégraphe et donnés loin du théâtre des événements, est-ce là la guerre savante, comme on avait la prétention de le faire croire? N'est-ce pas annihiler cette liberté d'action, cette initiative, ces inspirations que doit avoir le commandement sur le champ de bataille?

» Il fallait certainement des généraux bien dociles, bien résignés, bien pénétrés de leur devoir, pour accepter des commandements en de telles conditions. L'amour du pays donnait le courage de supporter les blessures de l'amour-propre ; on ne demandait qu'à verser son sang pour venger les humiliations de la France, et ce n'est pas celui qui toute sa vie a soutenu les principes de la hiérarchie militaire et de la subordination qui pourrait blâmer les généraux d'avoir obéi au ministre de la guerre (1). »

D'Aurelle, de la Motterouge, Martin des Pallières, Cambriels et quelques autres se lassèrent de cette obéissance humiliante et stérile. Chanzy la supporta mieux ; nous avons vu que, facile lui-même aux généreuses illusions, il se montra d'une déférence, d'une docilité qui étonne. En compensation, Gambetta lui laissait beaucoup

____

(1) D'AURELLE DE PALADINES, *La première armée de la Loire*, p. 223.

plus de latitude et lui témoignait plus de confiance qu'aux autres. Mais on aurait tort de croire que Chanzy approuvât toujours en lui-même ce qu'il acceptait sans discuter. Son patriotisme n'en était que plus admirable.

Un peu plus tard, lorsqu'il parut devant la commission d'enquête parlementaire, il s'en expliqua librement, et l'on vit bien que son opinion ne différait point de celle des autres généraux.

Sa déposition eut lieu le 29 juillet 1871. Elle est du plus vif intérêt; voici comment il apprécie le rôle militaire du gouvernement de la Défense nationale :

« Cette grande œuvre des opérations a été mal dirigée, les combinaisons se sont trouvées le plus souvent mauvaises; mais je ne puis trop en accuser ceux qui en ont eu la responsabilité.... S'ils ont fait mal, c'est qu'ils n'étaient pas du métier.... La délégation de Tours, c'étaient MM. Crémieux et Glais-Bizoin, des hommes qui, évidemment, ne connaissaient rien de ce qu'il fallait savoir.

» On a envoyé de Paris en province, muni de pleins pouvoirs, un homme que je ne connais que pour l'avoir vu deux fois dans ma vie (à Josnes et à Laval), M. Gambetta.

»…. Les armées ont été mal dirigées, les efforts mal combinés, désunis au lieu d'être simultanés. Nous avions des forces dans le Nord avec Faidherbe, d'autres dans l'Est avec des généraux changés trop souvent pour que je me rappelle leurs noms, une armée sur chacune des rives de la Loire. Il est évident que tous ces corps manœuvraient isolément, sans plan d'ensemble, pouvant être successivement attaqués par l'armée prussienne placée au milieu d'eux, et ne se prêtant aucun appui; pouvaient-ils ainsi lutter avec avantage contre une armée solide et bien groupée? Nos efforts ont été constamment décousus; nous

nous sommes présentés successivement à l'ennemi et nous avons été battus....

» Je ne veux pas prétendre que les armées improvisées soient de bonnes armées : je suis, au contraire, de ceux qui, dans la question de notre réorganisation militaire, veulent créer une armée sérieuse, un outillage complet, existant à l'avance, parce que, selon moi, c'est à cette condition seulement que la France se relèvera.... »

A une question posée par un membre du conseil d'enquête à Chanzy, d'Aurelle de Paladines, prenant les devants, s'écria :

« Oui, nous avons eu des plans proposés par des gens qui n'y entendaient rien. Ils imposaient telle chose, devant être exécutée tel jour, à heure fixe, sans tenir compte ni des changements survenus, ni des marches, ni des intempéries ; à l'heure dite, la chose devait être exécutée. Voilà précisément le malheur ! Nous avions affaire à des gens qui n'avaient aucune idée de la stratégie. Ainsi, par exemple, M. de Freycinet. Je dois dire que M. Gambetta se rendait plus facilement aux raisons qu'on lui opposait ; mais quant à M. de Freycinet, c'était un homme absolu, qui imposait sa volonté. »

A cette sortie virulente de son ancien chef, Chanzy, bien loin de protester, ajouta la confirmation suivante :

« Tout cela revient à ce que je disais : Pourquoi le gouvernement de Paris nous avait-il envoyé un civil comme ministre de la guerre? Je reconnais que Gambetta a déployé beaucoup de qualités; mais quant à la direction générale de la guerre, c'est autre chose.... Il avait à côté de lui des gens qui voulaient à tout prix s'occuper de la direction militaire et imposer leurs plans. A leur tête était M. de Freycinet ; peut-être avait-il rêvé qu'il était un Carnot ; je n'en sais rien ; toujours est-il qu'il faisait des plans, les imposait, et n'acceptait pas ceux qu'on lui proposait.

« Les plans de campagne n'ont donc pas été discutés ; ils ont été imposés. »

Ainsi, le général Chanzy est complètement d'accord avec ses collègues, les hommes du métier, pour se plaindre de MM. Gambetta, de Freycinet, de Serres, et de leur complète ignorance des choses qu'ils prétendaient diriger seuls et sans contrôle. Ils ont pu être de chauds patriotes, de grands orateurs, des ingénieurs de mérite : ils n'entendaient rien à la stratégie.

Leur faute ne consista pas précisément à ignorer ce qu'ils n'étaient pas obligés de savoir, ce qu'ils n'avaient jamais appris ; elle consista, étant ignorants, à agir comme s'ils avaient su, à imposer silence à ceux qui savaient. Ils furent présomptueux, outrecuidants, ils manquèrent de modestie ; or, la modestie est le cachet des esprits supérieurs. Gambetta et ses conseillers se conduisirent en ambitieux vulgaires, et c'est la France qui paya les frais.

Et pourtant leur rôle était assez vaste et assez beau, même à l'égard de l'armée, sans sortir de leurs attributions.

Il y avait quelque chose de mieux à faire, pour un ministre civil de la Défense nationale, que de diriger la guerre. Il y avait à sonner le tocsin, à appeler aux armes, — et il faut avouer que Gambetta s'en est admirablement acquitté ; — il y avait à trouver de l'argent ; il y avait à pourvoir aux besoins des soldats, à leur fournir des armes en bon état, à acheter des vêtements, des chaussures solides, à contrôler les fournitures, à veiller à ce que, combattant dans leur propre pays, ces vaillants jeunes gens ne fussent jamais exposés à manquer du nécessaire et à mourir de faim et de froid. N'était-ce pas là une tâche assez difficile pour que le personnel du ministère y trouvât un sérieux emploi? N'était-ce pas là aussi une œuvre solide et méritoire (1)?

Après ces deux causes de nos revers persistants, il ne faut pas oublier la troisième, que nous avons déplorée aussi déjà en passant. Gambetta eut le malheur d'être à la fois ministre de la guerre et ministre de l'intérieur, et les préoccupations politiques prirent fréquemment le pas sur celle qui aurait dû dominer toutes les autres : il fit passer le salut de la République avant le salut de la France.

Il s'aperçut de sa faute lorsque le général Chanzy la lui eut fait remarquer avec une certaine fermeté ; nous verrons bientôt qu'à Laval il eut un instant la velléité de la réparer ; mais il était trop tard : les forces vives réunies au camp de Conlie avaient été annihilées, gaspillées, et la bataille du Mans était irrévocablement perdue. En outre, cette velléité de sagesse dura peu.

Le comte Rampon, membre de l'Assemblée nationale comme le général Chanzy, et comme lui républicain modéré et siégeant au centre gauche, ayant dit, dans son rapport sur les opérations de la Commission d'armement, que « le retard apporté à l'armement des mobilisés de Bretagne avait pu contribuer à la désastreuse issue de la bataille du Mans, » Chanzy lui écrivit, le 6 juin 1872 :

« Mon cher collègue, vous avez parfaitement raison dans votre appréciation de l'influence que les retards apportés à l'armement des mobilisés de Conlie ont eue, non seulement sur l'issue de la bataille du Mans, mais encore sur toutes les opérations de la deuxième armée de la Loire, à laquelle on annonçait toujours une réserve

____

(1) D. Mallet, *La bataille du Mans*, p. 278.

qui n'a, par le fait, jamais existé à Conlie. Vous pouvez parfaitement maintenir la phrase dont vous voulez bien me donner le texte (1). »

Malgré ces accablants témoignages et malgré les années écoulées, il se trouve encore des Français qui, mus par leurs sympathies politiques personnelles ou par l'admiration que l'audace impose toujours, restent déterminés à tout excuser chez Gambetta en faveur de son patriotisme. Nous les invitons à lire les souvenirs qu'a publiés, sous le titre de *Dictature de cinq mois*, un des membres du gouvernement de la Défense nationale, une des personnes de cette Trinité singulière et parfois grotesque de Tours, la plus naïve des trois, au demeurant, et par cela même la plus sincère, M. Crémieux.

La concorde ne régnait pas toujours dans ce petit Olympe, d'où partaient les foudres qui, lancées sur l'Allemagne, éclataient si souvent dans les rangs français et éclaboussaient nos meilleurs généraux. Glais-Bizoin, qui n'en était plus aux illusions de la jeunesse, avait des doutes sur le génie de Gambetta.

« Un jour, raconte-t-il à propos de l'expédition des 18e et 20e corps (à la fin de novembre 1870), il me dit, en parlant des généraux et des ordres qu'il leur donnait, un mot qui m'effraya : « Eh ! laissez-moi, je sais ce que je fais, cela va bien : je les fais marcher comme des pions sur un damier. »

Inquiet des suites d'une telle suffisance, qui n'avait pour appui, en réalité, que l'insuffisance de l'instruction militaire du dictateur, Glais-Bizoin parla de consulter le général en chef d'Aurelle de Paladines, et d'aller le trouver dans son camp devant Orléans.

<hr>

(1) Pièces annexées au rapport de M. Rampon, p. 113.

« Si vous y allez, je vous ferai arrêter ! » s'écria Gambetta.

Glais-Bizoin ne se laissa pas intimider par cette sortie dantonesque ; il répondit bravement :

« Votre menace suffirait pour me déterminer. Vous n'êtes ici qu'un ministre, membre du gouvernement, je ne vous crains pas.

» Du reste, je ne pris pas sa menace plus au sérieux qu'il ne faisait lui-même ; je le savais incapable d'une mauvaise action.

» Il se calma et reprit :

« Eh bien, donnez-moi votre parole que vous n'irez pas voir le général.

» — Je vous la donne, lui dis-je en riant, mais avec la résolution de ne la pas tenir.

» En le quittant, j'allai trouver Crémieux et lui racontai ce qui venait de se passer. « Ah ! il vous a menacé, dit Crémieux, eh bien, j'irai avec vous. » Puis, désireux d'atténuer le déplaisir que cette démarche pourrait causer à Gambetta, il ajouta : « J'ai un bon prétexte pour vous accompagner ; je porterai à l'armée les vêtements provenant des dons et quêtes faits par les dames de Tours. — Soit, dis-je à mon collègue, faites comme il vous plaira. »

Ce dialogue n'est-il pas une véritable scène de comédie ? Ne dirait-on pas deux écoliers en escapade, désireux à la fois et tremblants de fâcher le maître ?

Ils se rendirent donc à l'armée, en dépit de la défense faite si crânement, s'entretinrent avec d'Aurelle, et comprirent sans peine l'imprudence qu'il y avait à disperser nos troupes sur un espace de vingt lieues, en présence de Frédéric-Charles, qui arrivait de Metz avec une armée compacte et victorieuse. Mais qu'y faire ? Le général en chef, en vieux militaire habitué à respecter la hiérarchie, répondait invariablement à toutes leurs suggestions ayant pour but de le faire désobéir et changer les plans : Parlez-en au ministre de la guerre; je ne puis rien contre ses ordres; parlez-en au ministre de la guerre !

Ils revinrent à Tours, et Crémieux courut chez Gambetta, pour lui raconter la conversation avec d'Aurelle et le supplier d'en tenir compte.

« Ah ! vous êtes allés voir d'Aurelle, s'écria Gambetta, vous êtes allés mettre une carte dans son jeu ; puis, s'il est battu, sa défaite retombera sur moi ! »

Crémieux insista ; on se donna rendez-vous pour le lendemain à l'archevêché, siège de la Délégation.

Mais à peine les triumvirs étaient-ils réunis que Gambetta, bien loin de s'abaisser à examiner à nouveau son plan de campagne, jeta son portefeuille sur la table en disant : « Voilà ma démission de ministre de la guerre; tout le personnel se retire avec moi. »

« Et alors, ajoute M. Glais-Bizoin, eut lieu une tempête de paroles que la plume ne saurait rendre.... Crémieux, avec des larmes dans la voix, se jeta au cou de Gambetta, le pria de revenir sur sa décision. Il m'exhorta ensuite avec la même chaleur à maintenir la concorde entre nous. Comme je tenais pour doublement fatale cette imposition des volontés d'un ministre de la guerre à des généraux devant l'ennemi et la dispersion de notre armée, je fus inébranlable. »

Il fut inébranlable.... jusqu'à ce qu'on fût allé aux voix, ce qui était l'unique moyen d'en finir.

Gambetta, grâce à son propre suffrage additionné avec celui de Crémieux, obtint la majorité; en d'autres termes, les volontés de ses deux collègues se neutralisant l'une l'autre, il ne tint compte que de la sienne et agit comme s'il eût été tout seul.

Et le vainqueur de Coulmiers, le brave et malheureux d'Aurelle, exécuta un plan qui lui paraissait absurde ; après quoi, vaincu à Beaune-la-Rolande et à Loigny, il fut révoqué et publiquement blâmé par celui-là même qui lui avait imposé ce plan funeste.

« Depuis ce jour, conclut le narrateur, je trouvai notre ministre de la guerre de plus en plus caché et absolu dans ses projets guerriers. »

Le jeune dieu descendu du ciel.... en ballon, pour sauver la patrie, avait fini par croire lui-même à son génie de tacticien, surtout lorsqu'il avait l'approbation de M. de Freycinet.

Et il l'avait toujours.

CHAPITRE XII

A LAVAL ET A POITIERS. — L'ARMISTICE. — CHANZY

A BORDEAUX. — LA PAIX

La Mayenne, par sa largeur et sa profondeur, surtout en hiver, forme une ligne de défense sérieuse, que Chanzy, avant tout, s'empressa de reconnaître et de mettre à couvert des surprises de l'ennemi, sur un espace de trente kilomètres, de Laval à Mayenne.

« Il faut bien en faire l'aveu, dit-il, — et nous reproduirons ici ses propres expressions, afin d'éviter d'en employer de plus sévères, — la population de Laval ne fit pas preuve d'un grand enthousiasme. A peine le général en chef avait-il mis pied à terre, que le conseil municipal vint lui demander qu'on ne fît pas sauter les ponts et qu'on n'exposât pas la ville aux conséquences d'une défense. Il rassura, autant qu'il était en lui, les notables, leur certifiant de sa volonté de ne faire sauter les ponts qu'à la dernière extrémité, et d'éviter, autant que possible, toute action de guerre dont la ville aurait directement à souffrir ; mais il leur rappela les nécessités de la situation qui obligeaient à mettre le salut de la patrie au-dessus des intérêts particuliers [1]. »

(1) CHANZY, *La deuxième armée de la Loire*, p. 377.

Les précautions de sécurité ne faisaient pas négliger les soins de la réorganisation. Les vivres et les munitions furent, dès les premiers jours, complétés dans tous les campements, le matériel réparé, les services de l'intendance reconstitués ; les fuyards, signalés aux autorités des départements voisins, furent recherchés dans toutes les directions et ramenés à leurs corps par la gendarmerie.

Gambetta arrivait à Laval le 19 janvier. Chanzy lui représenta que toute préoccupation politique devait s'effacer devant les déplorables extrémités auxquelles se trouvait réduite la France. « Il est nécessaire, ajouta-t-il, que tous, généraux, officiers et soldats, sachent enfin qu'ils ne combattent pas pour un parti que bon nombre d'entre eux détestent, mais pour le salut de la patrie, et je vous supplie de le leur affirmer. » Le dictateur y consentit. Il réunit dans le salon de la préfecture tous les officiers supérieurs de l'armée, leur parla « avec beaucoup de force et d'éloquence » le langage « du plus pur patriotisme, » les conjura d'oublier et République, et Empire, et Royauté, questions qui malheureusement pouvaient nous diviser, pour ne songer qu'à la France, la mère commune, la mère infortunée dont l'amour nous unissait tous, et termina en annonçant lui-même qu'il confiait aux plus grands noms de la Bretagne et de la Vendée, quelles que fussent leurs opinions, le commandement des forces destinées à interdire à l'ennemi l'accès de leur pays.

Sur la proposition de Chanzy, les colonels Charette et Cathelineau furent nommés généraux à titre auxiliaire, ainsi que le colonel Lipowski.

Chanzy ne voulait voir aucune arrière-pensée dans les déclarations de Gambetta ; aussi lui proposa-t-il de mettre toutes les forces de la Bretagne sous le commandement du plus illustre des chefs bretons, de celui qui avait montré récemment, tant en Italie qu'en France, le plus de talents militaires, de celui, enfin, dont la popularité était la plus étendue : M. de Charette.

Gambetta s'embarqua le 20 janvier, à Saint-Malo, pour Calais, Arras et Lille, sans avoir répondu formellement ni oui ni non. Chanzy insista le 22, par un télégramme adressé à Bordeaux.

« Je désirerais connaître votre décision au sujet de la proposition que je vous ai faite de confier au général de Charette la réorganisation sérieuse des mobilisés de Bretagne et la défense du pays. »

Gambetta étant à Lille, M. de Freycinet le consulta le lendemain sur la réponse à faire.

« Le général Chanzy insiste de nouveau vivement pour que le commandement de tous les mobilisés bretons soit confié au général de Charette. Je vous ai fait connaître que cette mesure ayant un côté politique, j'étais dans l'impossibilité absolue de prendre aucune décision. Veuillez me donner vos instructions pour cette affaire, à laquelle le général Chanzy attache une grande importance. Il dit que ce sera le seul moyen pour lui de reprendre l'offensive sans compromettre la Bretagne. »

Forcé de se prononcer, le dictateur répondit non ; il télégraphia à Chanzy, le 23, qu'il « fallait éviter de donner à Charette une sorte de suprématie politique. »

Il ne s'agissait cependant pas de suprématie politique, mais simplement militaire. Gambetta, incapable lui-même de subordonner les intérêts de son parti à ceux de sa patrie, ne supposait pas possible chez autrui une abnégation qu'il ne trouvait pas dans son propre cœur. Le dialogue entre lui et le général en chef est extrêmement simple : « Le seul moyen de sauver la Bretagne est de confier ses forces militaires à M. de Charette, déclare Chanzy. — Impossible, répond Gambetta, cela pourrait gêner ma politique. » La conclusion du dialogue pourrait être résumée ainsi : « Périsse la Bretagne, et la France avec elle, plutôt que la République! » Et cela quatre jours après la déclaration de Laval, de ne pas mêler aux questions de défense nationale les questions de parti.

Chanzy chercha alors une autre combinaison. Il envoya à Bordeaux, le 24 janvier, la dépêche confidentielle suivante :

« Toujours préoccupé du danger que pourraient courir la Bretagne et la Loire-Inférieure si je quittais mes positions actuelles, et sentant, néanmoins, qu'il me faut être libre pour reprendre les opérations et poursuivre un résultat, je vous propose un parti dans lequel j'ai cherché à tout concilier; le voici : Donner au général de Colomb la mission de défendre la Bretagne, de couvrir Rennes et Nantes; lui laisser, à cet effet, deux de ses divisions comme base de son armée; grouper sous ses ordres les forces de Bretagne sous trois ou quatre chefs, dont Charette et Cathelineau, ayant chacun de 10 à 15,000 hommes et une zone de pays à protéger; renforcer le 16ᵉ corps, très réduit par le feu et les maladies, en lui ajoutant une division prise au 17ᵉ.

» Concentrer immédiatement les forces de Bretagne sur les positions à prendre pour la défense, et me porter avec les 16ᵉ, 19ᵉ et 21ᵉ corps, formant l'armée active, en avant de Caen, me reliant par ma gauche jusqu'à la Seine, et, au besoin, au 10ᵉ corps, et être ainsi prêt à me porter sur Paris, dès que Faidherbe pourra reprendre l'offensive. »

Ce projet fut enfin agréé. Charette, Cathelineau, Lipowski et Berranger reçurent chacun de 12 à 15,000 mobilisés bretons, qu'ils réunirent à leurs volontaires, et le général de Colomb prit le commandement supérieur de la nouvelle *armée de Bretagne*.

Dès lors, Chanzy retrouvait sa liberté d'action. Tandis que l'armée de Bretagne couvrirait l'Ouest, il comptait se porter de nouveau en avant, à la tête de 130,000 hommes. Le 29, l'armée de la Loire, qu'on avait crue détruite, était prête à marcher lorsque arriva, dans l'après-midi, un télégramme de Gambetta, qui en communiquait un autre du ministre des Affaires étrangères à la Délégation de Bordeaux :

« Versailles, 28 janvier, 1 h. 15 soir.

» Nous signons aujourd'hui un traité avec M. le comte de Bismarck. Un armistice de vingt et un jours est convenu. Une Assemblée est convoquée à Bordeaux pour le 15 février. Faites connaître cette nouvelle à toute la France. Faites exécuter l'armistice et convoquez les électeurs pour le 8 février. Un membre du gouvernement va partir pour Bordeaux. Jules FAVRE. »

Les hostilités furent aussitôt suspendues sur tout le territoire, excepté pour la malheureuse armée de l'Est, qui était en pleine retraite, et qui, n'étant pas comprise dans l'armistice, dut se jeter en Suisse, où elle fut internée.

La ligne de démarcation ne fut pas fixée sans difficulté le long de la Mayenne et en Normandie. Le prince Frédéric-Charles eut la courtoisie d'envoyer à Chanzy le texte de l'armistice ; mais le grand-duc de Mecklembourg, qui prétendait avoir un commandement à part, se montra peu conciliant. Les points en litige finirent par s'aplanir dans une conférence tenue au château de Marolles entre deux officiers prussiens, le colonel d'artillerie Wiebe et le capitaine d'état-major de Heister, et deux officiers français : M. Senault, chef d'escadron d'état-major, et M. Robert Le

Fort, qui n'était autre que le duc de Chartres, également chef d'escadron d'état-major, mais au titre auxiliaire.

Ces plénipotentiaires obtinrent que les villes d'Argentan et de Lisieux restassent en dehors de la ligne occupée par les Prussiens, mais ils furent obligés de leur abandonner Honfleur.

Tout en faisant exécuter complètement et loyalement l'armistice, le général en chef devait à son pays et à l'armée d'affirmer hautement devant l'ennemi leur inébranlable patriotisme. C'est ce qu'il fit dans un ordre général du 31 janvier :

« Officiers et soldats de la deuxième armée !

» Un nouveau coup nous frappe, mais ne doit ni ne peut nous abattre. Après une lutte héroïque qui a duré près de cinq mois, après des souffrances et des privations noblement supportées, alors que toute ressource était épuisée à Paris, le gouvernement de la Défense nationale a dû conclure avec l'ennemi, à Versailles, le 28 janvier, une convention dont la conséquence est un armistice de vingt et un jours, expirant le 19 février.

» Quelque pénible que soit pour vous la situation que crée cette mesure, alors que confiants en votre bon droit, animés par votre patriotisme, vous alliez tenter de nouveaux efforts, la parole du Gouvernement engagée doit être loyalement respectée ; les hostilités sont suspendues.

» Une Assemblée est convoquée ; elle saura affirmer que la France entend que son honneur reste intact, comme son territoire.

» Le devoir pour vous est de mettre ce repos forcé à profit pour vous préparer à reprendre la lutte, si des prétentions orgueilleuses rendent une paix honorable impossible. Sans autre idée que de sauver la patrie, vous resterez l'armée de l'ordre et de la défense nationale, prête à tous les sacrifices, animée d'un seul désir, celui de combattre à outrance jusqu'au triomphe, d'un seul sentiment, celui de la vengeance, si le but de l'Allemagne est de nous opprimer, de nous réduire et de nous humilier.

» Au grand quartier général de Laval, le 31 janvier 1871. *Signé* CHANZY. »

Cette proclamation si intrépide et si élevée le faisait pressentir : lorsque Chanzy sut à quelles conditions la paix était offerte, lorsqu'il apprit que la France serait démembrée et que ses deux principales forteresses resteraient à l'ennemi, il fut comme frappé au cœur, et déclara sans hésitation que, pour sa part, il n'accepterait jamais une paix semblable. Il se hâta donc de mettre le temps à profit en vue de la reprise de la lutte, bien que, dès ce moment, tout indiquât, en Allemagne aussi bien qu'en France, un grand désir de ne pas la reprendre. L'instruction des troupes fut poussée activement, et les travaux de défense achevés et perfectionnés. Toutefois, des dispositions furent prises pour que l'armée participât à l'élection des membres de l'Assemblée, conformément aux ordres du gouvernement.

Jusque dans cette suprême extrémité, Chanzy eut encore la tristesse de se voir entravé dans ses préparatifs militaires par la politique. Au milieu du mois de février, le nouveau général en chef de l'armée de Bretagne réclamait encore des armes qui n'arrivaient pas ; lui-même attendait les pouvoirs nécessaires pour dompter les résistances et les indocilités nées de l'esprit de parti. Les officiers de six bataillons, désignés pour faire partie du corps de Cathelineau, refusaient de « servir sous un chef dont leurs idées politiques les éloignaient. » Ils envoyaient à Bordeaux des délégués pour justifier leur désobéissance, et Gambetta parlementait avec eux !

Le préfet de Maine-et-Loire, un certain M. Engelhard, le même qui avait confisqué les pigeons que Trochu envoya à Chanzy au Mans pour recevoir directement des nouvelles de lui, se prévalait de son intimité avec Gambetta pour interdire l'entrée de son département à Cathelineau et à son corps d'armée. Voici sa dépêche :

« Angers, 20 janvier 1871, 12 h. 5.

« *Sous-préfet à Gambetta, Laval. — Extrême urgence.*

« Une dépêche du sous-préfet de Segré m'apprend que Cathelineau y est arrivé, venant de Château-Gontier, et qu'il est chargé d'organiser la défense générale de l'Anjou. Cette nouvelle doit être fausse. Il est impossible que le Gouvernement donne un commandement à Cathelineau à Angers, où l'*Union de l'Ouest* a été suspendue, et où le préfet comparaît aujourd'hui même en police correctionnelle, assigné par M. de Cumont. Ce serait la guerre civile. La municipalité d'Angers, et même celle de Nantes, donnerait sa démission. Je vous prie de me donner des explications sur la prétendue mission de Cathelineau. »

Ainsi, parce qu'un préfet batailleur avait commis une illégalité et s'était mis dans le cas de paraître en police correctionnelle, il fallait, en présence de l'ennemi, qui nous guettait et se réjouissait de nos divisions intestines, déplacer un corps de troupes et modifier les plans de défense. Et si l'on n'obéissait pas à ses injonctions, ce préfet menaçait de la guerre civile !

Tout autre que Gambetta eût révoqué ce subordonné. Il ne le frappa même pas d'un blâme. Cette impunité parut un encouragement. Dix jours plus tard, Cathelineau ayant reçu les nouvelles troupes placées sous ses ordres,

voulut les mettre sur les positions indiquées par le général
en chef. M. Engelhard protesta de nouveau « contre la
présence de ces troupes pendant la période électorale. »
Gambetta n'ayant pas répondu, il insista :

« Angers, 2 février, 9 h. 50 matin.

» *Préfet à Intérieur, Bordeaux ; à Gambetta*
(personnelle).

» J'apprends que, malgré mes protestations, le colonel
Cathelineau a envoyé 2,500 hommes au Lion-d'Angers et
aux communes environnantes pour y prendre cantonnement. Je demande que la brigade Cathelineau retourne
dans la Mayenne. Il est impossible de donner à MM. de
Falloux et de Cumont une armée cléricale au moment des
élections. J'attends des ordres en ce sens, et d'urgence. »

Son vœu fut exaucé. La question électorale ou, pour
employer l'expression de ces singuliers patriotes, la question cléricale, primant celle de la défense nationale et de
l'intégrité du territoire, ce même jour, 2 février, un télégramme de Gambetta enjoignit à Chanzy de faire rentrer
Cathelineau et ses troupes dans le département de la
Mayenne. Le général en chef protesta ; sa dépêche, très
calme, se termine par un sage conseil :

« Laval, 2 février, 6 h. 45.

» *Général Chanzy à Guerre, Bordeaux.*

» Je ne m'explique pas les nouveaux ordres donnés au
général Cathelineau, alors qu'il était entendu qu'il était
chargé de la défense de la Mayenne, en aval de Château-
Gontier, et du département de Maine-et-Loire. J'insiste
donc pour que, à moins de motifs que j'ignore, mes premières instructions puissent s'exécuter. Il n'y aura pas de
conflit si les autorités locales, au lieu de créer des diffi-

cultés, prêtent, ainsi qu'elles doivent le faire, leur concours à M. de Cathelineau. »

La Délégation de Bordeaux ne se le tint point pour dit; elle répliqua par la plume de M. de Freycinet, et ce sera, sur cette étrange affaire, notre dernière citation :

« Bordeaux, 3 février 1871, 10 h. 45 matin.

» *Guerre à général Chanzy. — Urgence.*

» Les ordres que vous avez reçus hier, concernant M. de Cathelineau, vous ont été passés de la part de M. Gambetta, qui, pour des raisons politiques que je n'ai pas à discuter, a jugé préférable que, provisoirement, le corps Cathelineau fût cantonné dans le département de la Mayenne. Veuillez donc vous y conformer, à moins que vous n'obteniez de M. Gambetta lui-même le changement desdits ordres.

» *Le délégué*, C. DE FREYCINET [1]. »

Tous ces tiraillements, connus des populations, n'eurent d'autre résultat que de grossir la majorité, inévitable du reste, et prévue de tous (excepté du préfet Engelhard), que le département de Maine-et-Loire allait donner et donne toujours aux adversaires du parti républicain. C'était donc une maladresse gratuite et un mauvais vernis jeté sans utilité sur le patriotisme de ce parti. Chanzy ne s'en préoccupait qu'au point de vue de la guerre. Il était navré de trouver incorrigible le dictateur, dont les qualités brillantes lui inspiraient une naturelle sympathie. Il s'en est expliqué d'ailleurs, presque dans les mêmes termes que d'Aurelle de Paladines : « Lorsque, à Laval, j'exposai mes plans à Gambetta, je le rencontrais

(1) *Le camp de Conlie et l'armée de Bretagne*, rapport à l'Assemblée nationale, par Arthur DE LA BORDERIE, p. 229 et 258.

disposé à faire ce que je lui proposais ; mais dès qu'il se trouvait dans un autre milieu, les considérations que faisaient valoir ses stratégistes reprenaient le dessus [1]. »

Pour le moment, nul n'étant encore en droit de préjuger quels allaient être les sentiments de la France consultée, le devoir de Chanzy, chef de la plus solide, ou, pour parler plus exactement, de la dernière armée française, était de la tenir prête et mobile pour toutes les occurrences. Sous l'empire de cette idée, il adressa au ministre de la guerre un plan de campagne, en vue de la reprise des hostilités. Il y expliquait dans quelles positions il lui semblait désirable que chaque corps d'armée se trouvât au moment de cette reprise, si elle avait lieu ; mais il recommandait surtout de donner à la guerre un caractère nouveau :

« Il ne faut pas se le dissimuler, disait-il, les troupes dont nous disposons n'ont encore ni une cohésion suffisante ni une assez grande habitude de la vie militaire pour constituer des armées pouvant manœuvrer et lutter avec constance contre celles que l'ennemi va pouvoir leur opposer en nombre au moins égal. Il faut donc éviter les engagements qui peuvent être décisifs. Le but à atteindre est d'affirmer l'idée de la résistance et de la produire sur tous les points à la fois, de façon à forcer l'ennemi à se disperser, d'obliger l'Allemagne à entretenir en France au moins 500,000 hommes, de lui imposer des sacrifices qui finiront par la lasser, et d'atteindre ainsi le moment où, solidement organisés, nous pourrons, par un suprême effort, entreprendre, dans de bonnes conditions, de refouler l'ennemi de notre territoire.

« Ce que les Allemands redoutent le plus, c'est la guerre

____

[1] Discours du 15 juin 1871.

de détail, la défense du sol pied à pied, la résistance derrière tous les obstacles. C'est ce qu'il faut obtenir du véritable patriotisme de nos populations. Les armées, les corps formés, ne devront être que des points d'appui, des moyens aménagés pour profiter habilement des fautes de l'ennemi, de ses échecs et de sa dispersion. Il faut donc organiser partout la défense locale, en faisant appel à tous les gens de cœur, en les groupant autour de personnalités influentes dans leur propre pays, en habituant la nation à l'idée des sacrifices qu'elle doit faire. Il faut qu'après avoir disputé le terrain pied à pied on le cède à l'ennemi en faisant le vide autour de lui, en le privant de toute ressource....

» En résumé, organiser partout la défense locale, forcer l'ennemi à se disperser, mettre l'Allemagne dans la nécessité de maintenir en France une armée d'au moins 500.000 hommes qu'elle ne peut plus fournir sans imposer à sa landwehr et à ses dernières réserves l'obligation de rester sous les armes, alors qu'elle n'a obtenu cet effort qu'en propageant l'idée que la chute de Paris serait la fin de la guerre; éviter les grands engagements avant l'organisation solide de nos troupes ; défendre enfin le sol pied à pied et amener la nation à comprendre que, pour sauver son honneur et son intégralité, elle n'a d'autre moyen que le sacrifice de ses intérêts matériels du moment et la résistance à outrance. »

Ces idées étaient fort belles, fort généreuses, mais peu d'accord avec la situation exacte des esprits qu'aurait pu lui révéler pourtant la récente démarche des habitants de Laval demandant (comme ceux de la capitale de l'Autriche en 1866) à n'être pas défendus. Chanzy avait de la civilisation contemporaine, il faut l'avouer, une trop haute opinion. « Le sacrifice des intérêts matériels du moment » est possible à un peuple chez lequel les intérêts de ce genre sont peu développés ; on a pu l'obtenir, au temps de Napoléon Ier, de l'Espagne, pauvre, fière, croyante et dépourvue de grandes industries, de chemins de fer et même de routes ; mais la France de 1870 était riche, habituée aux jouissances, et déjà sceptique. Les provinces mêmes de la France qui avaient le mieux résisté à l'oppression en 1793, telles que la Vendée, ne seraient plus en mesure de renouveler un pareil effort, à cause des innombrables voies de communication qui les pénètrent en tous sens. Une société, pas plus qu'un individu, ne saurait se développer avec exagération dans toutes les directions à la fois ; ce qu'on donne au progrès matériel, certaines limites dépassées, on l'ôte au progrès moral, et réciproquement. Le sacrifice est facile à des anachorètes ; mais la souffrance répugne à la richesse, et le positivisme, le sensualisme modernes, brisent les ailes à tout ce qui n'est qu'idéal, y compris le sentiment de la solidarité humaine et l'amour de la patrie.

Cependant Chanzy ne recevait du gouvernement aucune réponse à ses propositions ; la politique intérieure semblait avoir fait oublier, dit-il, les préoccupations militaires. A la suite de nouvelles instances de sa part, il lui fut donné rendez-vous à Bordeaux, pour le 10 février, avec les autres commandants de corps d'armée, dans le cabinet de Gambetta ; mais, comme il allait partir, le 7, il reçut, par l'intermédiaire du prince Frédéric-Charles, le télégramme suivant :

« Le gouvernement de la Défense nationale a le désir et le besoin de vous entendre et de conférer avec vous. Veuillez, en conséquence, venir à Paris, dans le plus bref délai et par la voie la plus rapide. Partez le jour même de la réception de cette dépêche. L'autorité militaire allemande reçoit l'ordre de l'état-major général de vous délivrer un sauf-conduit et de vous faire accompagner à travers les lignes prussiennes.   *Signé :* général LE FLÔ. »

Chanzy comprit que Gambetta n'était plus délégué au ministère de la guerre. Il quitta Laval le jour même par un train spécial que les autorités allemandes mirent beaucoup d'empressement à lui organiser, et put arriver à Paris dans la nuit du 7 au 8.

Quel désolant spectacle que celui d'insolents corps de garde prussiens à toutes les gares, de tant de visages français consternés mais résignés, et de tant de ruines encore fumantes autour de Paris! Chanzy entrevit immédiatement la vérité, et comprit qu'il serait seul, ou presque seul, à vouloir recommencer la lutte. Il assista, les nuits suivantes, à deux séances du conseil des ministres, présidées encore par le général Trochu, et auxquelles prirent part tous les membres de ce pauvre gouvernement de la Défense nationale que Paris avait imposé à la France cinq mois auparavant. Là se trouvaient, avec les généraux Trochu et le Flô, MM. Jules Favre, ministre des affaires étrangères; Picard, ministre de l'intérieur; Magnin, ministre du commerce; Dorian, ministre des travaux publics; Hérold, délégué au ministère de la justice; Cresson, préfet de police; Jules Ferry, maire de Paris; le général Vinoy, commandant en chef de l'armée de Paris depuis la démission du général Trochu, et le général Clément Thomas, commandant les gardes nationales.

De ces personnages, aucun ne connaissait ni la situation exacte de la province ni ce qui s'y était passé depuis l'investissement de Paris. Cela devait être du reste; Paris avait envoyé en province, avec des lettres et des journaux, de fréquents ballons qui, pour la plupart, étaient arrivés à leur destination; mais la province n'avait pu donner de ses nouvelles à Paris que par un nombre assez restreint de pigeons messagers.

Le général Loysel, commandant la petite armée du Havre, avait pu arriver à temps pour ces conférences. Le général Faidherbe, malade, s'y était fait remplacer par le lieutenant-colonel Charon, commandant l'artillerie de l'armée du Nord. L'armée de l'Est, internée en Suisse, n'existait plus pour la France. Quant à l'armée de Garibaldi, qui s'était trouvée plus souvent un embarras qu'un secours, il ne paraît pas que son chef eût été convoqué.

Chanzy, Loysel et Charon furent interrogés avec empressement et écoutés avec avidité; chacun dut faire l'historique de ses campagnes et dire ce qu'il savait de celles des généraux absents. Chanzy exposa, en outre, les idées qu'il avait soumises à la Délégation de Bordeaux. Sa conviction alors, et elle resta invariable depuis, était que si le pays voulait se défendre, il le pouvait encore, malgré tous les désastres. Mais le voudrait-il? En attendant la décision des représentants de la nation, convoqués à Bordeaux pour le 12, et devant laquelle on n'aurait qu'à s'incliner, les préparatifs de guerre devaient continuer; quant à lui, il se proposait de passer immédiatement sur la rive gauche de la Loire, en laissant sur la rive droite les forces dirigées par le général de Colomb pour couvrir la Bretagne.

Sa présence n'étant plus utile à Paris, Chanzy le quitta le 10 au matin, et rentra dans la soirée à Laval, pour faire exécuter cette détermination, que le gouvernement venait d'approuver, et qui consistait à transférer à Poitiers le grand quartier général de la deuxième armée de la Loire.

La deuxième armée, en quittant Laval pour se porter

au sud de la Loire, laissait à celle de Bretagne le soin de
défendre l'ouest de la France.

La ligne de la Mayenne, raconte Chanzy, nous avait été
favorable. Derrière elle nous avions pu refaire et réorganiser nos troupes, arrêter l'ennemi dès avant l'armistice,
et épargner à la Bretagne et à la plus grande partie de la
Normandie la honte et la ruine de l'invasion.

Malheureusement, les conditions de la défense avaient
empiré par suite de la convention de Versailles, 28 janvier, par laquelle Jules Favre, mal renseigné sans doute
sur la situation exacte des armées en présence, avait permis aux Allemands de s'avancer au delà de la Loire, dans
des contrées que la fortune des armes ne leur avait pas
données jusque-là, en leur concédant en entier les départements d'Indre-et-Loire, Loir-et-Cher et Loiret. Cette
clause nous privait des lignes du Cher, de l'Indre et de
la Vienne, et donnait à l'ennemi la possibilité de se masser à son gré sur l'une ou l'autre des rives du fleuve, soit
pour descendre sur Nantes, soit pour tourner l'armée de
Bretagne, soit enfin pour envahir le sud de la France et
marcher sur Bordeaux.

Il s'agissait de parer à tous ces dangers en utilisant le
peu de temps qui restait de l'armistice pour répartir, sur
les meilleures positions à occuper, toutes les forces dont
on disposait encore dans l'Ouest.

Nous étions toujours maîtres de la Mayenne et des deux
rives de la Loire, depuis son embouchure jusqu'à Candes,
au-dessus de Saumur, et il y avait un intérêt majeur à
maintenir en communication, aussi longtemps que possible, l'armée de Chanzy et celle du général de Colomb;
il fallait, de plus, se rattacher aux corps qui occupaient
l'Indre, le Cher et la Nièvre. Chanzy s'appliqua à remplir
ces conditions, tout en établissant ses troupes en de larges

cantonnements, afin d'assurer leur bien-être. Il adopta comme combinaison générale leur répartition sur une ligne qui, partant de Saumur, va aboutir au Blanc en passant par Loudun et Châtellerault, pour se prolonger ensuite par Châteauroux, Issoudun et Bourges, jusqu'à Nevers. Cette dernière partie était défendue par les troupes du général Lecointe à Nevers, le 25ᵉ corps (général Pourcet), replié sur Bourges depuis l'armistice, et le 26ᵉ corps (général Billot), qui allait se porter de Guéret sur Châteauroux, et devenir l'aile droite de l'armée de Chanzy, dans laquelle il passait. Venaient ensuite, en remontant vers la Loire, le 16ᵉ corps, du Blanc à Châtellerault, le 21ᵉ, de Châtellerault à Loudun, et le 19ᵉ (général Dargent), de Loudun à Saumur, renforcé sur sa gauche par la colonne du général Cléret, qui devait passer la Loire en dernier lieu, et dès que Cathelineau serait en mesure de protéger Angers et les Ponts-de-Cé.

Chaque corps devait avoir en arrière de lui une division en réserve, et ses parcs, convois et magasins assez loin pour ne gêner aucun mouvement et ne courir aucun risque.

Dans le cas où l'armée attaquée sur cette ligne n'aurait pu s'y maintenir, elle devait porter, en se resserrant, sa gauche et son centre sur le plateau de la Gatine, de Saint-Maixent à Confolens, sa droite sur les montagnes du Limousin, mais en se reliant toujours aux corps du centre, dont la retraite s'opérerait sur l'Auvergne. Les monts d'Auvergne étaient, dans la pensée de Chanzy, comme en 1792, dans celle de Barbaroux, le cœur de la résistance de la patrie française, s'il fallait reculer jusque-là pour arrêter l'invasion.

Du reste, en ce moment, avant d'avoir pu étudier et deviner les projets de l'ennemi, il n'était possible de prendre que des dispositions très générales ; mais il importait de ne pas perdre une minute. La nuit même de son retour de Paris, le général en chef adressa à tous les corps ses instructions détaillées pour régler les premières marches.

Tous ces mouvements furent achevés le 19, et le grand quartier général transporté, ce jour-là, à Poitiers. Le général de Colomb les surveilla, en l'absence et par délégation de Chanzy ; il eut donc momentanément le commandement des deux armées, et, afin de dissimuler à l'ennemi ce qui se faisait, il remplaçait à mesure, par des troupes de Bretagne, les avant-postes occupés par celles qui traversaient la Loire [1].

Chanzy venait, en effet, de s'éloigner de nouveau. Élu député à l'Assemblée nationale par le département des Ardennes, il jugea de son devoir d'accepter le mandat qu'il devait au choix tout spontané de ses concitoyens, alors surtout qu'il avait des idées fermement arrêtées sur la redoutable question du moment : celle de paix ou de guerre. Il partit pour Bordeaux le 13, comptant sur la diligence du général de Colomb pour le remplacer, et sûr, dès ce moment, que le 20 février au moins, huit divisions d'infanterie, la cavalerie, une grande partie de l'artillerie et du gros matériel seraient au sud de la Loire, et que les projets de l'ennemi sur le bas du fleuve seraient déjoués.

D'ailleurs l'armistice fut prolongé de cinq jours, jusqu'au 26 février inclus.

A Bordeaux, au sein de la commission chargée par l'Assemblée d'examiner ce qu'il restait de ressources au pays, Chanzy se fit l'avocat passionné de la résistance,

[1] Chanzy, p. 431 à 437.

comme il l'avait été déjà dans les conseils du gouvernement à Paris. Dans les conversations avec ses collègues, il montrait son armée prête à reprendre la campagne et déclarait inacceptables les exigences des Allemands.

Il aurait voulu donner à son opinion le retentissement de la tribune : mais M. Grévy, président de l'Assemblée, obtint que par déférence pour la haute personnalité de M. Thiers, qui dirigeait les négociations à Versailles, aucun débat public n'aurait lieu en son absence. Cette Assemblée de Bordeaux, monarchiste en très grande majorité, faisait preuve à ce moment d'un grand patriotisme, dont Gambetta et ses amis n'avaient guère fourni l'exemple et qu'ils n'imitèrent pas davantage dans la suite. Tout entière à ses devoirs envers la patrie, elle mettait de côté ses préférences de parti, au point de se donner un président républicain, et bientôt un chef du pouvoir exécutif (M. Thiers) qui ajournait la solution monarchique, et des ministres (Jules Favre, Ernest Picard, Jules Simon) qui entendaient rester républicains. Il est vrai que l'esprit de conciliation poussé jusque-là mérite de prendre un autre nom. Mais revenons au discours projeté du général Chanzy.

Si ce discours n'a pu être prononcé, il n'en existe pas moins comme s'il l'eût été, son auteur l'ayant reproduit dans l'appendice de son *Histoire de la deuxième armée de la Loire*. En voici la partie la plus importante :

« .... On m'a demandé, à différentes reprises, si je crois la résistance encore possible. Pour moi elle l'est, si le pays la veut sérieusement et en accepte toutes les obligations et toutes les conséquences.

» Je ne puis, vous le comprendrez, entrer publiquement dans le détail et dans l'appréciation de nos forces ; mais elles sont, croyez-le bien, encore de nature à nous donner espoir et confiance. Nous pouvons conserver la tête haute.

» Devons-nous continuer la lutte? Quand ma pensée se reporte sur les scènes de dévastation dont j'ai été si souvent témoin, quand je m'arrête au tableau si navrant que j'avais sous les yeux lors de mon récent voyage à Paris, quand je songe à cette hécatombe de tant de victimes, mon cœur de soldat refoule son indignation pour ne songer qu'aux maux du pays ; je comprends que la meilleure solution soit la paix ;

» Mais la paix honorable, une paix qui, malgré les sacrifices nécessaires, laisse la France debout et ne l'atteigne ni dans son honneur ni dans son intégrité.

» Toute autre paix, croyez-le, et que l'Allemagne ne s'abuse pas, toute autre paix ne serait qu'une trêve, qu'un répit. La France ne supporterait pas longtemps l'humiliation.

» Si c'est une paix semblable qu'on nous offre, repoussons-la énergiquement. Ne léguons pas à ceux qui nous suivront tout un avenir de haines à assouvir, de hontes à effacer.

» Que la nation, s'habituant à l'idée de nouveaux et cruels sacrifices, s'arme tout entière pour combattre l'invasion. Que la résistance s'organise partout pour la défense du sol pied à pied. Que le vide se fasse devant l'ennemi. Que tous les gens de cœur prennent un fusil. Qu'au lieu de discuter, d'écrire ou de conseiller, tous les hommes animés du vrai patriotisme agissent et prennent part à la lutte. Il n'est pas besoin d'être soldat pour défendre son pays et son honneur.

» Cette guerre du droit le plus sacré contre la force brutale sauvera le pays. L'ivresse causée à l'Allemagne par son succès inespéré se dissipera, si cette fois elle ac-

quiert la conviction que la nouvelle lutte qu'elle engage
est pour nous celle du désespoir et de la vengeance; si
enfin, cédant à la raison, elle arrive à comprendre qu'elle
peut compromettre dans les chances de nouveaux combats,
où ses forces finiront par s'épuiser, les résultats qu'elle a
obtenus et qui doivent la satisfaire.

» Enfin le moment n'arrivera-t-il pas où, sortant du
rôle d'indifférence ou d'ingratitude dans lequel elles se
sont maintenues jusqu'ici, les puissances étrangères, me-
nacées à leur tour par les vues ambitieuses de la Prusse,
éprouveront fatalement le besoin de mettre un terme à une
guerre qui compromet les intérêts de l'Europe et la paix
du monde entier?.... »

Le discours se terminait par un appel à la concorde et
au désintéressement des questions de parti :

« Plus d'esprit de parti, plus d'aspirations politiques
cherchant leurs satisfactions dans les tristes complications
du moment; rappelons-nous que l'ennemi doit à nos dis-
sensions une grande partie des succès qu'il a obtenus ;
ne songeons qu'aux malheurs du pays.... Forçons l'ennemi à nous conserver son estime sur le terrain politique
comme nous l'avons forcé à le faire sur le champ de bataille.... »

Cet appel si opportun était malheureusement perdu
pour une partie de l'Assemblée, mais la majorité poussait
jusqu'à l'abnégation le sacrifice patriotique réclamé par le
vaillant général. Quant aux autres conclusions de son discours, cette majorité était moins disposée à les accueillir,
et il semble qu'elle avait raison.

Certes, Chanzy était bon prophète en affirmant qu'une
paix qui démembrait la France « ne serait qu'une trêve,
qu'un répit, » que « la France n'en supporterait pas longtemps l'humiliation » et qu'on « léguerait par une telle

paix, à ceux qui nous suivront, tout un avenir de haines à assouvir, de hontes à effacer. » Mais puisque l'orgueilleuse et implacable Allemagne, non contente de nos immenses sacrifices en argent, s'obstinait à nous imposer cette « paix humiliante qui ne serait qu'une trêve, » était-il possible de la repousser ? La majorité de l'Assemblée de Bordeaux ne le crut point.

D'abord, la guerre à outrance, la guerre de partisans, la guerre à l'espagnole, que proposait Chanzy, n'était plus dans le tempérament de la nation, nous avons dit pourquoi, et l'on remarqua bien vite que, à part Chanzy et quelques autres, les « outranciers, » comme on les appelait, étaient en général des représentants de ces départements de l'Est, qui, déjà occupés par l'ennemi, ne prendraient aucune part à la continuation de la lutte et n'avaient plus rien à perdre.

Ensuite, compter sur la lassitude de l'Allemagne victorieuse et guerroyant à nos dépens, n'était-ce pas une illusion au moins aussi grande que de compter sur nos armées, alors que nous n'en possédions plus qu'une sérieuse, celle de Chanzy, que nos quatre à cinq cent mille soldats, les meilleurs, étaient prisonniers en Prusse, en Saxe et en Bavière, et que nos autres armées méritaient moins le nom d'armées que celui de rassemblements ?

Enfin, espérer l'intervention, même tardive, de l'Europe, que Chanzy accusait si justement d'indifférence ou d'ingratitude, n'était-ce pas méconnaître une situation que M. Thiers venait de constater, au cours d'un pénible voyage de capitale en capitale ? Selon le mot de M. de Beust, il n'y avait plus d'Europe. La Russie ne comprenait pas encore les dangers que lui préparait la prépotence prussienne, elle ne songeait qu'à profiter de notre défaite pour abroger l'article le plus important du traité de Paris,

celui par lequel l'Angleterre et nous avions interdit à sa
marine militaire le parcours de la mer Noire. L'Angleterre, lésée plus que nous par cette abrogation, s'en con-
solait en contemplant notre abaissement, et redoutait de
fâcher la toute-puissante Allemagne même par un simple
« avis amical. » La Turquie ne comptait plus, non plus
que l'Espagne et la Suède ou la Hollande. L'Autriche n'o-
sait bouger, depuis que l'empereur Alexandre II avait dit :
« Qu'elle meuve un régiment, j'en ferai marcher deux. »
L'Italie, puissance toute nouvelle, que nous avions si im-
prudemment créée depuis moins de onze ans, se réjouissait plus que personne de notre chute, en vertu de l'axiome
si vrai, quoique si peu honorable pour l'espèce humaine,
que l'on pardonne plus aisément une injure qu'un bienfait
publiquement reçu. Le président Ulysse Grant et son ambassadeur Bancroft célébraient le triomphe de la race
germanique. M. Thiers avait frappé personnellement à
toutes les portes; on lui avait ouvert avec politesse, avec
commisération, mais il n'avait obtenu que des paroles
évasives. La France était isolée, absolument isolée.

Quelle que fût l'ardeur de Chanzy cherchant à convaincre
ses collègues de l'Assemblée, elle ne lui faisait pas perdre
de vue ses devoirs militaires. Afin d'être sur les lieux au
moment décisif, il se retrouva, le 25, à son quartier général de Poitiers.

L'ennemi n'avait pas perdu de temps. Il avait reçu des
renforts sur les deux rives de la Loire et garni toutes les
positions avantageuses que l'armistice lui avait livrées.
On pouvait prévoir, d'après ses dispositions, que l'intention du prince Frédéric-Charles était de séparer l'armée
de Bretagne de celle de la Loire, et que le point qu'il attaquerait en premier lieu serait Chinon, pour percer à Loudun le centre des Français. L'amiral Jaurès, le plus mé-

nacé dans cette hypothèse, se prépara en conséquence.
En outre, comme il était de la plus haute importance de
ne pas se laisser prévenir sur la Creuse, dont le cours était
en partie neutralisé parce qu'il formait, comme limite de
deux départements, la démarcation entre les armées ennemies, le général Barry prit ses dispositions pour s'a-
vancer jusqu'à cette rivière le 27, au point du jour, et
s'établir solidement à son confluent avec la Vienne (1).

L'armée était donc prête et attendait, l'arme au pied.
Le 26 au soir, l'ordre arriva de Versailles, où les plénipotentiaires étaient réunis, de s'abstenir de tout acte
d'hostilité le lendemain, l'entente sur les préliminaires
de paix paraissant assurée. Chanzy ne prit que le temps de
prévenir les avant-postes, disposés à se porter en avant,
et revint à Bordeaux assister au grand débat qui allait
s'ouvrir publiquement.

La majorité de la nation française demandait la paix;
la majorité de l'Assemblée nationale la vota, et il faut
reconnaitre que ceux qui dirent oui montrèrent un patriotisme aussi grand, quoique plus douloureux, que ceux
qui dirent non. Les préliminaires, arrêtés le 26 février
entre MM. Thiers et de Bismarck, furent adoptés le
1er mars, dans une séance dramatique, où l'Assemblée
confirma la déchéance de Napoléon III et le déclara responsable de l'invasion et du démembrement de la France.
Chanzy assista à ce débat, mais ne monta point à la tribune. Keller, Victor Hugo, Louis Blanc, parlèrent avec
feu contre le traité honteux et funeste; c'était facile.
M. Thiers répondit qu'avec 400,000 hommes on ne pouvait résister à 500 ou 600,000 déjà maîtres de plus
du tiers du territoire, et qu'en rejetant le pays dans la

(1) CHANZY, p. 131.

guerre, on épuisait ses dernières ressources et l'on compromettait sa reconstitution en nation encore respectable et forte. Il éprouvait, en acceptant le traité de paix, le même sentiment de douleur et d'indignation que d'autres en le rejetant, mais il était plus sage ; il sentait que la mesure était comble, que la France attendait la paix comme une délivrance, qu'il fallait se hâter de réorganiser l'administration disloquée de toutes parts ; bref qu'il fallait subir le présent en reportant les yeux devant soi, sur un avenir meilleur.

Chanzy vota contre le traité et regagna, profondément triste, son quartier général de Poitiers. Un décret du gouvernement l'y rejoignit, le 7 mars, portant que l'armée de la Loire serait licenciée immédiatement, ainsi que l'armée de Bretagne et toutes celles qui restaient encore sur divers points du territoire : dans le Nord, au Havre, à Bourges, à Nevers, à Lyon. Les mobilisés, puis les gardes mobiles, furent successivement désarmés et renvoyés dans leurs foyers ; les troupes régulières, infanterie, cavalerie et artillerie, dirigées la plupart sur Paris afin de renforcer l'armée chargée de rétablir l'ordre dans la capitale, quelques-unes sur l'Algérie en insurrection, le reste sur diverses garnisons, mais non sans que les officiers et soldats originaires des départements cédés eussent été mis en demeure de choisir entre rester au service de la France, ou passer à celui de l'ennemie héréditaire, l'Allemagne, qu'ils combattaient la veille et que le traité leur désignait comme leur nouvelle patrie. Il faut ajouter que bien peu consentirent à l'échange. Aujourd'hui encore, après dix-neuf ans écoulés, chaque année huit à dix mille conscrits alsaciens-lorrains, pour échapper à un service odieux et en quelque sorte contre nature, aiment mieux s'exiler et laisser confisquer leurs biens, ou même venir s'engager dans la légion étrangère, en France, leur patrie toujours.

En relevant Chanzy de son commandement, le général le Flô, ministre de la guerre, lui adressa la lettre suivante :

« Versailles, le 7 mars 1871.

» Mon cher général,

» Un décret du gouvernement, qui sera au *Moniteur* de demain, dissout toutes les armées ou corps d'armée du territoire et supprime, par conséquent, tous les états-majors qui y étaient attachés. La deuxième armée de la Loire est naturellement comprise dans cette mesure ; votre commandement cessera à dater de demain.

» Au moment où vous rentrez dans la disponibilité, en attendant que des circonstances plus heureuses me permettent d'utiliser vos talents et votre dévouement, je veux vous offrir toutes mes félicitations pour l'honneur que vous vous êtes fait et les vaillants services que vous avez rendus. Dites à votre brave armée, officiers de tous grades et soldats, que je les remercie, au nom de notre pays tout entier, de leur courage et de leur patriotisme. Si la France avait pu être sauvée, elle l'eût été par eux. La fortune ne l'a pas voulu ; résignons-nous momentanément, mais ne désespérons jamais de ses grandes destinées, que rien ni personne ne pourront jamais arrêter.

» Recevez, mon cher général, l'assurance de mes meilleurs sentiments,

» *Le ministre de la guerre*, général Le Flô. »

« Ce témoignage à l'armée de la Loire était justice, ajoute Chanzy. Elle avait beaucoup souffert et vaillamment combattu. Ses soldats, improvisés comme plus d'un de leurs chefs, pouvaient être fiers d'avoir lutté pendant près de cinq mois, au milieu de privations sans nombre, de fatigues incessantes, par un hiver exceptionnellement rigoureux, contre un ennemi qui, victorieux des vieilles troupes dont s'enorgueillissait la France, avait bien pu la faire reculer de cinquante lieues durant toute cette partie de la campagne, mais l'avait toujours trouvée devant lui et la laissait entière, debout et les armes à la main, au moment où il signait la paix.

» Si tant de sang répandu, si tant de souffrances supportées n'ont pu sauver le pays, ils n'en resteront pas moins comme la plus éloquente des protestations d'un grand peuple défendant son honneur et son indépendance, comme le gage le plus assuré de ce qu'il saura faire pour relever sa fortune, reprendre sa place et reconquérir son intégralité. »

Interprète de la gratitude nationale, l'historien voudrait pouvoir immortaliser tous ceux qui se sacrifièrent, car la vie du simple soldat est aussi précieuse pour celui qui la possède et qui l'abandonne à la patrie, que la vie du colonel ou du général. Après Chanzy et d'Aurelle, Jauréguiberry et Jaurès, Gougeard et de Sonis, on aimerait à nommer tous les vaillants qui tombèrent, ou s'exposèrent bravement dans la lutte. Nous avons rencontré plusieurs fois au premier rang les zouaves pontificaux ; il semble que si l'on avait à décerner à un régiment de l'armée de Chanzy la glorieuse épithète que Napoléon Ier donna à l'un de ses généraux, en le qualifiant de « brave des braves, » c'est aux zouaves pontificaux qu'elle reviendrait. Voici du moins quelques noms de régiments de la garde mobile qui, avec eux, se distinguèrent le plus et furent le plus éprouvés :

Le 33e mobiles (Sarthe : commandant, le lieutenant-colonel de la Touanne) perdit le capitaine duc de Luynes à Loigny, le sous-lieutenant de Lamendie à Coulmiers, eut 17 officiers blessés et 1,100 sous-officiers ou soldats tués ou blessés, sur un effectif total de 2,700 hommes au début de la campagne.

Le 8ᵉ mobiles (Charente-inférieure : de Vast-Vineux, lieutenant-colonel) : tués, le chef de bataillon Paris et le capitaine Blay ; blessés, 5 officiers ; tués ou blessés, 580 soldats.

Le 66ᵉ mobiles (Mayenne : Brunet de la Charie, lieutenant-colonel) : tués ou blessés : officiers, 17 ; soldats, nombre considérable, mais inconnu.

Le 22ᵉ mobiles (Dordogne : colonel de Chadois) : 6 officiers tués, 15 blessés ; 135 soldats tués, 480 blessés.

Le 74ᵉ mobiles (Lot-et-Garonne et Sarthe : Falcon, lieutenant-colonel) : 4 officiers tués, 7 blessés ; 114 soldats tués, 612 blessés.

Le 27ᵉ mobiles (Isère : Vial, lieutenant-colonel) : tués ou blessés, 17 officiers, 800 soldats.

Le 71ᵉ mobiles (Haute-Vienne : Pinelli, colonel) : tués ou blessés, 13 officiers, 641 soldats.

Le 75ᵉ mobiles (Loir-et-Cher : de Montlaur, lieutenant-colonel) : 7 officiers tués, 30 blessés ; 352 soldats tués, 873 blessés, sur 3,500 hommes.

Le 85ᵉ mobiles (Gers : Taberne, lieutenant-colonel) : officiers tués ou blessés, 10 ; soldats, 326.

Le 70ᵉ mobiles (Lot : Delgal, lieutenant-colonel) : officiers tués, 9 ; blessés, 13 ; soldats tués ou blessés, un quart de l'effectif total.

Nous n'avons pu trouver nulle part le relevé des pertes des intrépides mobiles des Côtes-du-Nord.

Ce que Chanzy ne dit point, mais que l'histoire dira à sa place, c'est que lui-même fut l'âme de cette lutte glorieuse, étonnante si l'on songe à la disproportion de la

préparation et des moyens entre les combattants ; c'est
que l'avenir ratifiera le jugement porté par Gambetta :
« Le véritable homme de guerre que les événements ont
révélé, c'est Chanzy. »

Au moment de se séparer de ses compagnons d'armes,
le général en chef de la deuxième armée de la Loire leur
adressa, du grand quartier général de Poitiers, l'ordre
suivant, qui, malheureusement peut-être pour le succès
des inévitables collisions futures, était un adieu de ce
grand homme de guerre :

ORDRE GÉNÉRAL.

« Officiers et soldats de la deuxième armée !

» Le traité ratifié le 1ᵉʳ mars par l'Assemblée nationale
met fin à la guerre.

» En m'informant que mon commandement cesse, le
ministre de la guerre ajoute :

« Dites à votre brave armée, officiers de tous grades et
» soldats, que je les remercie, au nom de notre pays tout
» entier, de leur courage et de leur patriotisme. Si la
» France avait pu être sauvée, elle l'eût été par eux. La
» fortune ne l'a pas voulu. »

» Je suis heureux de porter à votre connaissance ce
témoignage de la satisfaction du Gouvernement. Vous
pourrez être fiers d'avoir fait partie de la deuxième armée, dont les efforts, s'ils n'ont pas abouti au succès que
vous avez poursuivi avec tant d'opiniâtreté, ne resteront
pas sans gloire pour le pays, dont ils ont contribué à
sauver l'honneur.

» Vous avez tenu tête aux armées les plus exercées et
les mieux commandées de l'Allemagne. L'histoire racon-
tera ce que vous avez fait ; l'ennemi lui-même s'honorera
en vous rendant justice.

» Vous allez rejoindre vos foyers, vos garnisons ; conservez inébranlable votre dévouement au pays ; restez, quoi qu'il arrive, les défenseurs de l'ordre.

» Quant à moi, mon plus grand honneur est de vous avoir commandés, mon plus vif désir, de me retrouver avec vous chaque fois qu'il s'agira de servir la France.

» *Le général en chef*, CHANZY. »

CHAPITRE XIII

A peine déchargé du commandement, Chanzy s'occupa, tandis que ses souvenirs avaient toute leur fraîcheur, de conserver à ses compagnons d'armes et à la postérité le récit de la terrible lutte qu'il venait de diriger. Il y consacra ses premiers loisirs. L'ouvrage parut dès le mois de juin de la même année 1871 ; le premier exemplaire en fut adressé, à titre d'hommage, au maréchal de Mac-Mahon. Une traduction allemande, faite à Hanovre, et une dizaine d'éditions françaises successives attestèrent le bon accueil du public.

Parmi tant de récits analogues publiés après la guerre et qui ne sont, la plupart, que des panégyriques ou des plaidoyers personnels, celui de Chanzy se distingue par son exactitude et son impartialité. Le narrateur n'exagère point son rôle, n'enfle aucun des succès obtenus, ne dissimule ni les défaillances ni les revers ; aussi la publication du grand état-major de Berlin le cite-t-elle fréquemment comme une source d'informations parfaitement sûre. Chanzy parle de lui-même à la troisième personne, comme fait César dans ses *Commentaires*, simplement, modestement, sans s'interrompre pour se justifier ou développer une thèse politique. Il disait dans sa préface :

« Je ne me suis jamais occupé de politique avant la guerre. L'existence militaire que j'ai menée presque constamment hors de France m'a toujours assez occupé pour absorber toutes mes pensées et tout mon temps. Je ne ne m'en suis pas mêlé durant cette campagne, ma mission m'ayant paru trop élevée pour songer à autre chose qu'à la défense du pays. Je n'en ferai pas dans ce récit, exposé sans esprit de parti et pour tous. J'écris avec sincérité; tout mon désir est d'être lu avec indulgence. »

Chanzy ne vise pas non plus au pittoresque. Il se proposait de reprendre la plume plus tard et de retracer, dit-il encore, « ses propres impressions et les enseignements qui lui paraissaient pouvoir être tirés des événements. » Cette promesse, par malheur, n'a pas été tenue.

Les puristes peuvent noter, particulièrement dans les instructions que Chanzy rédigeait chaque jour pour ses troupes, ou dans ses rapports au ministre, quelques phrases un peu longues et certaines répétitions de mots ou de consonances ; mais l'expression reste constamment nette, claire, allant droit au but, et les instructions n'en sont pas moins admirées des militaires compétents. Elles passent pour des modèles du genre. A chacun son métier : chez un homme de guerre ou chez un chef d'État, c'est une imperfection grave qu'une trop grande perfection dans l'art d'écrire, et si tels qui s'exprimaient si bien eussent agi un peu plus, la patrie s'en fût mieux trouvée.

Les mêmes événements qui avaient fait de Chanzy un écrivain le poussaient aussi dans une autre carrière, la carrière politique. Il s'en fallut de peu qu'il n'y fût arrêté dès ses débuts, et qu'au moment de mettre le pied sur ce terrain tout nouveau, il n'y perdît la vie.

Jules Favre, plénipotentiaire, avait commis, parmi tant d'autres fautes qui signalèrent le malheureux traité de

Versailles, celle de stipuler que la garde nationale de Paris conserverait ses armes. Les Parisiens, enrégimentés depuis six mois et qui restaient désœuvrés tant que le commerce et l'industrie n'auraient pas repris leur cours interrompu, jugèrent le moment favorable pour se livrer une fois de plus à ces orgies révolutionnaires qu'ils aiment. Sous les yeux des Prussiens cantonnés dans les forts de ceinture, ils se révoltèrent contre le gouvernement de l'Assemblée nationale et proclamèrent l'indépendance de leur commune. Mais l'Assemblée ne se laissa point expulser, comme avaient fait le Sénat et le Corps législatif au 4 septembre. Elle se transféra de Bordeaux à Versailles, et donna à M. Thiers et au général de Mac-Mahon l'ordre de soumettre par la force la cité rebelle.

La guerre civile succédait ainsi à la guerre étrangère. Les Communards (ou fédérés) parisiens craignirent de voir le nouveau grand général qui venait de se révéler se tourner contre eux, et Chanzy prendre part à la répression, peut-être la diriger. Ils surveillaient donc son passage, pour le cas où il se hasarderait dans Paris ; car on avait vu passer déjà plusieurs de ses anciens régiments, qui depuis étaient allés former le noyau de l'armée de Versailles.

En effet Chanzy, venant de Rochefort, où il s'était rendu pour faire une courte visite à sa famille après le licenciement de son armée à Poitiers, ne tarda pas à se rendre à Versailles et, sans défiance, traversa Paris.

Le vendredi 18 mars, à cinq heures du soir, le train où il avait pris place entrait dans la gare du chemin de fer d'Orléans. L'arrivée du général avait été signalée, on ne sait comment ; des gardes nationaux en armes stationnaient sur le quai. Ils envahirent le wagon-salon que M. Turquet, député de l'Aisne, occupait avec sa famille, et demandèrent impérieusement où était Chanzy. « Chanzy n'est pas ici, répondit M. Turquet. — Vous vous trompez, il y est, et vous êtes son aide de camp. » Malgré les dénégations de M. Turquet, les gardes nationaux fouillèrent à coups de crosse et de baïonnette le wagon dans ses coins et recoins. Ne trouvant pas celui qu'ils cherchaient, ils pénétrèrent successivement dans tous les wagons, jusqu'au dernier, où ils découvrirent enfin le général. Celui-ci avait si peu songé à se cacher qu'il était en tenue de campagne et portait sur la poitrine la plaque de la Légion d'honneur. « Au nom de la loi je vous arrête, dit un garde national. — Au nom de quelle loi ? demanda Chanzy fort étonné. — Au nom du Comité de la garde nationale. — Je m'incline devant la force, » répliqua le général.

Il descendit de wagon et les gardes nationaux l'entraînèrent.

M. Turquet, non moins étonné, assistait à cette scène. Il s'approcha, se fit connaître et pria Chanzy de lui permettre de l'accompagner. Chanzy refusait d'associer qui que ce fût aux périls qu'il pouvait courir ; mais M. Turquet insista : « Acceptez, lui dit-il, le péril est peut-être plus sérieux que vous ne pensez. — Je n'imagine pas, répondit Chanzy, quels griefs on peut avoir contre moi, qui ne suis pas un personnage politique. — Il faut s'attendre à tout, reprit M. Turquet ; je suis député de l'Aisne, et vous des Ardennes ; on respectera peut-être mieux deux députés qu'un seul. » Le général ne fit plus d'objection. On les conduisit à la mairie du xiiᵉ arrondissement. La foule s'amassait ; elle prenait Chanzy pour le général Ducrot et criait : « A mort Ducrot ! à mort le traître ! » Un jeune homme de dix-huit ans, armé d'une baïonnette, cherchait à le frapper, mais ne l'atteignit pas.

Les deux prisonniers trouvèrent au premier étage de la

mairie un nommé Léo Meillet, futur membre de la Commune. Ce fut lui qui les sauva des premières fureurs populaires, et eux, un peu plus tard, le sauvèrent à leur tour, après l'entrée de l'armée de Versailles dans Paris. Meillet protesta au général et à M. Turquet qu'il les protégerait, dût-il périr lui-même.

A ce moment arriva Duval, ancien blanquiste, et ouvrier fondeur, qui se faisait appeler le général Duval, et que le Comité central avait nommé délégué à la préfecture de police. « Citoyen général, dit-il à Chanzy, au nom des lois de la guerre, je vous fais mon prisonnier. — A votre aise, » répondit Chanzy. Et comme M. Turquet déclarait vouloir être arrêté aussi. « Soit, repartit Duval, mais qui êtes-vous? — Je suis M. Turquet, député de l'Aisne. — Alors je ne puis vous arrêter. — M. Chanzy est député également; vous l'arrêtez bien! — Oh! lui, c'est différent; mais puisque vous y tenez, je vous arrêterai au même titre que lui, comme militaire, car vous devez l'être : vous portez le ruban de la Légion d'honneur. — Eh bien, arrêtez-moi comme sergent-major. » M. Turquet, en effet, s'était engagé pendant la guerre dans les éclaireurs de la Seine, et, blessé trois fois, il avait été décoré après le combat de la Malmaison. L'ordre d'écrou fut ainsi libellé : « Le citoyen Gourdin, chef de la maison militaire du 9ᵉ secteur, écrouera le citoyen général Chanzy et le sergent qui l'accompagne. »

Léo Meillet mena Chanzy et M. Turquet non pas à la prison du secteur, qui n'avait ni grilles ni murailles, mais dans son propre appartement. En route il leur apprit « l'exécution sommaire » des généraux Clément Thomas et Lecomte, arrivée le matin même, ainsi que le départ précipité de M. Thiers et des administrations pour Versailles, et les deux députés comprirent qu'ils étaient tombés au beau milieu d'une nouvelle révolution, ou tout au moins d'une insurrection formelle, dont nul ne pouvait prévoir les suites.

Par une singulière coïncidence, Meillet demeurait en face de la chapelle expiatoire élevée à l'endroit où d'autres insurgés, en juin 1848, avaient assassiné le général Bréa. Ce souvenir montra à Chanzy que les craintes de son compagnon n'étaient peut-être pas aussi dépourvues de fondement qu'il l'avait cru d'abord.

Meillet installa les deux représentants dans son salon et les fit garder par cinq officiers de la garde nationale. Déjà on entendait des cris tumultueux autour de la maison.

Au bout d'un quart d'heure ces cris, toujours grossissants, réclamèrent le général et son aide de camp : « Livrez-les à la justice du peuple ! Jetez-les par la fenêtre ! » Quelques gardes nationaux tentèrent même de pénétrer dans l'appartement. Meillet déclara qu'il répondait des deux prisonniers et qu'il ne laisserait pas violer son domicile. Les gardes nationaux se retirèrent, mais bientôt ils revinrent en plus grand nombre. Meillet crut qu'il fallait donner à la foule une légère satisfaction, et, à la prière même de Chanzy, il plaça deux factionnaires près d'une croisée restée ouverte, afin que le peuple pût, de la rue, voir et surveiller ses prisonniers.

Mais, un quart d'heure après, les gardes nationaux revinrent à la charge, pour la troisième fois, et tentèrent de faire irruption dans le salon. Ils criaient qu'il fallait conduire Chanzy en prison, ou, ce qui serait plus simple, le *coller* à la muraille de la chapelle Bréa et le fusiller sur-le-champ. Meillet, le pistolet au poing, et les cinq officiers de la garde nationale, le sabre à la main, défendaient l'entrée de l'appartement. Mais la partie n'était pas égale, Chanzy s'interposa. « Ma vie, dit-il à Meillet, peut être sacrifiée, bien que je préférasse tomber par une balle prussienne; mais je tiens à ne pas vous perdre avec moi; menez-moi en prison, si vous le pouvez; et à la garde de Dieu! »

Meillet se résigna à conduire les deux prisonniers à la geôle du 9ᵉ secteur, conformément au libellé de l'ordre signé de Duval. Il y parvint avec eux plus facilement qu'il ne l'avait espéré.

Là Chanzy et M. Turquet furent traités assez doucement pendant deux jours; les gardes nationaux présentaient les armes au général quand il passait devant eux. Mais après ces deux jours de tranquillité relative, la foule s'amassa de nouveau, menaçante, devant la geôle du secteur.

Meillet craignit pour la vie de Chanzy et donna l'ordre de le transférer à la prison de la Santé. Pour effectuer le trajet plus aisément, il fit venir une voiture. Quant à M. Turquet, on l'avait mis en liberté. On avait fini par acquérir la certitude qu'il était bien représentant du peuple, mais nullement officier d'ordonnance du général. Léo Meillet le conduisit lui-même à la gare Saint-Lazare et l'accompagna jusqu'à Versailles.

Au moment où Chanzy monta en voiture pour être transféré à la prison de la Santé, Meillet lui présenta trois nouveaux prisonniers qui venaient d'arriver et qui montèrent à côté de lui; c'étaient le général de Langourian, M. Ducauzé de Nazelles, capitaine au 5ᵉ cuirassiers, et M. Gaudin de Villaine, lieutenant au 75ᵉ de marche. A peine étaient-ils installés que la populace cerne et arrête la voiture. Des ouvriers, des femmes, des enfants, mêlés à des soldats de la Commune, arrachent les officiers et veulent les « aligner au mur. » « Eh bien, dit Meillet, fusillez-moi le premier; mais je vous préviens que vous n'y parviendrez pas sans que j'aie brûlé la cervelle à une demi-douzaine d'entre vous. » Ensuite, prenant un ton conciliant, il s'efforce de leur faire comprendre que ce sont des défenseurs de la France, et que l'un d'eux est peut-être le plus glorieux de nos généraux, celui qui s'est le mieux battu contre les Prussiens. « Ah! c'est Chanzy, crie un énergumène, tant mieux, il faudrait les tenir tous, les traîtres, les vendus, les capitulards! A mort les capitulards! » Et la foule idiote, inconsciente, mais furieuse, insulte et frappe lâchement les prisonniers, qui demeurent impassibles sous les coups.

Lorsque Chanzy parut à la grille de la prison, nu-tête, le visage ensanglanté, les habits déchirés, ses épaulettes et sa croix arrachées, il n'était plus reconnaissable. Il faillit périr avant de passer le seuil. Devant la porte il fut jeté par terre; il allait être foulé aux pieds, lorsque le gardien-concierge Villemain se jeta au-devant de lui, le releva vivement de la main droite, tandis que de l'autre il parait un coup de crosse, et le jeta dans l'intérieur de la loge. « Il faut leur pardonner, dit Chanzy; les malheureux! ils ne savent ce qu'ils font. »

Cependant la multitude a forcé la porte; elle se répand dans la prison, inonde la cour, le rond-point, le greffe, les guichets; mais elle s'arrête devant les surveillants groupés, leurs clefs aux poings, autour des officiers auxquels ils font un rempart de leurs corps. Le directeur de la prison, M. Lefébure, est accouru. Il demande l'ordre d'incarcération; on lui remet quatre feuilles de papier. Celle qui concernait Chanzy était ainsi conçue :

« Ordre au directeur de la prison de la Santé de recevoir en dépôt le général Chanzy jusqu'à ce qu'il en soit ordonné autrement. — Le directeur répond sur sa tête de la garde des prisonniers. — Pour E. Duval : Cazol. »

Le directeur remarqua que cet ordre n'était pas d'une

légalité parfaite; mais le plus pressé était de sauver les prisonniers et de les dérober le plus tôt possible aux yeux de la foule. M. Lefébure connaissant bien les foules, sachant qu'elles ne s'apaisent que lorsqu'elles n'ont plus sous les yeux l'objet de leur haine irraisonnée, fait un signe au brigadier Adam; les gardiens s'emparent brusquement de Chanzy et de ses compagnons et les poussent vers la porte d'entrée des galeries cellulaires; immédiatement après cette porte se referme. Un chef d'émeutiers nommé Serizier, jurant comme un démon et lançant ses énormes poings en avant, fend la foule pour la retenir. M. Lefébure, qui connaissait l'influence de cet orateur de clubs, lui dit que son éloquence seule pourra faire évacuer la prison. Serizier, flatté, commence un discours; il exhorte les fédérés à s'éloigner; il ne peut toutefois les empêcher de mettre des sentinelles à la porte des cellules.

Les amis, les parents du général, tremblaient pour sa vie et faisaient d'actives et périlleuses démarches pour obtenir sa liberté. La belle-sœur de Chanzy, Mme Thévenet, essaya inutilement d'attendrir le « général Bergeret » dans une visite à l'Hôtel de ville, où siégeait le Comité central. MM. de Boisdeffre et Henry, les deux aides de camp du général, obtinrent de bonnes paroles de Lullier, ancien lieutenant de vaisseau et commandant, pour quelques jours, de la garde nationale; mais Lullier, déjà suspect, ne put rien. Ils s'adressèrent alors à l'ingénieur civil Aronssohn et au général Camille Cremer; celui-ci, quoique révolutionnaire exalté, avait révélé de véritables talents militaires dans la campagne de l'Est; le comité central le ménageait, dans la pensée de faire de lui le commandant en chef de l'armée de la Commune.

Cremer et Aronssohn obtinrent un ordre d'élargissement signé de Lullier. Mais le « général » Duval s'opposa à l'exécution de cet ordre. Une démarche auprès de Raoul Rigault n'eut pas de résultat meilleur. « Nous n'en voulons pas à Chanzy, dit le futur procureur de la Commune, un des plus jeunes, mais des plus intelligents et aussi des moins scrupuleux, des plus hardiment révolutionnaires dans cette bande d'exploiteurs auxquels Paris s'était livré, nous n'avons aucun grief contre Chanzy dans le passé; nous l'avons arrêté simplement par précaution. »

Cependant la surveillance des fédérés devenait de plus en plus jalouse. M. Lefébure fut remplacé à la direction de la Santé par un nommé Caullet, parent de Duval et portier de la maison Cail. Un des détenus étant mort, les hommes du 101ᵉ bataillon, qui le matin avaient pris la garde du poste, se présentèrent chez le directeur et déclarèrent qu'ils voulaient voir le cadavre. Ils déclouèrent le cercueil pour s'assurer que ce n'était pas Chanzy qu'on allait faire sortir de la prison subrepticement, et le corbillard fut suivi jusqu'au cimetière d'Ivry par un peloton de gardes nationaux soupçonneux.

Le héros de la Loire montra dans la captivité son énergie coutumière. Il ne pouvait se promener dans le préau qu'entre deux fédérés qui ne le quittaient pas. Le vieux Charles Beslay, qui était un des rares naïfs de la bande, fut seul admis à le visiter, avec le général Cremer et l'avocat Sarrazin. « On avait fait à Chanzy, a raconté celui-ci dans le journal *le Temps*, l'honneur d'une double cellule. Je le trouvai là, assis devant une table et lisant. Au premier moment sa vue me fit presque oublier dans quelles conditions je le retrouvais. Je ne l'avais pas vu depuis la bataille de Vendôme. Mais les portes ouvertes et la présence de deux fédérés qui écoutaient en dehors me rappelèrent bientôt à la réalité. Ce qui me frappa surtout, ce fut le calme, la sérénité absolue du général après de pareilles épreuves. Il avait sur le visage les traces encore vives des coups qui lui avaient été portés. Il me raconta son arrestation simplement, sans ombre de colère, de fiel ou de dépit, mais plutôt avec cette netteté et cette précision qui sont propres aux hommes supérieurs, habitués à voir les faits en eux-mêmes, dans leurs causes et dans leur enchaînement, et sachant les dégager des impressions ou des préoccupations personnelles : qualité suprême chez un chef d'armée. On eût dit qu'il racontait un fait de guerre.... Ils m'ont pris pour un autre, disait-il, et ne savaient pas ce qu'ils faisaient. Et puis il y a toujours des honnêtes gens dans ces sortes de cohues, car je me suis aperçu que ceux qui me serraient de plus près s'étaient emparés de moi pour me sauver, et qu'ils recevaient eux-mêmes des coups qui m'étaient destinés. »

Enfin, le 25 mars, Cremer arracha au Comité central un ordre ainsi rédigé : « Le citoyen Duval mettra immédiatement le général Chanzy en liberté. » Duval laissa à Cremer le soin de l'exécution.

A minuit, Cremer, accompagné d'un nommé Babick, membre du Comité central, se présenta à la prison de la Santé. Les fédérés du poste dormaient; il n'eut garde de les réveiller. Le délégué du directeur signa le certificat d'élargissement. Chanzy, ainsi que ses deux compagnons, de Langourian et Ducauzé de Nazelles, — car le troisième, Gaudin de Villaine, avait déjà été relaxé sur les instances de Beslay, — revêtirent des habits bourgeois et sortirent ainsi déguisés.

Les tribulations de Chanzy n'étaient point terminées. Il devait être présenté par Cremer au Comité central. Il monta le grand escalier de l'Hôtel de ville, où il enjamba pour ainsi dire des hommes et des femmes qui gîtaient là pêle-mêle le jour et la nuit et à peu près constamment ivres ; c'était la fine fleur de la Commune, les purs d'entre les purs, les gardes du corps du Comité. Chanzy fut admis dans la salle où siégeait ce fameux Comité. Il assista impassible, mais non sans dégoût intérieur, à l'une de ses séances ; les membres n'ouvrirent la bouche que pour se dénoncer les uns les autres, s'invectiver et se menacer dans le langage le plus cynique. Le général Cremer, dans sa déposition devant la commission d'enquête parlementaire, a fait de ce Comité central une peinture qui doit être reproduite :

« C'était un spectacle navrant de voir ces salles de l'Hôtel de ville pleines de gardes nationaux. Quand on montait par le grand escalier, il y avait dans la grande salle tout ce que l'orgie peut avoir de plus ignoble, des hommes et des femmes ivres ; on traversait deux ou trois salles plus calmes et l'on arrivait à une autre qui donne à l'angle de l'Hôtel de ville et du quai.

» C'est là que le Comité central tenait ses séances. Ils se prenaient aux cheveux au bout de cinq minutes de délibération ; il n'y a pas de cabaret qui puisse donner l'idée des délibérations du Comité central ; tout ce qu'on a imaginé d'excentrique dans ces derniers temps pour les petits théâtres n'est rien à côté de ce que j'ai vu.... Ils n'étaient jamais plus de six ou sept en délibération. Les uns sortaient, les autres rentraient ; il y en avait qui étaient ivres ; ceux-là étaient les plus assidus, parce qu'ils ne pouvaient pas s'en aller. J'en remarquai un de moyenne taille, trapu, ayant les cheveux longs, grisonnants, la barbe mal tenue, qui avait toujours son chassepot sur l'épaule gauche : quand il parlait, à chaque phrase il prenait son chassepot, vous couchait en joue, et quand la phrase était finie, il remettait son chassepot sur l'épaule. »

On pourrait croire que le général Cremer, habitué à la régularité militaire, a un peu exagéré le tableau ; on se tromperait, il n'a dit que l'exacte vérité. Nous en trouvons la preuve dans un mémoire inédit, écrit par un de ceux qui signèrent l'ordre d'élargissement du général Chanzy. Voici en quels termes, presque identiques à ceux du général Cremer, il rend compte de la première séance du Comité central : « Après vérification des pouvoirs dont nous étions munis, nous fûmes introduits. Non, jamais je n'oublierai le spectacle qui s'offrit à ma vue, lorsque j'eus franchi le seuil de la salle qui venait de s'ouvrir devant nous. Qu'on se figure, assis autour d'une longue table, des hommes à la tenue débraillée, aux manières communes, hâves, sales, ébouriffés, parlant tous en même temps avec des gestes furibonds et paraissant toujours prêts à se jeter les uns sur les autres. Et quel langage, quelles expressions ! quel cynisme ! C'était à croire que tous les personnages de Callot étaient descendus de leur cadre et faisaient ripaille, ce jour-là, à l'Hôtel de ville. »

Tel est le tribunal devant lequel Cremer conduisit les généraux Chanzy et de Langourian. Cremer rusa et fut habile, car on le soupçonnait déjà de s'être abouché avec Versailles, et il était question tantôt de le nommer délégué à la guerre, tantôt de le faire passer par les armes.

L'autorisation d'élargissement, donnée à Cremer, fut confirmée. Mais à peine Chanzy était-il parti que l'assemblée se repentit de sa clémence et jugea qu'elle aurait mieux fait de garder ce précieux otage. Prendre l'archevêque, le premier président, des curés, des gendarmes, des jésuites, pour leur faire subir le contre-coup de ce qu'on appelait les fureurs versaillaises, c'était bien ; mais relâcher le seul général de marque qu'on eût sous la main, n'était-ce pas absurde ? Et si maintenant Chanzy, qui paraissait bien plus fort stratégiste que Mac-Mahon, allait, pour se venger, prendre le commandement du siège de Paris? Comme conclusion de ces réflexions heureusement tardives, il fut décidé que Chanzy serait rattrapé et réincarcéré. Mais Babick seul connaissait la retraite du général. A peine la séance terminée, il courut chez lui, le fit lever et lui dit de fuir sur-le-champ, sans une minute de retard. Chanzy partit à pied, prit la route de Versailles et arriva dans cette ville le matin même du jour où Paris élisait le gouvernement définitif de la Commune.

Il se rendit à l'Assemblée nationale et y fut reçu avec une joie universelle. L'amiral Jauréguiberry monta à la tribune et prononça les paroles suivantes :

« Je prie l'Assemblée de me permettre d'être l'interprète de la satisfaction qu'elle éprouve sans aucun doute en apprenant la délivrance du général Chanzy et son arrivée au milieu de nous. (Vives marques d'approbation, applaudissements prolongés.) La joie que vous témoignez, mes chers collègues, sera partagée par la France entière (oui! oui!), et, je dois l'ajouter, par toute l'Europe, qui, pendant cinq mois, a suivi avec une profonde sympathie, ou tout au moins avec une très grande estime, les nobles efforts du commandant en chef de l'armée de la Loire. (Très bien! très bien! nouveaux applaudissements.)

» *M. Daguenet.* — Nobles efforts dans lesquels vous l'avez si bien secondé. (C'est vrai, c'est vrai!)

» *M. Vast-Vimeux.* — Oui, oui, très vrai!

» *M. le président Grévy.* — Je crois devoir ajouter que l'honorable amiral vient de se rendre l'interprète fidèle des sentiments de toute l'Assemblée. »

CHAPITRE XIV

Ce que Chanzy venait de voir de la république selon les
Parisiens n'était pas de nature à le gaguer à cette forme de
gouvernement. Il se garda toutefois d'en tirer aucune
conclusion définitive, n'ignorant pas que si les républiques tendent naturellement à l'anarchie, comme les
monarchies à l'autocratie, l'histoire nous offre des exemples
de sagesse et de modération dans les unes comme dans
les autres. Nous avons dit qu'en politique Chanzy cherchait sa voie. Il ne s'était jamais occupé de politique avant
ni pendant la guerre, même à côté de Gambetta.

Il ne faut donc point s'étonner de lui trouver, sur ce
champ de bataille nouveau, qui n'était pas le sien, un
coup d'œil moins prompt et moins sûr qu'à Josnes et à
Vendôme, et aussi beaucoup moins de prestige et d'autorité sur son entourage. Mais si à Versailles son rôle
diminua en étendue et en éclat, il resta encore des plus
honorables.

Quel que fût le parti, ignoré de tous, et jusqu'à un certain point de lui-même, auquel Chanzy apporterait l'ap-
point de ses votes, les services qu'il avait rendus et l'hon-

nêteté de son caractère permettaient d'affirmer d'avance que les autres partis ne se changeraient pas pour lui en adversaires ; c'est ce qui arriva.

Si l'Assemblée nationale, si profondément monarchiste, avait rétabli la monarchie, Chanzy, plié à la discipline, altéré d'ordre et de concorde, et patriote avant tout, n'eût certainement fait aucune difficulté de se ranger parmi les plus dévoués serviteurs du roi. Mais l'Assemblée se laissa berner par M. Thiers, qui tenait à ne transmettre à personne les rênes du gouvernement ; elle accepta des ministres en majorité républicains et autorisa le chef du pouvoir exécutif à prendre le titre de président de la République. D'autre part, il n'était pas évident que le représentant du principe monarchique, le roi que toute la France attendait à ce moment, fût lui-même bien désireux de ceindre la couronne de Louis XVI et de Charles X. L'avenir éclaircira peut-être ce mystère, mais nous autres, contemporains, nous n'avons compris que bien peu de chose aux prétextes qui furent mis en avant pour expliquer l'échec des négociations entre ce Prince et l'Assemblée.

Chanzy se trouva donc républicain, tout naturellement, parce que la République restait, de fait, le gouvernement du pays. Les avances et les cajoleries de M. Thiers contribuèrent aussi, peut-être, à hâter sa détermination dans ce sens.

Mais comme il était foncièrement religieux, honnête et sensé, une chose était certaine, c'est que jamais les athées, les utopistes, les anarchistes, les jacobins, c'est-à-dire, malheureusement, la masse des républicains en France, ne le compteraient comme un des leurs.

Il se rangea parmi les républicains modérés, à côté de M. Thiers, de M. Jules Simon, de M. Laboulaye et de tous

ceux qui, parlementaires ou, comme on disait alors, or-
léanistes par tempérament, mais républicains par circonstance, auraient fondé définitivement la République si elle
pouvait l'être parmi nous. Leur groupe prit le nom de
centre gauche.

Il n'était qu'une minorité dans l'Assemblée, et dans le
pays une minorité plus infime encore. En France, les traditions républicaines depuis leur origine révolutionnaire,
souillée, veulent que ce mot de République signifie, pour
les foules : « Ni Dieu, ni maître. » Rien de plus absurde,
si l'on s'en tient à la théorie spéculative ; on a vu, en
d'autres pays et en d'autres temps, des républiques parfaitement disciplinées et respectueuses de tous les droits
et de toutes les libertés légitimes, — il est vrai que ce
n'était pas en des Etats créés par la monarchie ; — mais
en France, une fatalité s'attache au système inauguré dans
le sang en 1792 et 1793, et, nous ne saurions trop le
redire, cette fatalité est le châtiment d'un crime ori-
ginel.

L'ancien commandant en chef de l'armée de la Loire ne
se décida que peu à peu, et comme par degrés, en faveur
d'un parti politique dont ses instincts de discipline paraissaient l'éloigner, et qui lui rendait bien ses défiances,
comme on eut mainte occasion de le voir depuis. Il ne
s'était pas encore prononcé les premières fois qu'il aborda
la tribune ; la majorité monarchiste le croyait absolument
des siens.

Il intervint, entre autres, le 19 mai 1871, dans la discussion d'un article additionnel au traité de paix ; il
s'agissait d'accepter ou de refuser l'échange, proposé par
l'Allemagne, d'un rayon de 6,000 hectares, comprenant
27,000 Français, récemment cédé autour de Belfort, et qui
nous serait rendu contre une cession nouvelle de 10,000

hectares et de 7,000 Français à l'extrémité nord des Ardennes. Chanzy, en fidèle Ardennais, prit la parole contre ce projet. Il fit valoir la richesse métallurgique du canton convoité par l'Allemagne, et surtout la valeur stratégique de cette bande de territoire. « En le livrant aux Allemands, dit-il, on les rapprochait de Longwy, on leur livrait les bois et les plateaux, on complétait presque la ceinture qu'ils voudraient établir entre nous et ce pays du Luxembourg dont le cœur bat comme celui de la France, et qui est une de leurs convoitises les moins dissimulées. » Mais la question n'était pas de savoir si la cession projetée était regrettable; — il ne pouvait y avoir deux avis là-dessus; — mais uniquement de comparer les désavantages d'un étranglement des abords de la forteresse de Longwy avec ceux d'un étranglement analogue autour de la forteresse de Belfort. Or, l'importance plus grande de Belfort ne pouvait guère être mise en doute. Le rapporteur lut une lettre du colonel Denfert-Rochereau qui déclarait que cette place avait besoin d'un rayon étendu, permettant de faire d'elle un vaste camp retranché, et que la défense en resterait difficile et mal assurée si l'on ne possédait pas les cantons de Belfort, de Delle, de Giromagny et la route de Remiremont par le ballon d'Alsace. La cession du territoire d'Aumetz fut acceptée comme un malheur moindre, et, malgré Chanzy, l'Assemblée ratifia le traité.

Quelques jours plus tard (14 juin 1871), à la suite de l'apologie que fit le général Trochu de ses opérations pendant le siège de Paris, Chanzy indiqua discrètement les fautes commises à l'égard de la province, qu'on avait abandonnée à elle même. C'est en province, dit-il, et non dans une ville bloquée, qu'aurait dû se trouver le gouvernement, surtout le ministère de la guerre; on aurait évité ainsi bien des erreurs de stratégie et peut-être bien des désastres.

Nommé rapporteur de la commission choisie pour examiner la situation des gardes nationales, Chanzy conclut nettement, le 20 août, à leur désarmement et à leur dissolution immédiate. Son rapport, accueilli par de nombreux applaudissements à la droite et au centre de l'Assemblée nationale, fut plus d'une fois interrompu par les murmures de la gauche.

« La garde nationale, disait-il, a eu ses moments d'utilité incontestable, d'abnégation et de véritable patriotisme; mais il faut, pour être équitable, dire aussi les complications qu'elle a créées, l'impuissance dans laquelle elle s'est trop souvent trouvée de contenir ou de réprimer les agitations nées dans son sein et près d'elle, et reconnaître qu'elle n'a jamais été pour le maintien de l'ordre un moyen efficace et suffisant.... Il est essentiel, alors que le suffrage universel donne à tout citoyen le droit d'émettre par son bulletin de vote son opinion sur les affaires du pays, qu'une institution qui devient inutile ne lui laisse pas sous la main un fusil auquel il sera tenté de recourir pour la faire triompher, si elle n'est pas celle de de la majorité. Le nouveau projet de loi vous demandera d'ôter le vote à l'armée active. Ne donnons pas dès lors les armes aux électeurs, et arrivons par la persuasion et l'habitude à faire comprendre à tous que la force armée ne doit servir qu'à garantir au pays la tranquillité à l'intérieur, le respect au dehors, et que le devoir strict de tout bon citoyen est d'exécuter fidèlement les lois que le pays s'est librement données. »

Chanzy défendit à la tribune, le 25 août, les conclusions de son rapport et prouva que la garde nationale devenait trop aisément l'armée de l'émeute. L'aspect des ruines encore fumantes des Tuileries et de l'Hôtel de ville rendait cette démonstration irréfutable. Mais M. Thiers, qui tenait à refaire sa popularité plus que compromise par la sévérité avec laquelle il venait de châtier l'insurrection de cette même garde nationale à Paris, ne voulait pas de la dissolution, ou du moins ne la voulait pas immédiate. Il reprocha au rapporteur et à la majorité d'imaginer un système d'alarmes injustes, répondit sur son honneur du maintien de l'ordre, et déclara que si l'Assemblée voulait absolument dissoudre les gardes nationales, il entendait rester juge du moment favorable et opérer le désarmement non partout à la fois, mais successivement et lorsque cela lui conviendrait. Son discours fut violent, amer, personnel, plein de reproches; il se termina par une menace de démissionner si on n'avait plus confiance en lui.

La majorité n'était pas faite encore à cette manœuvre de « vieille coquette » dont M. Thiers abusa depuis. Elle prit au sérieux une menace que son auteur désirait moins que personne réaliser, et elle accepta l'amendement Ducrot, qui laissait au pouvoir exécutif le soin de dissoudre les gardes nationales « à mesure que le permettraient les progrès de la réorganisation de l'armée. »

Chanzy, quoiqu'il votât lui-même l'amendement Ducrot, paraît avoir été fort sensible à cet abandon de la part de la majorité conservatrice, dans une question où il avait si peu ménagé les passions de la minorité républicaine.

Il laissa inscrire son nom parmi ceux des membres du centre gauche.

Peu de jours après il reparut à la tribune (27 mai 1871), à l'occasion du projet de loi militaire. Chanzy, faisant appel au patriotisme et à la prudence de l'Assemblée, la supplia de voter sans débat, à cause de l'Allemagne qui nous écoutait, une loi mûrement étudiée par les hommes les plus compétents et approuvée de M. Thiers. L'Assemblée discuta néanmoins la loi pendant huit jours.

L'article qui traîna le plus en longueur fut l'art. 37, fixant la durée du service. Le général Trochu, avec son élégante mais verbeuse éloquence, plaidait pour le réduire à trois ans. Ainsi que M. Thiers, Chanzy insista pour une durée de cinq ans.

Son discours nerveux et tout militaire impressionna vivement l'Assemblée et finit par enlever le vote.

« Il y avait, disait-il en substance, une imprudence extrême à commencer les réformes militaires par une trop forte réduction de la durée du service.... La loi de 1832, qui la fixa à sept ans, nous a donné les admirables armées d'Afrique, de Crimée et d'Italie, mais elle est arrivée à nous être fatale en 1870, parce qu'elle ne nous a pas donné le nombre, et quand cette belle armée restreinte est tombée héroïquement à Wissembourg, à Frœschwiller, à Gravelotte, il n'est plus resté derrière elle que des armées improvisées, qui, malgré leur courage, n'ont rien su réparer.... Avec cinq ans de service, on est sûr de faire une bonne armée. Serait-ce possible avec trois ans? Peut-être. Chanzy avait l'espoir qu'on y parviendrait plus tard par la préparation, par le travail, par la force des institutions. Seulement l'outillage n'existait pas encore. Il ne fallait pas s'occuper de l'armée de l'avenir, dont on venait de faire un si séduisant tableau. Pour le moment les cadres manquaient, les bons sous-officiers étaient rares; le premier devoir était de les créer. Une nation armée n'est pas une armée de soldats, et quant aux questions de sentiment, d'égalité absolue, de démocratie, rien de cela n'est à sa place dans une loi militaire. »

Le général Trochu, dans une de ses digressions brillantes, ayant indiqué la fatalité de nos légendes comme la cause de nos désastres, Chanzy lui répliqua qu'il ne fallait pas les affaiblir, ces légendes. « Nos légendes sont nos gloires, et c'est encore dans ces légendes que nous puisons les grands exemples, les grandes pensées, les grandes convictions qui, sur le champ de bataille, nous inspirent et nous montrent comment on fait son devoir. N'accusons pas les légendes, mais bien les traditions aveugles. »

Néanmoins, et quoique Trochu fût à peu près le seul militaire partisan du court service, l'Assemblée comptait tant de politiqueurs qui se préoccupaient avant tout de leur réélection et ne songeaient qu'à plaire aux foules aveugles, que les trois ans auraient été adoptés dès cette époque si M. Thiers ne fût intervenu. Il employa de nouveau les grands moyens, annonçant sa démission si les cinq ans lui étaient refusés, et il faut convenir que, cette fois, la question en valait la peine. Chanzy eut donc la joie de voir écarter, ou du moins ajourner une idée très populaire, mais, selon lui, très funeste, et qu'il ne cessa de combattre jusqu'à la fin de sa vie.

Ce fut seulement en 1872, le 2 mai, qu'il fit sa profession de foi républicaine. Le centre gauche, fier d'une pareille recrue, le nomma son président, mais à une bien faible majorité. Sur 78 votants, Chanzy n'en rallia que 40; le déplacement d'une seule voix eût mis son nom en minorité, tant on avait de peine, jusque dans le groupe le plus modéré de la République, à le croire républicain.

En prenant possession du fauteuil si modestement reçu, Chanzy prononça une allocution qui se résume tout entière dans ce passage : « Faisons franchement l'essai de la République; puisqu'on laisse à la République le soin d'effacer les traces de nos désastres, conservons-la, soutenons-la; qui nous dit qu'elle n'est pas le salut? Mais il y a

République et République. Pas de République où dominent les envieux, les énergumènes, les déclassés qui se laissent guider par la convoitise, par les utopies, par la haine de la religion et de la société. Il faut ne songer qu'à la France, ne pas se parquer dans sa foi politique, ne s'inspirer que de son patriotisme.... Oui, les hommes sensés voient qu'il est impossible de songer à autre chose sans livrer le pays à de nouvelles secousses. Acceptons donc franchement, dans la forme et le fond, la République, puisqu'elle existe de fait. Notre réunion a pour but la réorganisation du pays par des institutions libérales et l'essai loyal de la République, je dis de la République conservatrice. »

On le voit, les hésitations de la masse des vrais républicains à considérer Chanzy comme un des leurs étaient parfaitement légitimes. Chanzy ne fut pas un homme de parti, c'était un serviteur de l'ordre et de la patrie, qui considérait comme très secondaires les questions de forme, pourvu que le gouvernement fût honnête et sage. Il avouait n'avoir jamais assisté aux séances du centre gauche, qu'il ne présida que de nom, et pas très longtemps. Après la chute de Thiers, il ne fit aucune difficulté d'accepter de Mac-Mahon et d'un ministre réputé antirépublicain le gouvernement général de l'Algérie, et lorsque la royauté parut sur le point d'être rétablie, en 1873, les républicains de toutes nuances ayant publié que Chanzy ne se rallierait jamais à une monarchie : « On se trompe, dit-il, je me rallierai à tout gouvernement régulier, régulièrement établi par l'Assemblée, puisque l'Assemblée est l'expression légale des volontés de la France. » Enfin, au mois de décembre 1873, il refusa de signer un manifeste d'opposition rédigé par Lanfrey et dirigé contre le gouvernement du Maréchal par tous les anciens présidents, vice-présidents et secrétaires du centre gauche, qui chaque jour se rapprochaient davantage de la gauche pure et finissaient par se confondre avec elle.

Lorsque l'Assemblée nationale, avant de se séparer, institua un Sénat en se réservant 75 sièges dans ce corps politique nouveau, Chanzy accepta d'entrer dans la coalition de toutes les gauches avec la fraction intransigeante de l'extrême droite, afin d'écarter la droite pure et le centre droit. Il fut nommé sénateur inamovible, au deuxième tour de scrutin, par 345 voix sur 690 votants; il figurait sur la même liste que ses prédécesseurs ou successeurs à la présidence du centre gauche, MM. Duclerc, Corne et Laboulaye, et d'autres membres du même groupe politique, MM. Roger (du Nord), Casimir Périer, Barthélemy Saint-Hilaire, Cordier, et les amiraux Pothuau et Fourichon.

Après la démission du maréchal de Mac-Mahon, lorsque les sénateurs et les députés se réunirent en congrès pour nommer son successeur (30 janvier 1879), quelques-uns des membres de la droite, ne pouvant faire élire un des leurs et ne voulant pas voter pour M. Grévy, imaginèrent de se compter sur le nom de Chanzy. 99 suffrages se portèrent sur le général. Bien qu'il n'eût pas été consulté, c'était, ce semble, un hommage qui lui était rendu et qui ne pouvait que le flatter. Il ne le prit pas ainsi et s'en montra vivement contrarié.

Il avait quitté la salle lorsque le président du congrès annonça le résultat du dépouillement du scrutin [1]. Un ami du général, M. Gailly, sénateur des Ardennes, se tourna vers la droite et dit : « Vous avez voté pour le

(1) Votants, 713; bulletins blancs, 43; M. Jules Grévy, 543 voix; Chanzy, 99; Gambetta, 5; le duc d'Aumale, 1; le général de Ladmirault, 1; le général de Galliffet, 1.

général Chanzy sans lui demander son autorisation; si vous la lui aviez demandée, il vous l'aurait refusée. » Des rumeurs se firent entendre sur les bancs de la droite, mais toutes les gauches applaudirent. Le lendemain Chanzy fit publier dans les journaux la lettre suivante :

« Mon cher Gailly,

» J'étais tellement ennuyé hier du mauvais tour qu'on me jouait, sans que rien me l'eût fait pressentir, que je suis rentré ici par le train de 5 heures 50 minutes, aussitôt après avoir voté. Ce n'est que ce soir qu'un de mes officiers me fait lire dans le *Journal officiel* les quelques paroles que vous avez prononcées. Vous avez fait pour moi ce que je n'ai pu faire moi-même, et vous avez dit l'exacte vérité.

» Tout à vous.   *Général* CHANZY. »

L'opinion publique fut divisée sur l'opportunité de cette lettre; chacun jugea au point de vue de son parti. Les monarchistes qualifièrent de maladresse et presque d'ingratitude la susceptibilité du général. La plupart des républicains applaudirent à sa protestation. Quelques-uns toutefois, les plus révolutionnaires, trouvaient que ces 99 voix n'étaient pas de nature à diminuer leurs défiances contre celui qui les avait obtenues, fût-ce malgré lui. L'existence de cette dernière appréciation suffit pour expliquer la mauvaise humeur du général. Il était alors gouverneur de l'Algérie. Pouvait-il se laisser compromettre vis-à-vis du nouveau chef de l'État, et n'avait-il pas déjà assez de peine à rester correct à l'égard des hommes au pouvoir et à servir un gouvernement qui froissait souvent ses sentiments de catholique avéré, et qui s'écartait de plus en plus de l'idéal qu'il s'était fait d'une République conservatrice et franchement libérale?

Jamais peut-être les intrigues de couloir ne lui parurent plus intolérables. Tout ce que le parlementarisme a de turbulent, d'inconstant, de mesquin et de contradictoire, tout ce qu'il agite de misérables vanités, de calculs égoïstes et de petites rancunes, répugnait à sa nature droite et simple. Il comprenait d'instinct qu'il n'était pas là à sa place et que la politique le diminuait au lieu de le grandir. Aussi se tenait-il volontairement à l'écart, ce qui faisait dire à un de ses collègues : « Cet homme-là, mais c'est un aparté continuel! » Il fut donc enchanté, sitôt qu'il le put, de s'éloigner du Parlement et de rentrer dans un service extérieur et plus actif.

Son nom figurait régulièrement dans les comptes rendus du Sénat parmi les absents par congé. On le vit rarement à la tribune. Il y parut cependant en deux circonstances que nous ne saurions passer sous silence. La première, ce fut pour répondre aux accusations dont son administration en Algérie était devenue l'objet ; il fit alors (19 mars 1878), un des meilleurs discours d'affaires que jamais aucune assemblée ait entendus. La seconde, qui fut aussi la dernière, il vint tout exprès de Châlons pour prendre la défense de la discipline militaire.

Un officier supérieur qui a dû sa carrière politique à un acte d'insubordination dans le service, le commandant Labordère, avait déposé une proposition contre l'obéissance passive et absolue du soldat sous les armes. En voici le texte : « L'obéissance militaire n'étant due qu'aux ordres donnés pour l'exécution des lois et des règlements militaires et pour le bien du service, il n'y a ni crime ni délit à la refuser lorsque ce refus s'applique à un ordre dont l'exécution serait un acte qualifié crime par la loi, si toutefois il se produit en temps de paix avec l'étranger. »

M. Labordère avait appuyé cette proposition par un discours violent, rappelant le coup d'Etat de 1851 et alléguant les droits du citoyen et les principes de 1789. Sa thèse pouvait se soutenir, à la rigueur, au point de vue purement philosophique et spéculatif. Mais la pratique a des exigences contraires. Comme il est admis également, toujours au point de vue philosophique, qu'une guerre injuste est un acte criminel pour tous ceux qui y prennent part, il faudrait, en bonne logique, autoriser le soldat à discuter la convenance d'obéir ou de désobéir, aussi bien avant de marcher à la frontière qu'avant d'exécuter une consigne quelconque à l'intérieur. Mais alors, n'en déplaise aux immortels principes et aux droits de l'homme, il n'y aurait plus d'armée, pas plus contre les ennemis du dehors que contre ceux du dedans.

Chanzy fit une réplique émue, énergique, au nom de tous ceux qui avaient, dit-il, l'honneur de porter l'uniforme. Il dénonça « toutes ces idées dissolvantes, toutes ces amorces trompeuses au moyen desquelles on cherche à porter le trouble dans les esprits, pour porter la désorganisation dans l'armée et dans le pays. »

« L'armée, ajouta-t-il, restera sourde à ces suggestions dont elle apprécie la valeur et le but. Elle saura se maintenir dans la ligne nettement tracée de ses devoirs en défendant l'ordre, la loi, la constitution, le gouvernement et le pays, d'où que viennent la menace et le danger. N'appelons pas nos soldats à discuter la devise de la République ; que jamais personne ne croie que dans l'armée la liberté puisse dégénérer en indiscipline, l'égalité en oubli du respect et de l'obéissance aux chefs, la fraternité en négation du principe hiérarchique. Une armée n'est sérieuse que si elle a confiance en elle-même et dans ceux qui ont l'honneur bien grand, mais parfois bien lourd, de la commander. Une nation n'est forte et respectée que si elle est capable de faire une armée sur laquelle elle compte en toutes circonstances. C'est cette confiance réciproque qu'il s'agit de conserver entière et que ne pourrait qu'amoindrir la discussion à la tribune du Sénat, devant l'armée, devant le pays, de la proposition Labordère. Quant à moi, je voterai contre la prise en considération. »

Le Sénat applaudit avec enthousiasme ; le général Billot, ministre de la guerre, remercia et félicita l'orateur, et la proposition Labordère fut rejetée par une immense majorité.

C'était le 29 juillet 1882. Chanzy n'avait plus que six mois à vivre. Il ne devait plus livrer d'autre combat, ni sur le champ de bataille parlementaire, ni ailleurs ; mais pour un soldat comme lui, c'était bien finir que de clore sa carrière en faisant triompher le culte du drapeau.

CHAPITRE XV

Chanzy passa quelques mois à Tours, en 1873, en qualité de commandant du 5ᵉ corps, poste auquel il avait été appelé par M. Thiers. Le 11 juillet de la même année, un décret signé du maréchal de Mac-Mahon, sur la proposition du duc de Broglie, le nomma gouverneur général civil de l'Algérie en même temps que commandant des forces de terre et de mer de cette colonie. Sous son prédécesseur, l'amiral de Gueydon, ces deux natures d'attributions avaient été séparées; en les réunissant pour lui, on nommait, en réalité, un gouverneur militaire. Personne ne s'y trompa.

Chanzy se trouvait mieux dans son élément, à la tête d'une administration et d'une armée, que dans les couloirs d'une assemblée délibérante. En s'installant à Alger, dans le vieux palais moresque du Gouvernement, il se souvint de l'avoir habité jadis, comme simple officier d'ordonnance du gouverneur général Charron. « C'était en 1849, dit-il; j'étais bien loin alors de songer que j'y reviendrais un jour comme chef. Je connais l'Algérie et elle me connaît; c'est dans ses camps et dans ses bureaux que j'ai gagné tous mes grades, jusqu'à celui de général de brigade; si elle en arrive à m'aimer comme je l'aime, une ère véritable de bonheur s'ouvre devant nous. » Deux mois avant de mourir il confiait à un ami intime que les années de sa vie les plus heureuses et les plus brillantes avaient été celles de son gouvernement d'Alger.

En effet, la situation qui lui avait été faite est sans contredit la plus belle que puisse rêver un officier général. Ce commandement presque sans limite et sans contrôle, qu'il exerce sur un territoire immense, rappelle les pouvoirs dont sont investis, au nom de la Grande-Bretagne, les vice-rois des Indes. Un traitement princier, deux magnifiques résidences, palais d'hiver et palais d'été, une armée sous ses ordres, beaucoup de bien à faire, n'y avait-il pas là plus que n'avaient pu concevoir jadis ses rêves les plus audacieux? Mais ce n'est pas le faste qui lui plaisait dans une situation aussi élevée. Il goûtait peu de distractions en dehors de son intérieur, et ses plus douces jouissances étaient celles que lui donnait sa jeune famille. « Mlle Gabrielle Chanzy [1] était alors une ravissante jeune fille de dix-sept ans. Chacun admirait la gracieuse amazone quand elle sortait, accompagnée de son père, par la porte de Bab-Azoun, précédée et suivie d'une escorte de spahis aux longs burnous rouges [2], » et le plaisir de la voir ainsi était peut-être la plus grande joie du gouverneur général.

A la séance d'ouverture du conseil supérieur de la colonie, le 3 décembre, Chanzy exposa en termes remarquables ses principes et ses vues. Il considérait la grande assemblée algérienne comme un conseil, ainsi que l'indiquait le nom qui lui était donné, et non comme un parle-

(1) Depuis mariée à M. le baron de Crépy, aujourd'hui (1889) receveur général à Privas.

(2) Baron d'Ideville, ancien préfet d'Alger.

ment ; mais chaque année il lui présentait, dans un compte rendu clair et substantiel, l'exposé de la situation coloniale. Il consultait, écoutait avec la plus grande impartialité, comparait, réfléchissait, puis décidait et agissait en conséquence, sans s'inquiéter des députés et des journaux.

Cette conduite ne tarda pas à être remarquée et commentée ; elle refroidit au bout de peu de temps les bonnes dispositions de la colonie envers un gouverneur qui, disait-on, n'avait de civil que le titre et quelquefois un peu les manières, mais qui se croyait partout chef d'armée et n'en faisait qu'à sa tête. Ce fut bien pire lorsqu'on eut constaté les habitudes religieuses dont Chanzy et sa famille ne faisaient point étalage, mais qu'ils ne cherchaient pas non plus à dissimuler.

La popularité d'un homme se fait et se défait par les journaux ; mais en Algérie il n'existe que des feuilles radicales, ou à peu près. Le nouveau gouverneur devint rapidement impopulaire. Il était impossible qu'il en fût autrement ; les contrastes étaient trop accusés.

Chanzy était républicain, mais à la façon des Romains de Corneille, républicains par leurs vertus. La majorité des colons algériens, au contraire, était républicaine par ses défauts, par son esprit d'indiscipline, de jalousie contre toutes les supériorités et d'absence de toutes traditions. On nous trouvera sévère, mais l'historien tient la plume pour peindre et pour instruire, non pour flatter. Du reste, la situation morale que nous signalons ici, et que le temps a améliorée sensiblement depuis, était le résultat presque fatal de la transplantation des nouveaux habitants. Lorsqu'il perd de vue son clocher, les lieux où se forma son enfance, les tombes de ses ancêtres et tout ce qui rappelle le passé, pour se fixer dans un milieu en-

tièrement nouveau, parmi des voisins dont les origines
sont elles-mêmes complètement différentes des siennes,
l'homme subit une transformation qui le laisse généralement sans foi, sans mœurs et sans boussole, en attendant
la formation de traditions nouvelles.

A ce grief d'être hautement un homme d'ordre et de
forte discipline, Chanzy en ajouta un autre, celui de se
montrer trop Français et pas assez Algérien.

L'Algérie est française, en effet, et elle restera française
tant qu'elle aura besoin de la France. Encore une audace
de notre plume qui va étonner et froisser plus d'un lecteur, mais qui paraîtra, avant un siècle, une banalité.

Alger, nous objectera-t-on, est à trente heures de Marseille et de Toulon ; sans l'armée de la métropole, les
Arabes jetteraient les colons à la mer ; sans l'argent de la
métropole, jamais la colonie n'eût construit ses routes, ses
télégraphes, ses barrages et ses ports, jamais elle n'achè-
verait le réseau de ses chemins de fer.

Rien n'est plus exact. Mais en France, un désastre national peut survenir, qui paralyserait les escadres de
Toulon ; la population européenne, dans laquelle les éléments espagnol, maltais et juif cosmopolite, balancent
l'élément français, dépassera un jour la population arabe ;
le réseau des chemins de fer n'est pas loin d'être achevé ;
enfin, quant à la reconnaissance, nous pouvons compter sur
elle tant que l'intérêt nous en répond, mais pas au delà.

C'est la loi triste mais universelle de l'égoïsme humain ;
elle souffre de fréquentes exceptions dans les relations
d'homme à homme ; mais dans les relations de peuple à
peuple, elle est inexorable. L'Espagne, l'Angleterre, le
Brésil, la France elle-même, en ont déjà fait l'expérience
en Amérique.

Il convient d'ajouter que, pour l'Algérie, l'adjonction

de la Tunisie, survenue depuis le gouvernement général de Chanzy, pourra reculer l'échéance de la pleine indépendance politique, la colonisation tunisienne étant moins avancée; mais cette échéance reste fatale.

Toujours est-il que Chanzy, dont les vues s'étendaient au delà de l'heure présente, s'en préoccupait.

« En Algérie, disait-il le 19 mars 1878, à la tribune du Sénat, il existe deux grands partis, celui de l'autonomie et celui de l'assimilation.... Quelques-uns veulent faire de l'Algérie une nation sœur de la France, ayant ses intérêts distincts, son organisation à part, ses lois spéciales, faites pour sa population, formée de tant d'éléments divers. Mais je ne puis me défendre d'une certaine appréhension; je vois là un danger qui peut être éloigné sans doute, mais auquel il faut pourvoir dès à présent. On ne doit pas laisser cette plante se développer; il faut la détruire avant qu'elle ait pris racine. »

Chanzy était donc partisan résolu de l'assimilation. Dès avant de rentrer en Algérie comme gouverneur général, il avait écrit aux Algériens, dans une proclamation datée de Tours, 23 juin 1873, que son programme consisterait à travailler à la complète « assimilation de la colonie à la métropole, en tenant compte transitoirement des difficultés exceptionnelles que créent les différences d'origine et de mœurs des populations qu'il s'agit de transformer et d'agréger, pour leur donner la physionomie unique d'une société liée par les mêmes intérêts, mue par les mêmes sentiments de sympathie réciproque et de patriotisme. »

Les députés et sénateurs algériens, radicaux comme la grande majorité de leurs électeurs, crurent devoir redresser les idées, selon eux trop étroites, de Chanzy, et, n'y réussissant pas, se mirent à en contrarier l'application dans les faits.

L'immixtion exagérée des députés dans l'administration a été l'un des traits caractéristiques et l'une des grandes erreurs de la troisième République. Tout gouvernement qui voudra rester honoré et fort, et conserver le pouvoir de faire le bien, devra rompre avec cette fâcheuse intrusion, et maintenir résolument le pouvoir législatif hors de la sphère administrative. Le député, en effet, quand il se mêle de ce qui ne le regarde point, se trompe presque constamment; il n'est pas capable de juger les choses selon l'intérêt public et ne les apprécie guère qu'à l'unique et égoïste point de vue de sa réélection personnelle et de celle des hommes de son parti; son intervention n'aboutit qu'à faire surgir à la tête des divers services de l'Etat les politiqueurs et les bien apparentés, et à décourager les modestes, les laborieux; elle trouble et paralyse tout.

Repoussés dans leurs tentatives d'empiétement, les représentants élus de l'Algérie trouvèrent un point d'appui dans la presse, dont ils étaient une émanation. La querelle s'envenima. Le général Wolff, commandant la division militaire d'Alger, crut devoir interdire la publication de la *Solidarité*, journal qui, « oubliant ce que les partis les plus exaltés respectent, n'avait pas craint, par une série d'articles des plus injurieux, de porter atteinte aux droits sacrés de la famille, dans ses attaques contre la municipalité d'Alger. » Le gouverneur général approuva cet acte d'autorité de son subordonné et, le 29 mars 1874, déclara la commune d'Alger en état de siège. Aussitôt la Chambre de commerce protesta, ainsi que de nombreux pétitionnaires. Chanzy maintint son arrêté, et la question fut portée d'abord devant la commission permanente de l'Assemblée nationale, ensuite devant l'Assemblée nationale elle-même.

Le débat, qui passionna un instant la métropole et la

colonie, n'a plus aujourd'hui qu'un intérêt bien faible. Les représentants algériens Lucet et Warnier s'y prononcèrent contre Chanzy, ainsi que l'inévitable Jules Favre et le vieil israélite Crémieux, coupable lui-même d'une mesure qu'on jugeait bien autrement imprudente : la naturalisation française prématurée, en bloc et par simple décret, de tous ses coreligionnaires algériens, ce qui revenait à mettre, en beaucoup d'endroits, les élections à la merci du plus offrant et dernier enchérisseur, les juifs algériens ne connaissant encore, en fait de patrie, que la pièce de cent sous.

Le duc de Broglie démontra que notre grande colonie africaine était une colonie; que la presse, continuellement violente, y était toujours acquittée par un jury indulgent; que le gouverneur général avait eu raison, par conséquent, de recourir aux mesures d'autorité et même d'établir l'état de siège.

L'état de siège fut donc maintenu. Mais Chanzy eut contre lui tous les républicains, sans en excepter les modérés du centre gauche, qui éprouvaient le besoin de se refaire une popularité aux dépens d'un des leurs. Ce fut bien pire encore lorsque la majorité eut passé des monarchistes aux républicains, parmi lesquels le centre gauche ne comptait pas, n'étant qu'une fraction minime et condamnée à l'impuissance par sa modération même. Le mot d'ordre fut alors, dans la presse algérienne et dans les journaux officieux de la métropole, de réclamer un gouverneur civil. Le régime militaire, si nécessaire encore, comme protection, à 300,000 Européens entourés de trois millions de musulmans indigènes, parut subitement intolérable. Les bureaux arabes étaient devenus odieux; il fallait tout supprimer d'eux, jusqu'à leur souvenir; bref, il semblait que la substitution d'un chapeau de haute

forme à un képi galonné allait attirer sur tout le territoire
la liberté, la prospérité, le règne de la loi seule, et que
l'avenir dépendait absolument d'un changement de costume du gouverneur. La passion fut si ardente que Chanzy
fut représenté par les journaux comme un ennemi déguisé
des institutions du pays et un faux républicain ; en quoi
ne se trompaient nullement ceux d'entre eux qui con-
fondent république et radicalisme.

Chanzy fut invité sous main à donner sa démission.
« Je ne me cramponne pas à mon gouvernement comme
à un portefeuille, répondit-il, dans une lettre à un ami ;
mais si l'on est mécontent de moi, qu'on me remplace. »
On ne l'osait pas ; il fallut cependant s'y décider après
que la Chambre et le Sénat, guidés par Gambetta et par les
députés de l'Algérie, eurent repoussé, le 3 février 1878, des
crédits que Chanzy réclamait et dont l'utilité n'était point
contestable. On prit le parti de l'appeler à d'autres fonctions.

L'Algérie obtint ce gouverneur civil tant désiré. Ce fut
le propre frère du Président de la République, l'avocat
Albert Grévy, dont les aptitudes universelles furent aussitôt portées aux nues par la presse officieuse [1]. « Enfin,
lui dit le maire d'Alger en lui souhaitant la bienvenue,
enfin nous sommes en présence d'un chef républicain ;
vous êtes républicain, monsieur, et vous voudrez qu'on le
soit autour de vous. » Ce qui n'empêcha point l'illustre
avocat, inconnu la veille et retombé le lendemain dans
l'obscurité, de quitter bientôt piteusement l'Algérie, en y
laissant le souvenir d'une rare incapacité.

[1] « Ses talents le désignaient pour une aussi haute fonction, écrivait le *National* ; ses liens de parenté, dans une république, ont été plutôt un obstacle au choix qu'on fait de lui. Il est nommé gouverneur, non parce qu'il est frère du président, mais malgré ce titre ; qu'on juge par là de la transcendance de son mérite ! »

Le premier résultat du rappel de Chanzy et de l'efface-
ment imposé à tout ce qui portait l'uniforme fut d'attirer
le mépris des Arabes et de ranimer leur turbulence mal
comprimée. Le 19ᵉ corps d'armée, qui forme l'armée de
l'Afrique du Nord, comprenait 51,000 hommes, dont
14,000 cavaliers ; il fallut, après l'institution du gouvernement sincèrement civil, le porter à un peu plus de
81,000 hommes, dont 16,000 de cavalerie [1]. Chanzy valait donc à lui seul, pour la colonie, une force de 30,000
soldats.

Mais nous ne voulons pas nous éloigner avec lui de
cette contrée, qui lui était si chère, sans étudier rapidement les progrès qu'elle avait réalisés sous lui.

Tout d'abord il assura le maintien de la paix et de la
tranquillité publique. Tant qu'il fut là, ni les Arabes ni
les Kabyles ne remuèrent. Ils respectaient le « grand chef, »
parce qu'ils le savaient juste et énergique, comme autrefois Bugeaud. C'est surtout pour les populations mahomé-
tanes que la crainte est le commencement de la sagesse.

Une tentative d'insurrection éclata, en avril 1876, dans
l'oasis d'El-Amri, non loin de Biskra ; mais elle fut presque aussitôt réprimée que connue, par le général Carteret-
Trécourt, commandant de la province de Constantine.
La même année, le général Osmond parcourut les régions
du Sud-Ouest, et, sans que nos bonnes relations avec le
Maroc en fussent troublées, montra de nouveau le drapeau
de la France aux turbulentes tribus qui forment l'ombra-
geuse confédération des Ouled-Sidi-Cheikh. Il est à croire
que si Chanzy eût été encore gouverneur général lors de
la révolte de Bou-Amema, jamais celui-ci n'eût poussé

---

(1) Non compris, bien entendu, l'armée d'occupation de la Tunisie ; la Tunisie
ne fut occupée que trois ans après le départ de Chanzy.

jusqu'aux hauts plateaux sa pointe audacieuse. Le souvenir de la prompte répression de 1870 était toujours vivant; l'on savait que le vainqueur d'El-Bahariat « ne badinait pas, » mais qu'il bondissait comme le lion du désert et atteignait à coup sûr quiconque eût voulu le braver.

La guerre turco-russe, en 1878, lui créa quelques difficultés passagères. Il dut interdire l'accès de l'Algérie à tous les journaux arabes étrangers, particulièrement à l'*El Djaouaïb*, qui prêchait la guerre sainte en faveur du sultan. « Certains exaltés, disait-il, parviennent encore à exciter les imaginations contre nous, et l'on ne saurait empêcher nos musulmans de faire des vœux pour leurs coreligionnaires; mais j'ai tâché de leur faire comprendre qu'ils n'avaient aucun intérêt dans la lutte et que la domination de la France chrétienne est encore la meilleure pour eux. »

Ce qui, vis-à-vis des Arabes, lui permettait d'être parfois sévère, sans devenir odieux, nous l'avons dit, c'est qu'il était juste. La justice est le passeport de la sévérité; elle la fait accepter avec résignation, souvent même avec gratitude, jusque dans ses plus extrêmes exigences.

La loi d'assimilation arabe, du 26 juillet 1873, promulguée quinze jours après la nomination de Chanzy au gouvernement général, fut appliquée par lui avec moins d'ardeur que n'en désiraient les colons, toujours difficiles à satisfaire, mais avec une fermeté tempérée de tous les ménagements que réclamait l'opposition d'un certain nombre d'indigènes. Cette loi, en effet, ne constituait parmi eux rien moins qu'une révolution sociale. Elle posait les règles de la propriété individuelle partout où celle-ci se trouvait à l'état collectif, remplaçait les titres arabes de propriété privée par des titres français, appliquait la législation française à tous les modes d'acquisition

et de transmission de la propriété autres que la succession,
enfin constituait l'hérédité patronymique en obligeant
tout musulman ou israélite qui serait déclaré propriétaire,
à ne plus se contenter d'un nom individuel et isolé, selon
la tradition orientale, mais à prendre un nom qu'il léguerait à tous ses descendants et qui deviendrait ainsi la
propriété et la marque distinctive de toute une famille.
Œuvre considérable, pleine de difficultés, et qui ne pouvait complètement aboutir qu'avec l'aide du temps.

Chanzy ne négligea aucune occasion de faire comprendre aux indigènes les bienfaits d'une loi grâce à
laquelle ils allaient sortir de l'indivision et d'un communisme qui les avait immobilisés pendant des siècles en
paralysant l'initiative de chacun. Les indigènes regret-
taient, en général, ce communisme. Ils le tenaient de
leurs pères, le trouvaient préférable à notre état social,
qui développe d'immenses fortunes à côté d'un paupérisme
hideux, et le jugeaient parfaitement adapté aux mœurs
d'un peuple religieux, profondément honnête, chez lequel
tout le monde travaillait et personne ne songeait à
s'étendre au préjudice de son voisin. Peut-être avaient-ils
raison, au moins en théorie; ce n'est point ici le lieu de
discuter ce point de philosophie. Une seule chose nous
paraît incontestable; c'est que le progrès est incompatible avec l'indivision.

Chanzy employa à constituer la propriété arabe des
crédits croissants, qui s'élevèrent jusqu'à 615,000 francs
en 1876, 716,000 en 1877 et 878,000 en 1878. L'importance des résultats ne sembla pas répondre, au moins dans
le principe, à celle des dépenses. Les embarras croissaient
à mesure qu'on avançait. Il fallut recruter un double
personnel d'agents. Les commissaires-enquêteurs, chargés
de la partie juridique de l'opération, se trouvaient faci-

lement. Mais les géomètres chargés du service topographique ne dépassèrent jamais, sous Chanzy, le nombre de 57, et bien qu'on les payât pour la plupart à la tâche, ils n'arrivèrent pas à délimiter plus de 800,000 hectares par année. L'opération s'est continuée depuis sans s'accélérer beaucoup. L'administration française a pour principe de se hâter lentement. Elle traîne à sa suite tant de paperasses, tant de formalités diverses, que l'on ne saurait s'étonner des lenteurs de sa marche.

L'attention de Chanzy se porta tout particulièrement vers l'instruction des indigènes, « le meilleur moyen pour émousser le fanatisme. » Il fit mettre à l'étude un projet d'organisation des écoles arabes primaires. Il se préoccupait de réunir les indigènes et les Européens en les groupant dans les mêmes établissements d'instruction, et en faisant apprendre aux uns le français, aux autres l'arabe. Il faut, disait-il, que les enfants s'élèvent ensemble, sans distinction d'origine ou de culte ; c'est le seul moyen de faire disparaître les préjugés et l'éloignement que les diverses races peuvent conserver les unes vis-à-vis des autres. » Il songeait même à créer des écoles spéciales d'agriculture et de métier, où les jeunes gens du pays, arabes et européens, auraient appris à devenir de bons cultivateurs et de bons ouvriers.

Il insistait sur l'utilité de savoir l'arabe, il répétait qu'un fonctionnaire de l'administration ou de la justice ne pouvait s'acquitter efficacement de sa mission qu'à la condition de se passer d'intermédiaire. Il encouragea l'étude de cette langue ; le recteur de l'Académie d'Alger fit introduire la connaissance de l'arabe dans le programme d'examen pour le baccalauréat et pour le brevet de capacité, et, sur les réclamations pressantes de Chanzy, les départements ministériels allouèrent des primes à ceux de leurs agents qui possédaient l'idiome du pays. Cette condition, depuis cette époque, fut une de celles exigées pour l'avancement ou pour l'admission aux emplois publics.

Chanzy savait par expérience qu'il était plus aisé d'introduire l'enseignement des choses françaises dans les écoles musulmanes que d'attirer les indigènes dans nos propres écoles. Il fit enseigner notre langue dans les *medraças* (écoles d'enseignement supérieur) d'Alger, de Tlemcen et de Constantine, où les jeunes indigènes se préparent aux emplois de la magistrature musulmane et aux places de *khodjas* ou écrivains dans les bureaux de l'administration. Il voulait que ces institutions, qu'on accusait d'être des foyers d'erreurs et de préjugés, devinssent des écoles sérieuses. Des maîtres français furent adjoints aux maîtres indigènes dans les *medraças*; ils y enseignèrent l'histoire, la géographie et les principes du droit [1].

On peut dire que Chanzy aimait les Arabes, pour les avoir longtemps fréquentés, et que s'il les jugeait généralement inférieurs à cette civilisation française dans laquelle il cherchait à les introduire, il eût souhaité plus d'une de leurs qualités à nos colons. « Notre colonie, disait-il au conseil supérieur, est un des pays où les croyances religieuses sont le plus profondément enracinées; il faut respecter ces croyances, il faut les encourager, parce qu'elles sont une des bases les plus solides de l'ordre social. » Et il rappelait les engagements que la France avait pris au moment de la conquête, et dont elle ne s'était pas crue déliée par les insurrections. Il fit affecter, en 1877, une somme de plus de cent mille francs

<hr>

[1] Arthur Chuquet, *Le général Chanzy*, p. 298.

à l'entretien ou aux réparations de 123 mosquées, entre autres de la mosquée de Tlemcen et du minaret de Mansourah, « qui intéresse à un si haut point l'histoire de l'architecture en Algérie. »

Il se refusa à supprimer radicalement la justice musulmane ; où trouver en effet, dès aujourd'hui assez de juges français connaissant suffisamment la langue et les coutumes arabes ? Mais il réduisit le nombre des mahakmas ou tribunaux des cadis, et à mesure qu'il opérait des économies sur le personnel de la justice arabe, il augmentait le nombre des juges de paix et étendait leur compétence, tout en leur donnant des assesseurs musulmans. En Kabylie, où l'antique foi chrétienne a laissé encore de profondes traces, et où l'on ne touche pas aux croyances quand on touche à la justice, il réorganisa complètement les *djemmaas*, par décrets du 29 août et du 10 octobre 1874. Les indigènes se félicitèrent de voir la vénalité bannie de l'auguste enceinte des lois. Malheureusement, avec les juges de paix arrivèrent les huissiers, les avoués, les avocats, les notaires ; il se trouva que la justice française, quoique rendue gratuitement, coûtait en frais de procédure autant que les arrêts qu'il fallait payer jadis pour les obtenir favorables. En outre, elle était moins expéditive. Mais Chanzy ne pouvait donner à la colonie que ce qu'il recevait de la métropole, où tout le monde reconnaît la nécessité de supprimer les paperasses et les lenteurs, mais où les parasites judiciaires qu'une réforme gênerait peuvent dormir bien tranquilles, attendu que l'État est celui qui tire le plus de profit des abus signalés.

L'affection que Chanzy portait aux Arabes ne lui faisait pas oublier un intérêt plus considérable encore aux yeux d'un administrateur français : celui de la colonisation européenne. Elle se développa rapidement sous lui ;

mais là aussi, il rencontra l'obstacle des lenteurs et des paperasseries bureaucratiques.

Avant lui, rien n'était plus difficile que d'obtenir des renseignements sur l'Algérie. On écrivait : les lettres restaient sans réponse; on arrivait avec l'espoir d'obtenir une concession de terre et de s'y établir : on avait le temps, avant d'être fixé sur l'attribution d'un lot, de dépenser le petit pécule apporté : on se décourageait, et très souvent on se rembarquait désespéré, mais plus pauvre qu'on n'était venu. Chanzy créa à Alger et dans trois autres villes principales des bureaux de renseignements coloniaux, bureaux qui eurent leurs correspondants réguliers en France, au Havre, à Paris et à Marseille.

Son prédécesseur, l'amiral de Gueydon, avait séquestré les biens des indigènes révoltés en 1871; cette mesure mit à la disposition du gouvernement d'immenses espaces labourables. Toutefois, comme on ne voulait forcer les tribus expropriées ni à s'expatrier ni à mourir de faim, Chanzy fit admettre que les insurgés justement châtiés pourraient racheter une partie de leur territoire. Il conclut, avec 319 de leurs *djemmâas*, des conventions aux termes desquelles furent déterminés les emplacements qu'on leur laissait, ainsi que les rançons dues pour chacun, et les emplacements affectés désormais à la construction de villages européens. La mesure fut jugée sévère et vivement critiquée; mais elle fournit des terres à la colonisation, rapporta près de huit millions au trésor, et laissa chez les indigènes un sentiment de terreur salutaire que le temps n'a pas effacée.

Le plus difficile était d'attirer et de retenir des immigrants. Le Français ne s'expatrie pas volontiers, et, malgré les excitations du gouvernement et de la presse (paralysées, il est vrai, le plus souvent, par les lenteurs des bureaux), l'Algérie, jusqu'ici, compte à peine, parmi ses colons, autant de Français que d'étrangers, Espagnols dans la province d'Oran, Maltais dans celle de Constantine. Elle profita cependant, à cette époque, des malheurs de la métropole, et l'annexion violente de l'Alsace-Lorraine à une puissance étrangère ainsi que les ravages du phylloxera lui valurent de nombreux arrivages de viticulteurs et d'agriculteurs aux bras solides et à l'âme bien trempée. Chacune des six années que dura l'administration de Chanzy, l'agriculture algérienne enregistra, en moyenne, 4,000 immigrants qui restèrent. Ils obtinrent tous le passage gratuit et même des secours de route, grâce auxquels ils purent gagner leur destination définitive sans avoir entamé leur petit capital.

Afin de les faciliter encore, Chanzy fit modifier le décret d'octobre 1871, inspiré par l'amiral de Gueydon. Aux termes de ce décret, le colon ne devenait propriétaire du terrain concédé qu'après neuf ans de bail, moyennant un franc par an, à condition d'être Français et d'avoir résidé. Le délai fut réduit de neuf à cinq ans, et le droit de location étendu à tous les indigènes qui se feraient naturaliser Français; mais l'obligation de la résidence fut rigoureusement maintenue. Chanzy raconte, dans un de ses rapports, qu'il était assailli de requêtes de concessionnaires qui demandaient l'agrandissement de leur lot. Il allait vérifier sur place et trouvait que la concession n'était pas même habitée par le solliciteur; et cependant, ce n'était pas de spéculateurs, de brocanteurs de terres, que la colonie avait besoin, c'était de travailleurs.

La création ou l'agrandissement de nouveaux centres de population européenne fut l'œuvre de prédilection de Chanzy. Il allait lui-même parfois, quand il le pouvait, visiter les emplacements à choisir : « On ne règle bien ces questions-là que sur les lieux, disait-il; un centre bien situé, doté de tout ce qui lui est nécessaire, encourage la colonisation; un village qui souffre, végète et se dépeuple est un résultat qui la compromet. » Il faisait construire à proximité des cours d'eau, sur des routes fréquentées, praticables en toutes saisons, et aussi près que possible de points déjà occupés, car il considérait l'éparpillement comme un péril non seulement pour la sécurité, mais aussi pour la prospérité. Un village, selon lui, devait avoir au moins soixante feux, et tous les habitants devaient pouvoir s'entr'aider et compter sur un nombre suffisant de voisins.

Il fit bâtir ou agrandir 176 villages, qui reçurent en partie des noms empruntés aux personnages les plus en vue dans le moment : Thiersville, Mercier-Lacombe, Franchetti (nom d'un commandant mort à Champigny), Ménerville (nom du premier président de la cour d'appel d'Alger), etc. Nous n'avons pas appris que ses successeurs aient créé un *Chanzyville;* c'est un oubli à réparer, pour l'honneur des Algériens.

Mais déjà l'excédent des naissances, si minime dans la mère patrie, fournissait à la colonie un élément d'accroissement précieux, pour ne pas dire le plus précieux de tous. Chanzy ne le négligea point. Dans tout centre nouveau, il attribuait les deux tiers des lots aux immigrants, et l'autre tiers aux Algériens dont la famille s'était accrue.

« Depuis 1872, écrivait en 1878 le docteur Marès, la création de villages nouveaux, dans lesquels une large participation a été sagement réservée aux colons algériens, a déversé de ce côté un grand nombre de jeunes gens, trop à l'étroit sur les minimes concessions de leurs parents. Presque tous ont réussi sur leur nouvelle propriété, et, grâce à leur expérience du pays, ils ont pu indiquer aux immigrants fraîchement débarqués comment il fallait combattre les difficultés que leur présentaient un sol et un climat nouveaux. Cet immense progrès, une des parties les plus intéressantes du développement de l'agriculture en Algérie, indique l'enrichissement progressif des colons [1]. »

Le même écrivain constate que la superficie totale des propriétés rurales possédées par les Européens en Algérie mesurait, en 1875, 877,000 hectares; en 1876, 985,000; en 1878, 1,115,333. Dans cette dernière année, la population agricole européenne atteignait 143,349 âmes et possédait 489,288 têtes de bétail. Cette population, exclusivement rurale, s'était augmentée en cinq ans de plus de 25,000 âmes, c'est-à-dire d'un chiffre supérieur à la totalité de l'immigration. Elle en fut redevable à la culture de la vigne, qui reçut à cette époque un développement inattendu. La vigne, presque anéantie dans le midi de la métropole par le phylloxera, prenait rapidement possession de tous les coteaux algériens. De 11,000 hectares à l'arrivée de Chanzy, elle parvint à en couvrir 22,000 quand il partit, et cette extension a presque décuplé depuis. Ainsi le malheur des uns engendre la prospérité des autres.

Ce fut également à cette époque que l'eucalyptus, arbre précieux importé d'Australie, vint assainir les parties marécageuses des bords de la Méditerranée. En quelques années l'Algérie en compta deux ou trois millions. D'innombrables pieds d'oliviers, d'orangers, de chênes-lièges ou d'autres essences, contribuèrent aussi à rendre peu à peu aux vastes horizons du Tell et même à ceux de

[1] Manès, *Histoire des progrès de l'agriculture en Algérie*, 1878, p. 38.

l'Atlas, les verdoyants et riches aspects qui réjouissaient jadis les yeux des Carthaginois et des Romains.

Le domaine forestier de l'Algérie, supérieur à celui de la France, dépasse deux millions d'hectares. Chanzy le fit reconnaître et délimiter, mais surtout surveiller plus exactement qu'il ne l'avait été jusque alors. D'immenses incendies y promenaient, en quelque sorte périodiquement, des ravages qui frappaient vivement l'opinion publique. Les coupables furent découverts; les journaux demandèrent leur transportation à Cayenne; Chanzy ne céda pas à ces entraînements, et cependant la répression fut sévère. L'enquête approfondie qu'il avait prescrite fit reconnaître que, parmi les indigènes propagateurs d'incendies de forêts, si les uns avaient des intentions criminelles, les autres ne faisaient que pratiquer de vieilles coutumes locales, en employant le feu pour écarter les bêtes fauves, détruire les broussailles et obtenir au printemps des herbages et de jeunes pousses d'arbres dont les troupeaux sont friands. Une loi du 17 juillet 1874 vint établir et régler la responsabilité collective des tribus, en cas d'incendies forestiers. Ce principe de la responsabilité collective était, pour Chanzy, l'unique remède; il le fit appliquer dès 1874 à huit tribus ou douars, qui payèrent chacune une somme de 2,000 fr., « sans préjudice de l'interdiction du parcours, pendant six ans, des massifs incendiés. » En 1877, il infligeait à vingt-sept douars des amendes dont le total s'élevait à 45,616 fr. En 1878, il mettait le séquestre sur les biens meubles et immeubles de plusieurs autres douars, mais il admettait les indigènes à se racheter par une soulte payable en annuités et par la cession d'une partie de leur territoire, qu'il affectait à la colonisation. Ces châtiments sévères étaient publiés dans les lieux de réunion, marchés et villages, et partout s'affichaient des avis qui rappelaient aux populations leur responsabilité et les pénalités qu'elles encouraient [1].

Une autre richesse végétale dont l'exploitation signala l'administration de Chanzy, ce fut l'alfa, cette graminée inépuisable, qui n'a pas besoin de culture comme la vigne, mais dont l'utilité n'avait pas encore été si bien comprise. L'alfa remplace aujourd'hui, dans la fabrication du papier, le chiffon, qui devient rare, et tempère la dureté de la pâte de bois; sans l'alfa, l'industrie ne pourrait suffire au prodigieux développement du journalisme. Chanzy, malgré l'opposition d'un grand nombre de conseils électifs, soutint et fit prévaloir le projet d'un chemin de fer d'Arzeu, sur la Méditerranée, à Saïda, sur les hauts plateaux qui séparent le Tell du Sahara, et où l'alfa couvre une surface de près de cinq millions d'hectares.

Il patronna de même l'exécution, mais aux frais de la compagnie minière de Mokta-el-Haddid, d'un chemin de fer de 32 kilomètres, aboutissant au port de Bone. On sait que l'Algérie et la Tunisie ne sont, d'un bout à l'autre de l'Atlas, qu'un immense gisement de fer. L'exportation des minerais algériens, en 1875, atteignit 600,000 tonnes, quantité égale au cinquième de la production minière de la France en 1869.

Ceci nous amène à parler de l'extension donnée, sous Chanzy, aux travaux publics.

Avant lui il n'existait en Algérie que deux voies ferrées, concédées à la grande Compagnie du Paris-Lyon-Méditerranée : celle d'Alger à Oran, et celle de Philippeville à Constantine; en tout 513 kilomètres. Chanzy projeta de créer dans l'ensemble des pays berbéresques [2], la Tunisie

[1] Arthur Cauquer, p. 311.
[2] Ou barbaresques, comme on dit parfois à tort.

et le Maroc compris, un réseau commun dont le tronc principal, parallèle à la mer et embranché d'une multitude de tronçons dirigés les uns sur la mer, les autres vers le Sahara, devait porter dans toutes les sens la vie, la richesse, la civilisation. Ce vaste projet ne sera peut-être pas réalisé complètement avant le milieu du vingtième siècle, à cause de l'opposition du Maroc ; mais Chanzy en commença l'exécution.

En Algérie, il eut la joie de présider lui même ou par ses préfets à l'inauguration des lignes de Bone à Guelma (90 kilomètres), de Bone à Aïn-Mokra (32 kilomètres), et de Sainte-Barbe-du-Tlélat à Sidi-bel-Abbès (52 kilomètres).

Il disait au Sénat, dans son discours du 19 mars 1878 : « Nous avons actuellement 650 kilomètres en pleine exploitation. 700 sont en construction et 600 autres sont complètement étudiés. J'ai insisté auprès du gouvernement pour que l'Algérie soit traitée comme la métropole ; un réseau de 2,000 kilomètres est donc proposé. Ces grands travaux peuvent être exécutés en moins de dix ans ; ils auront pour résultat d'assurer définitivement la tranquillité du pays et d'y fixer plus d'un demi-milliard de capitaux. »

En Tunisie, il étendit le réseau télégraphique concédé à l'administration française une vingtaine d'années auparavant, sous Napoléon III, et prépara les voies au protectorat, établi peu d'années après par M. Jules Ferry. Le gouvernement anglais avait obtenu du bey la concession d'un chemin de fer tunisien pour trois années. Chanzy s'en inquiéta, ne témoigna rien de ses alarmes, mais envoya, en 1876, son ami et secrétaire, le capitaine Henry, en mission à Tunis, en lui donnant pour instructions de s'entendre avec M. Roustan, notre consul, pour évincer à tout prix la compagnie anglaise. Celle-ci, heureusement, n'avait pas encore commencé les travaux quand expira son traité. Elle sollicita la prolongation de celui-ci. M. Roustan fut assez influent auprès de Khérédine, ministre du bey, pour la faire frapper de déchéance et transférer ses droits à la compagnie française de Bone-Guelma. Un an après, le traité était approuvé par les Chambres, et l'on commençait la ligne de Souk-Arras à Tunis, prolongement du grand tronc algérien et partie de celui que Chanzy projetait pour la Berbérie entière.

Le bon état des routes dans un pays conquis double la force de l'armée d'occupation, et chaque étape facile à franchir vaut un bataillon. Les précédents gouverneurs, à compter de Bugeaud, avaient fait beaucoup pour la viabilité algérienne ; Chanzy s'appliqua à faire, si possible, plus encore ; il y consacra de 17 à 18 millions par an ; aussi le réseau classé s'éleva-t-il sous lui de 6,700 kilomètres à 9,281. C'est lui qui fit construire le pont de l'Oued-Sebaou, sur la route de Delhys, celui de l'Oued-el-Kebir, sur la route d'Alger à Laghouat, celui du Chélif, de Boghari à Boghar, et beaucoup d'autres.

Il fit achever en outre ou terminer une dizaine de barrages, dont le principal est celui qui arrête en hiver les eaux de l'Habra, à l'endroit où l'Oued-el-Hammam se réunit à l'Oued-el-Fergoug, afin de les déverser, dans la saison de la sécheresse, sur les plaines inférieures. Il patronna les travaux de forages artésiens de M. Jus et cette longue ligne de puits forés entre Biskra et Tuggurt, qui font jaillir du sol 25,000 mètres cubes d'eau par jour et rendent le désert à la circulation. L'entreprise du capitaine Roudaire, qui voulait réunir par un canal les *schotts* du sud-est à la Méditerranée et créer ainsi une mer intérieure, l'intéressait vivement ; ce n'est que depuis la mort de Chanzy qu'on a reconnu l'impossibilité de la réalisation, le niveau des *schotts* n'étant pas, comme on l'avait cru d'abord, inférieur à celui de la mer.

Au gouvernement de Chanzy remonte encore l'établissement du service météorologique et des diverses stations d'observation installées de Sfax à Mogador, avec embranchements sur Tuggurt, Laghouat et Géryville. En attendant qu'on pût réunir toutes ces localités par un chemin de fer, on réalisait, par des routes et par un réseau télégraphique, les communications projetées. Enfin on améliora les ports, on prolongea les jetées d'Alger et de Mostaganem, on répara celles de Tenès et d'Oran, on commença à la Calle le port de la Boulifa, et l'on multiplia les phares sur tout le littoral. Ces derniers étaient, en moyenne, éloignés de dix lieues les uns des autres ; l'espacement fut ramené à six lieues. L'Algérie, pour un développement de côtes de 1,128 kilomètres, posséda 42 phares en 1878, au lieu de 32 en 1872.

Une pareille activité devait se traduire infailliblement en heureux résultats pour le développement des transactions ; aussi les statistiques du commerce algérien accusent-elles une progression constante. Voici, en millions, les chiffres des trois dernières années du gouvernement de Chanzy et ceux des trois premières de ses successeurs, car il est prouvé que le mouvement créé par une administration se prolonge au moins deux ans après elle :

	Importations.	Exportations.	Ensemble.
1876	214 millions	167 millions	381 millions
1877	217 —	134 —	351 —
1878	236 —	131 —	367 —
1879	272 —	152 —	424 —
1880	303 —	169 —	472 —
1881	342 —	144 —	486 —
Totaux :	1,584 millions	897 millions	2,481 millions

Si maintenant nous signalons l'extension donnée par
Chanzy au territoire civil, nous aurons noté non pas tout
ce qui mérite de l'être dans son administration algérienne,
mais tout ce qui peut entrer dans le cadre de cet ouvrage.

On sait que, dès le temps de Napoléon III, l'Algérie a
été divisée en deux territoires : le territoire civil, s'ad-
ministrant lui-même ou administré par des préfets et des
sous-préfets, selon les lois de la mère patrie, et le territoire de commandement, administré par l'autorité militaire ; le premier destiné à se développer à mesure que la
colonisation progresse ; le second à se restreindre peu à
peu jusqu'à ce qu'il disparaisse.

Deux courants d'opinion se manifestèrent à ce sujet dès le
principe : l'un aurait voulu étendre d'un coup à toute la colonie, sous prétexte de liberté, le régime civil ; l'autre y répugnait, craignant pour l'ordre public et la sécurité, et désirait maintenir indéfiniment ce que la plupart des colons
appelaient avec dédain « le régime du sabre. »

Chanzy, naturellement plus favorable à ce dernier, eut
néanmoins la sagesse de faire pour l'autre tout ce qui lui
parut réalisable. Il fit même beaucoup plus qu'on n'attendait. Aussitôt qu'un centre lui paraissait réunir les conditions de sécurité nécessaires, il n'hésitait pas à l'ériger en
commune, comprenant bien que le régime civil est le but
définitif et que la zone laissée à l'administration militaire
n'est, comme il la définissait très justement, qu'une zone
de transformation. L'amiral de Gueydon avait porté la
superficie du territoire civil à 3,151,673 hectares. Chanzy
y ajouta 1,722,817 hectares, et son programme pour
l'année 1879 comprenait une nouvelle annexion de 475,156
hectares. A son départ, presque tous les colons étaient en
territoire civil ; il ne restait dans le territoire de commandement qu'un petit nombre d'enfants perdus, isolés au

milieu des Arabes ; mais son successeur, M. Albert Grévy, n'eut besoin que de deux années et demie pour faire passer sous l'autorité civile le Tell presque entier, soit 11,184,255 hectares.

On doit surtout à Chanzy le progrès des communes mixtes, qui sont celles où la population européenne n'est pas encore suffisante pour être constituée en commune de plein exercice, et qui renferment par conséquent un certain nombre de *douars* ou fractions de tribus. Il en créa un grand nombre qu'il confia, en territoire civil, à un administrateur à la fois maire et officier de police judiciaire, et, en territoire militaire, à une commission municipale, présidée par le commandant supérieur. « Cette institution des communes mixtes, disait-il lui même dans son discours de 1878 au Sénat, constituait un progrès incontestable. On ne pouvait songer à établir des conseils électifs en présence d'une majorité par trop considérable d'indigènes ; mais on pouvait habituer tous ces éléments divers à l'organisation municipale. Le personnel administratif fut appelé à fournir les maires ; on leur choisit des adjoints dans la population civile ou indigène, et on plaça à côté d'eux, pour tenir lieu de conseil municipal, une commission composée de notables. »

Il ne faut pas oublier non plus l'intérêt que Chanzy portait au progrès purement moral, et au développement de la vertu et de la religion dans la colonie. Plus heureux ou plus courageux que beaucoup d'autres, qui ou ne comprennent pas cette vérité, ou, la comprenant, n'osent pas laisser paraître leurs sentiments au dehors, il savait qu'on ne peut rien fonder sur le matérialisme et l'égoïsme, c'est-à-dire sans une foi quelconque. Nous avons vu qu'il respecta toujours les croyances musulmanes ; est-il besoin d'ajouter qu'il favorisa les croyances catholiques, qui étaient les siennes? Il trouva à la tête de l'Eglise d'Afrique un homme digne de lui, l'illustre cardinal Lavigerie, alors archevêque d'Alger et depuis archevêque de Carthage et administrateur de Tunis. S'il lui refusa une escorte militaire pour les missionnaires envoyés chez les Touareggs, parce qu'il n'était pas assez sûr que cette escorte fût une protection efficace (et le massacre de l'expédition Flatters lui a donné raison depuis), il le soutint toujours et l'aida en toutes ses nombreuses entreprises, et jusque dans l'installation lointaine des Pères Blancs le long du Nil et des grands lacs de l'Afrique orientale : pays d'immense avenir, pays dont la colonisation sera la grande œuvre du XXᵉ siècle, qui peut-être n'y suffira point.

CHAPITRE XVI

M. Jules Grévy, président de la République, en disposant, en faveur de son frère Albert Grévy, du gouvernement général de l'Algérie, ne pouvait guère se dispenser d'offrir à Chanzy une situation qui ne fût pas trop inférieure à celle qu'il lui enlevait. Il le nomma, le 18 février 1879, ambassadeur de France auprès de l'empereur de Russie, à la place du vieux général le Flô, qui sollicitait sa retraite.

Chanzy accepta avec empressement. Nulle part peut-être, en temps de paix, il n'était à même de servir plus utilement son pays, qu'en cherchant à lui concilier ce puissant empire du Nord, qui est le principal contrepoids à l'effrayant développement de la prépotence prussienne.

Que la Prusse fût un danger prochain pour la Russie, qu'elle méritât aussi bien à Saint-Pétersbourg qu'à Paris d'être appelée l'ennemi commun, le czar Alexandre II, alors régnant, ne le voyait pas bien clairement encore. Il était satisfait d'avoir obtenu, grâce à l'abaissement de la France et à l'impuissance de l'Angleterre quand elle n'a pas d'allié continental, l'abolition du traité de Paris, qui, depuis la chute de Sébastopol, emprisonnait les flottes russes dans les ports de la mer Noire ; en outre, il avait pour son oncle, le vieil empereur Guillaume Ier, un culte presque filial, et l'influence allemande était toute-puissante autour de lui. Les plus hauts emplois de sa cour, de son armée, de ses administrations diverses, regorgeaient d'Allemands. Si la langue française y restait en honneur, les préférences allemandes y dominaient partout.

Chanzy se proposa de réagir avec prudence, avec discrétion, mais aussi avec la ténacité qui faisait le fond de sa nature, contre ces préjugés allemands qui, pour les Russes, étaient en même temps une si grave imprudence.

La Russie paraît être, de toutes les nations européennes, la plus jeune et la plus pleine d'avenir, moins parce qu'elle date d'hier (comme la Prusse) et parce que son expansion n'est gênée que d'un seul côté, que parce que son peuple est le dernier qui, en Europe, et malgré l'exception de quelques centaines de nihilistes, ait conservé intactes les mœurs des ancêtres, la foi religieuse, le culte de l'autorité. Un jour viendra où l'Allemagne se tournera vers la France et la suppliera à genoux de la sauver des Russes ; mais ce jour est tellement éloigné encore, que bien peu de regards l'entrevoient. Pour le moment, il faut le redire, l'ennemi commun, c'est l'Allemagne ; elle menace de remplacer, sous ce rapport, pour le reste de l'Europe, l'Espagne de Charles-Quint et la France de Louis XIV et de Napoléon Ier.

Ces vérités n'ont été bien senties que sous Alexandre III, grâce au publiciste russe Katkoff, et aussi grâce aux imprudentes provocations de M. de Bismarck, arrachant à la Russie victorieuse de la Turquie le plus clair des bénéfices de la victoire, pour les transférer à l'Autriche ; mais il ne tint pas à Chanzy qu'on ne comprît, dès le temps d'Alexandre II, ce qui paraît aujourd'hui si évident.

Chanzy arrivait en Russie précédé de sa réputation militaire. Il faut à la France, dans ce pays, ou un diplomate très grand seigneur, comme le duc de Morny, ou un homme de très haute renommée, et de préférence un militaire. Toutes les portes s'ouvrirent donc devant lui.

Dès qu'il se fut mis en route, on put pressentir quel bon accueil lui serait fait. Comme il s'arrêta quelques jours à Berlin pour conférer avec son collègue au Sénat, M. de Saint-Vallier, ambassadeur de France en Allemagne[1], l'empereur Guillaume, sachant son arrivée, voulut qu'il lui fût présenté. Le prince Frédéric-Charles et M. de Bismarck désirèrent aussi voir l'illustre commandant de la deuxième armée de la Loire. Ils lui firent l'accueil le plus flatteur.

Alexandre II, à son tour, se montra impatient de le recevoir, et, dès la première entrevue, fut charmé de lui et lui exprima de vives sympathies. La cour impériale, qui s'attendait à voir un soldat quelque peu rude, ou un républicain farouche et à peine dégrossi, fut surprise de la parfaite aisance de ses manières, très simples mais toujours courtoises, de l'élévation de son esprit et du tact qu'il déploya dans les circonstances les plus difficiles. A Saint-Pétersbourg comme à Berlin, on s'étonnait d'être tenté d'aimer la France républicaine, en regardant ses représentants. Il est vrai qu'ils ne la représentaient pas complètement, étant l'un et l'autre de ces républicains extrêmement modérés que leur parti n'accepte dans ses rangs que lorsqu'il ne peut se passer d'eux.

Alexandre II avait trop de motifs de haïr les sociétés secrètes et tout ce qui s'en rapproche ; le républicanisme de l'ambassadeur français laissa subsister une ombre dans

______

(1) Et comme lui membre du Centre gauche.

sa confiance envers lui. C'est la même raison qui depuis, sous Alexandre III, a seule empêché la conclusion immédiate d'une alliance franco-russe, comme réponse et contrepoids à la triple alliance de l'Allemagne, de l'Autriche-Hongrie et de l'Italie. M. de Bismarck savait bien ce qu'il faisait lorsqu'en 1873 il brisait son ambassadeur à Paris, M. d'Arnim, plutôt que de tolérer le concours donné par l'ambassade aux projets de restauration monarchique en France. Un peuple dont la constitution politique est une menace de contagion pour les autres reste forcément suspect et isolé au milieu de ses voisins.

Chanzy n'obtint donc pas de la Russie tout ce qu'il aurait pu obtenir en d'autres temps ; néanmoins il réussit à mener à bonne fin plus d'une négociation délicate. Son habileté fut surtout mise à l'épreuve dans l'affaire Hartmann.

Hartmann, on s'en souvient peut-être, était un nihiliste russe fort instruit, comme beaucoup de ses coreligionnaires politiques, et particulièrement habile à faire sauter les chemins de fer. Soupçonné d'avoir pris part à un attentat contre la vie du czar (le 1ᵉʳ décembre 1879), il se réfugia à Paris. L'ambassade russe l'y fit rechercher, le préfet de police (M. Andrieux) eut la maladresse de l'arrêter, et aussitôt l'ambassadeur, prince Orloff, demanda qu'il lui fût livré. Mais fallait-il considérer Hartmann comme un réfugié politique, hôte respecté dans tous les pays civilisés, ou comme un criminel ordinaire susceptible d'extradition ? Les journaux radicaux combattirent violemment cette deuxième opinion ; on recula devant leurs criailleries, et après de nombreux pourparlers entre M. de Freycinet et le prince Orloff, le gouvernement français déclara que l'identité de l'accusé ne paraissait pas suffisamment démontrée, non plus que sa participation à l'attentat; il relâcha Hartmann, qui fut dirigé sur Dieppe et laissé libre de passer en Angleterre. Mais aussitôt le prince Orloff reçut de Saint-Pétersbourg l'ordre de quitter Paris et de remettre la direction de l'ambassade à un chargé d'affaires (20 mars 1880).

Chanzy laissa passer l'indignation de la première heure; mais bientôt, faisant appel au sang-froid et à la magnanimité d'Alexandre, il vint à bout de présenter l'affaire sous un jour moins défavorable. Deux mois à peine s'étaient écoulés que le prince Orloff retournait à son poste diplomatique (23 mai). Ce prompt retour fut unanimement attribué aux bons rapports du général avec l'Empereur.

Chanzy intervint également, comme médiateur, entre la Russie et la Chine, à propos du territoire de Kouldja, que les deux empires se disputaient. Il contribua beaucoup à empêcher la guerre d'éclater.

Non content de visiter, comme font tous les Européens, Saint-Pétersbourg et Moscou, il s'efforça de voir et de comprendre la Russie dans toutes ses parties et sous toutes ses faces. Il la parcourut en divers sens; il visita les provinces méridionales et la région du Caucase. Naturellement il les visita surtout en militaire, et il portait le plus vif de son attention sur l'organisation de la défense de ce vaste empire. Il assista, en 1882, aux grandes manœuvres de l'armée, et les généraux qui les commandaient étaient fiers d'obtenir son approbation. Lui-même faisait grand cas des soldats russes. Il loua plus d'une fois leur discipline, leur solidité, leur constance; il vit de près, dans les revues, l'amour et la vénération de l'armée pour son chef, « son petit père, » et toute la famille impériale, et il fut vivement frappé de la puissance d'un souverain qui dispose en maître absolu d'une force aussi redoutable.

soumise à ses ordres avec une foi absolue, voisine du fanatisme. Il adressa au ministère de la guerre, en France, un rapport détaillé sur ce qu'il avait observé. L'Empereur, voulant lui donner une marque personnelle d'affection, l'avait autorisé à tout visiter dans les forteresses et dans les arsenaux. Chanzy vit en détail la célèbre fonderie de canons d'Oboukoff, où aucun étranger n'avait pénétré avant lui ; en un mot, jamais un ambassadeur, jamais un homme de guerre étranger, sauf peut-être M. de Moltke, ne fut aussi considéré en Russie que l'était Chanzy[1].

Un fait donnera l'idée de cette considération. Peu de temps avant d'être assassiné par les nihilistes (13 février 1881), Alexandre II nomma Chanzy grand-croix de l'ordre de Saint-Alexandre Newski. Le nouveau czar, Alexandre III, voulant honorer à son tour l'ambassadeur français, prit la croix que son père portait le jour où il tomba sous les éclats d'une bombe criminelle et l'attacha de sa propre main sur la poitrine de Chanzy. L'archevêque de Reims a rappelé ce fait aux funérailles de l'illustre général : « Vous pouvez voir, dit-il, au milieu des insignes de l'honneur déposés au pied de ce cercueil, vous pouvez voir une décoration couverte de riches diamants et qu'il était heureux de faire briller sur son cœur, ici, il y a quelques mois, le jour de la confirmation de ses enfants. C'est la décoration que portait à sa mort l'empereur Alexandre II, et que son fils Alexandre III plaça de sa propre main sur la poitrine du général Chanzy, en disant : « Vous étiez le meilleur ami de mon père ; personne n'est plus digne que vous de la porter. »

Alexandre III lui donna également son portrait en miniature, en souvenir de l'amitié de son père. Ce portrait

[1] Arthur Cauquez, p. 244.

est appliqué sur une tabatière en diamants. Mais ce que le général montrait avec le plus de plaisir, ce qui avait le plus touché son cœur, c'était la lettre accompagnant ce don royal, lettre dans laquelle il était fait allusion aux derniers moments d'Alexandre II, qui eurent pour *seuls témoins* les fils du souverain et l'ambassadeur de France.

Cependant, en France, le gouvernement venait de subir une modification qui semblait, sur le moment, plus considérable que tant d'autres que les historiens futurs auront peine à démêler, et auxquelles les contemporains prennent à peine garde. Gambetta, après avoir longtemps fait et défait les ministères sans se montrer, était enfin forcé de prendre ostensiblement le pouvoir. Chanzy prévit une prochaine et formelle déclaration de guerre au « cléricalisme, » que Gambetta avait désigné comme « l'ennemi, » et beaucoup d'autres mesures peut-être auxquelles il lui serait difficile de s'associer. Il prit donc les devants et remit sa démission, en alléguant que ses idées ne concordaient point avec celles du nouveau ministère. Elle fut acceptée.

M. de Saint-Vallier, à Berlin, en fit autant pour les mêmes motifs.

Chanzy remit ses lettres de rappel à Alexandre III, en audience solennelle, le 23 décembre 1881. Ses trois années d'ambassade avaient raffermi l'amitié des deux nations et préparé une alliance que la politique intérieure de la France retarde, mais que l'intérêt réciproque et une absolue nécessité imposeront tôt ou tard. Il emportait les sympathies de la haute société russe, instruite, raffinée et qui ne prodigue pas ses témoignages. Le *Journal de Saint-Pétersbourg* exprima en ces termes les regrets universels : « Le général Chanzy était plus jeune, plus actif et plus alerte que son honorable prédécesseur.... Ses voyages à l'intérieur de l'empire, ses réels efforts pour étudier et comprendre le grand pays où il était accrédité, le souvenir de la campagne de la Loire, tout avait contribué à le rendre populaire.... »

Ces regrets furent durables. Lorsque le général mourut, à Châlons, l'ambassade russe à Paris assista tout entière à ses funérailles, et Alexandre III voulut contribuer à l'érection du monument qui a été élevé à sa mémoire dans le village où il est né, à Nouart. Le 25 avril 1883, l'ambassadeur de Russie, prince Orloff, écrivit à M. Leclerc, maire de Nouart :

« Sa Majesté l'Empereur, mon auguste maître, ayant eu connaissance de votre lettre au sujet d'un monument à élever à la mémoire du général Chanzy, m'a exprimé le désir de contribuer à cette œuvre commémorative et a daigné me charger de vous transmettre de sa part mille francs à cette intention. »

CHAPITRE XVII

A peine Chanzy était-il de retour en France, que le cabinet qui l'avait laissé quitter Saint-Pétersbourg, où il était si utile, tomba misérablement. Vainement les courtisans de Gambetta avaient-ils salué d'avance son gouvernement du nom de « grand ministère; » ce grand ministère dura trois mois.

Chanzy, nommé d'abord membre du conseil supérieur de la guerre et réintégré, par décret du 27 janvier 1882, dans le cadre de la première section de l'état-major général, reçut, le 19 février, le commandement du 6ᵉ corps d'armée, dont le quartier général est à Châlons-sur-Marne.

Ce corps est, par sa position topographique, le premier exposé aux coups de l'Allemagne; il forme, avec le 7ᵉ [1], l'avant-garde de l'armée française à la frontière de l'est.

Chanzy rentrait dès lors dans son véritable élément et ce fut sans regrets que, ayant perdu peu à peu ses illusions dans la sagesse du parti auquel les circonstances

---

[1] A Besançon, commandé alors par le général Wolff, qui avait remplacé le duc d'Aumale.

l'avaient associé, il dit adieu à la politique. Il n'était plus que militaire, il était heureux.

L'application qu'il apporta dès le principe à tous les détails de son commandement fut immense et incessante; même peut-être y mit-il une contention d'esprit trop grande, et qui abrégea sa vie. Seuls, les bureaux et le ministre de la guerre [1] peuvent avoir une idée exacte du labeur qu'il s'imposa.

On ne saurait exposer une à une toutes les mesures qu'il prit ou suggéra dans la trop courte année de son commandement. La plus importante qu'il ait obtenue du ministère fut l'installation de deux divisions de cavalerie en première ligne, le long de la Meuse; il mettait à profit les enseignements de la dernière guerre, et savait le rôle considérable de la cavalerie au début d'une campagne, tant pour protéger la mobilisation que pour éclairer les premières rencontres, souvent décisives.

Il parcourut la frontière de la Lorraine germanisée et la chaîne des Vosges, en étudiant les meilleures positions stratégiques. Mais sa principale préoccupation était d'imprimer à ses officiers et à tout son corps d'armée la discipline, l'amour du devoir, et cet esprit martial, cette solidité, qui avaient malheureusement fait défaut à ses vaillantes recrues de la deuxième armée de la Loire, et dont l'absence tant de fois lui avait arraché la victoire des mains, alors qu'il croyait le mieux la tenir.

Il n'avait pas attendu à ce moment pour coordonner ses idées sur la réorganisation de nos forces militaires. Dès 1873, étant membre de la commission de l'armée, il les avait soumises à l'Assemblée nationale, et il fut assez heureux pour en faire prévaloir quelques-unes. Voici les

[1] Alors le général Campenon.

principales réformes qu'il proposait pour assurer le relèvement de la patrie.

Nous avons eu, depuis le commencement de la fatale année 1870, une incroyable instabilité de ministres de la guerre (un tous les six mois, en moyenne), tandis que la Prusse gardait le même durant vingt-cinq ans. Or, la plupart sont des hommes politiques, obligés, pour durer, de plaire à ceux qui les ont mis en fonctions, et souvent ils n'ont d'autre vue arrêtée que de défaire ce qu'ont fait leurs prédécesseurs. L'un supprime les tambours ou les épaulettes, un autre les rétablira, et c'est à ces bagatelles que s'attache leur activité. De même dans la marine, où l'on a tant de fois commencé, abandonné, repris les constructions de torpilles et de torpilleurs. De même encore aux affaires étrangères, où l'esprit de tradition et la suite dans les instructions données sont d'absolue rigueur, si l'on ne veut devenir la risée des puissances et le jouet de la fortune.

Chanzy aurait voulu pour ces trois ministères une sorte d'inamovibilité. Mais il la reconnaissait impossible en république. Il réclamait donc une puissance directrice permanente, qui fût comme le cerveau de l'armée, de la flotte et de la diplomatie.

Cette puissance existe, ce sont les bureaux; mais quel esprit de routine et quel chaos! Un bon ministre, fût-il un homme de génie, un Richelieu ou un Colbert, ne pouvant pas plus se maintenir au pouvoir qu'un ministre médiocre, il en résulte que les efforts personnels de chacun, bons ou mauvais, n'aboutissent à rien, et finissent par se neutraliser les uns les autres et par disparaître dans ces bureaux, qui sont le centre de la force la plus grande qui existe en France : la force d'inertie. Çà et là, l'initiative d'un ministre amène la création d'une paperasse de plus, ou celle d'un emploi nouveau qui survivra au travail en vue duquel il fut institué; et c'est tout.

Pour l'armée, Chanzy trouvait le remède facile; il consisterait à créer un chef supérieur et inamovible du service des états-majors. « Partout, disait-il, on y a été amené par la force des choses, — on sait ce que nous a coûté M. de Moltke, — il faudra bien y revenir en France, si l'on veut éviter de nouveaux malentendus, de nouveaux désastres (1). »

Chanzy pensait également qu'il y avait trop de formalités, trop de correspondances et d'opérations de comptabilité qui, le plus souvent, s'exécutent mal, ne sont jamais sérieusement contrôlées et ne forment qu'un trompe-l'œil; en un mot, trop de paperasses, trop de commis, trop de non-combattants enlevés aux services de guerre, pour devenir simplement des embarras, ce que les anciens appelaient des *impedimenta*.

Dans les manœuvres, il aurait voulu rompre avec nos habitudes de lenteur et de théories compliquées. Il fallait, selon lui, offrir aux troupes aussi souvent que possible l'image des combats, les exercer exclusivement à ce qu'elles auront à faire en face de l'ennemi, leur donner l'habileté, le sang-froid dans le tir, enfin les rompre aux fatigues de la marche. Il pensait qu'on perdait beaucoup de temps en parades et qu'on agissait trop pour la montre et l'ostentation.

Ayant remarqué plus d'une fois les rivalités de corps et les jalousies qui se produisent entre les généraux d'infanterie, de cavalerie, d'artillerie ou du génie, il désirait qu'un général français pût commander indistinctement toutes les armes.

(1) Oraison funèbre de Chanzy, par le cardinal Langénieux, archevêque de Reims.

Dans l'infanterie, il n'admettait pas les bataillons spéciaux : il ne consentait qu'à la distinction de tirailleurs d'élite, spécialement instruits, et qui seraient répartis dans chaque bataillon. D'accord sur ce point avec le général Trochu, il proposait de « réorganiser l'infanterie, en distribuant dans la masse entière les éléments de force qui s'y trouvent à présent groupés dans l'isolement. »

Quoiqu'il eût fait sa carrière dans l'infanterie, il ne fut jamais défavorable aux autres armes. Il s'était trop bien servi de sa cavalerie à l'armée de la Loire, pour ne pas comprendre combien l'infanterie, sans elle, est incomplète. « La cavalerie, écrivait-il dans ses instructions datées du grand quartier général de Josnes, le 8 décembre 1870, la cavalerie devra être placée de façon à pouvoir profiter de toutes les occasions pour tomber sur l'ennemi. C'est aux généraux qui la commandent à apprécier le moment opportun de donner ; ils ne doivent pas hésiter à l'engager à fond : une action rapide de cette arme, lorsque la ligne ennemie est ébranlée par le feu de l'artillerie et de l'infanterie, peut décider du succès [1]. » On se rappelle que si la victoire de Coulmiers ne donna pas les grands résultats qu'elle aurait dû donner, ce fut à cause de l'abstention de la cavalerie, timidement commandée. Chanzy avait profité de la leçon.

Il ajoutait, dans son mémoire à l'Assemblée nationale, qu'on se préoccupe trop de la taille des cavaliers et de leur conformation. « La cavalerie ne doit être composée que d'hommes possédant déjà l'habitude et, si possible, l'aptitude du cheval. Il y a deux cavaleries qu'on est conduit à admettre d'après la taille des chevaux : la cavalerie légère et la cavalerie lourde ; mais elles doivent avoir

---

[1] CHANZY, *La deuxième armée de la Loire*, p. 134.

toutes deux la même instruction, le même armement et le même emploi.... Elles doivent, l'une et l'autre, pouvoir fournir de longues courses aux allures rapides, » et, comme disait Marmont, avoir de ces mouvements impétueux qui semblent de l'abandon, de l'imprudence, mais qui ne sont que de la hardiesse.

Chanzy définissait ainsi la tactique de l'artillerie : « Il n'y a, à la guerre, d'autre manœuvre d'artillerie que celle des pièces et des batteries; le reste est superflu. L'artillerie n'agit jamais par régiment, et si les circonstances amènent à réunir un certain nombre de batteries sur un même point, pour un effort déterminé, elles arrivent forcément de divers côtés, et chacune d'elles exécute toujours pour son propre compte, sous l'inspiration de son chef, les mouvements les plus simples et les plus usuels. » Il demandait la séparation de l'artillerie de place et de l'artillerie de campagne. Ce vœu a été écouté. On a compris enfin que chacune a sa spécialité parfaitement distincte.

Ce fut lui également qui insista pour que les corps de pontonniers cessassent de faire partie de l'artillerie, et fussent réunis, comme en Allemagne, à l'arme qui, durant la guerre, est chargée du service des ponts et chaussées, c'est-à-dire au génie. Cette réforme si simple et si naturelle trouva dans la routine une grande opposition, qui n'a été surmontée qu'après lui.

Il n'approuvait pas l'institution des compagnies hors rang. Leurs travaux pouvant être exécutés par des ouvriers civils, il les jugeait inutiles, et par conséquent nuisibles, puisqu'elles immobilisent un nombre considérable de soldats qu'il serait préférable d'avoir sous les armes.

Il condamnait aussi le système des transports à l'entreprise. Ce système, selon lui, avait le quadruple inconvénient de n'offrir aucune garantie, parce qu'il n'emploie que des éléments étrangers à l'armée, d'ouvrir un refuge à l'espionnage, de faciliter les dilapidations, et de devenir souvent une cause de terreurs paniques.

Enfin, chaque corps d'armée, d'après Chanzy, doit posséder un train d'équipages qui 'lui soit attaché en propre, afin d'assurer, toujours et partout, les services nécessaires à son entretien.

Utiliser toutes les forces que la nation met si largement à la disposition de ceux qu'elle charge de sa défense, retrancher les non-combattants, simplifier les rouages, faire de chaque corps d'armée une machine complète, pouvant se suffire, tel était l'idéal d'organisation militaire que recherchait Chanzy. Sans cesse il avait les yeux sur les progrès réalisés en Allemagne : « Il ne suffit pas, disait-il, d'être aussi forts que les ennemis ; nous devons leur être supérieurs, les imiter en ce qu'ils ont de bon, et les surpasser en ce qu'ils ont d'incomplet et de défectueux. »

CHAPITRE XVIII

Tout semblait présager à Chanzy de longs jours encore
et de longs services rendus à son pays. Il n'avait pas
soixante ans ; il était à cet âge où les forces du corps n'ont
pas encore faibli, et où celles de l'intelligence ont acquis
tout ce que l'expérience et la réflexion peuvent ajouter
aux dons de la nature. Debout à la frontière étroite que
nos récents malheurs nous ont faite, il devait être le premier à recevoir le choc qui produira ou notre relèvement
ou notre anéantissement national, et, sentinelle vigilante,
il attendait. Mais le temps commençait à lui paraître long.

Un jour, on lisait devant lui, dans une société, une
pièce de vers sur la guerre de 1870 et sur les combats
glorieux et les terribles souffrances de l'armée de la Loire.
Il s'approcha de l'auteur, lui serra silencieusement la
main, puis ajouta : « Ce n'est pas à hier qu'il faut penser,
c'est à demain. » Et comme le regard du poète semblait
dire : « Demain comme hier, vous êtes l'homme sur lequel
la patrie compte, » Chanzy hocha la tête et prononça ces
mots : « Je me sens vieillir, et si ce demain se fait trop
attendre.... »

Ses interlocuteurs crurent qu'il n'exprimait qu'une impatience, tout au plus un regret ; c'était un pressentiment.

Le 4 janvier 1883, il monta à cheval, selon son habitude, et passa la soirée à la préfecture. Rien dans son attitude ou sa conversation ne décelait la fatigue. Il rentra vers minuit et se coucha.

A sept heures du matin, sa vieille gouvernante se présenta à son chevet, comme elle faisait tous les jours, en lui apportant du café. Il ne répondit point à son appel léger ; elle le crut endormi et n'insista point. Le valet de chambre, peu de temps après, vint voir si le général dormait toujours, s'il n'avait besoin de rien. Il s'approcha et cria à plusieurs reprises : « Mon général ! » en prenant à chaque fois un ton plus élevé. Ne recevant aucune réponse, il fut pris d'inquiétude et courut chercher le médecin ; mais il était trop tard, et, même prévenu plus tôt, l'art fût demeuré impuissant.

Chanzy était mort, entre deux et trois heures du matin, d'un épanchement de sang au cerveau, ainsi que le démontra l'autopsie : son père avait succombé au même accident.

Toute sa famille, qu'il chérissait tendrement, se trouvait, comme par hasard, réunie autour de lui, à Châlons, à l'occasion des fêtes du jour de l'an ; nous renonçons à peindre la surprise et la douleur de chacun. On ne pouvait pas croire à une catastrophe aussi imprévue ; tour à tour on accourait au lit du bien-aimé général, avec le secret espoir de constater que d'autres s'étaient effrayés trop vite, qu'ils avaient mal vu ; mais il fallut bien se rendre en présence de ce noble visage calme, reposé, comme endormi, mais sans respiration et absolument froid, comme tout le reste du corps.

M⁹ʳ Sourrieu, évêque de Châlons, le préfet de la Marne et d'autres amis accoururent partager le chagrin de la famille désolée et apporter leurs consolations. Ce chagrin fut bientôt celui de la France entière [1].

Par une coïncidence étrange, ce fut en se rendant aux funérailles de Gambetta, dans la matinée du 5 janvier, que les Parisiens apprirent la mort de Chanzy. Gambetta avait expiré quatre jours auparavant, à la dernière minute de l'année 1882 ; en quatre jours venaient d'être enlevés les deux hommes qui avaient personnifié la Défense nationale.

Ce rapprochement en appelle d'autres, auxquels l'historien tenterait vainement de se dérober. Chanzy, Gambetta, que de similitudes, et cependant, au fond, quel contraste! Tous deux avaient travaillé de concert à arracher la France à l'invasion étrangère ; l'un faisant surgir les bataillons, l'autre les disciplinant et les dirigeant ; l'un exaltant leur courage par sa parole enflammée, l'autre leur donnant confiance par son autorité énergique ; l'un les poussant à l'ennemi (de loin et sans les suivre, différent en cela de Saint-Just, qu'il prétendait avoir pris pour modèle), l'autre les guidant sous la mitraille ; l'un, enfin, apportant à la tâche sacrée son enthousiasme de

[1] Nous avons donné, au début de cet ouvrage, l'acte de naissance de Chanzy ; voici son acte de décès :

« L'an 1883, 5 janvier, à deux heures du soir, par-devant nous, Pierre-Hippolyte Faure, maire de la ville de Châlons-sur-Marne, officier de l'état civil, sont comparus MM. Joseph-Charles-Pierre, baron de Crépy, receveur particulier des finances, âgé de trente-cinq ans, gendre du décédé, domicilié à Fontainebleau (Seine-et-Marne), et Raoul-François-Charles Le Mouton de Boisdeffre, colonel d'état-major, âgé de quarante-trois ans, domicilié à Fagnières (Marne), lesquels nous ont déclaré que, aujourd'hui, à trois heures du matin, est décédé en cette ville M. Antoine-Eugène-Alfred Chanzy, général de division, sénateur, commandant du 6ᵉ corps d'armée, membre du conseil supérieur de la guerre, grand-croix de la Légion d'honneur, décoré de la médaille militaire, âgé de cinquante-neuf ans, natif de Nouart (Ardennes), demeurant à Châlons, rue Saint-Nicaise, n° 46, époux de Mᵐᵉ Jeanne-Alexandrine-Hermine Gérard, sans profession, domiciliée à Châlons ; fils des défunts Bertrand-Nicolas Chanzy et Marguerite-Aurore Nicaise, son épouse.

« *Signé* R. DE BONNEFENS ; Joseph, baron DE CRÉPY ; Hippolyte FAURE. »

tribun, l'autre son ardeur tranquille, mais tous deux un coup d'œil prompt, un talent d'organisation remarquable, et surtout une infatigable activité, et une ténacité qui leur inspira l'héroïque folie de résister encore après la chute de Paris et de la plupart de nos forteresses, et de tenter la fortune des armes alors que nous n'avions plus d'armées. Inconnus la veille, ils sortirent populaires de cette lutte désespérée et, malgré leurs défaites, restèrent à jamais glorieux. La France leur fut reconnaissante d'avoir sauvé son honneur; elle les associait dans un même sentiment d'admiration et d'espoir; elle plaçait en eux sa suprême ressource pour de nouveaux combats; et voici que tous deux lui manquaient en même temps, et que leur perte ajoutait aux angoisses prochaines de l'heure inévitable, à la fois redoutée et désirée, d'une guerre de revanche.

Mais lorsque sera tombée la poussière des passions contemporaines, on verra de quel alliage fut mêlé l'or éclatant du patriotisme de Gambetta, et combien celui de Chanzy fut plus pur et plus digne des hommages de la postérité. Gambetta voulait sauver la France, mais après avoir sauvé tout d'abord la forme de gouvernement qui avait ses préférences; c'était un patriote républicain; Chanzy fut un patriote sans épithète. Ce n'est pas à Chanzy qu'il faut imputer le grand, l'irréparable désastre du Mans, c'est à Gambetta, qui, dans un intérêt de parti, d'ailleurs problématique et éloigné, avait refusé d'exercer et d'armer soixante mille Français qui ne demandaient qu'à marcher. La différence entre les mobiles qui les animaient s'accentua plus encore dans la paix. Chanzy continua à servir la patrie pour elle-même. Républicain, puisque la république était le gouvernement du pays, il s'attacha à tout ce qui pouvait réconforter, apaiser, unir; Gambetta, au contraire, lança à pleines mains de nouveaux brandons de discorde. Il fit de sa république non plus un parti politique, mais une secte religieuse, ou, pour mieux dire, antireligieuse, et, par une juste punition de son aveuglement, nul ne contribua plus que lui à rendre précaire et incertain ce qu'il voulait fonder. Il devint le mauvais génie non seulement de la France, mais de la République, en soulevant les consciences contre cette dernière, et en écartant les citoyens les plus vertueux, les moins amis des révolutions, tous, ou presque tous, disposés à se rallier sous la forme républicaine, si elle se fût présentée à eux tolérante, impartiale et sage, telle enfin que la comprenait Chanzy.

La mort de Gambetta et ses conséquences furent discutées ; les sentiments se partagèrent ; mais sur la perte de Chanzy ils furent unanimes.

Le 6 et le 7 janvier, la population et la garnison de Châlons furent admises à contempler une dernière fois les traits de Chanzy. Le corps, en grand uniforme, et ceint du grand cordon de la Légion d'honneur, reposait sur un catafalque dont les draperies noires disparaissaient sous les fleurs. Toutes les classes de la population défilèrent devant ce catafalque. Les ouvriers se cotisèrent pour offrir des couronnes ; au jour des obsèques, les magasins se fermèrent et toutes les maisons arborèrent un drapeau orné d'un crêpe et roulé, en signe de deuil, autour de la hampe.

Le 8, l'évêque de Châlons dit la messe dans la chambre mortuaire, et donna la communion à tous les membres de la famille Chanzy. Gambetta, lui, avait eu des funérailles purement civiles ; ainsi le contraste se prolongeait jusque dans la mort.

Dès le 5, le général Billot, ministre de la guerre, avait

proposé que les funérailles de Chanzy eussent lieu à Paris, aux Invalides, et aux frais de l'Etat. Le Président de la République signa immédiatement un décret dans ce sens; les considérants portaient que « le général Chanzy avait » rendu au pays et à l'armée, durant le cours de sa car- » rière militaire, et dans les hautes positions civiles qu'il » avait occupées, d'éclatants services qui méritaient un » témoignage spécial de la reconnaissance nationale. »

Toute la France approuva ce témoignage suprême; Chanzy méritait bien cet honneur, extrêmement rare autrefois, et dont on s'est montré peut-être un peu prodigue depuis vingt ans. Mais sa veuve et ses enfants préférèrent des funérailles plus recueillies, plus religieusement rendues, dans cette ville de Châlons, où le général était connu et aimé, aux pompes bruyantes et un peu banales de ce Paris qui ne recherche en toutes choses que des spectacles.

La triste cérémonie eut donc lieu dans la cathédrale de Châlons, le 9. Elle eut un cachet de grandeur, de simplicité et de piété en parfaite harmonie avec le caractère de celui qu'elle voulait honorer.

Le cercueil était porté par des sous-officiers; les cordons tenus, du côté droit, par le général Péan, parent de Chanzy; M. Pelletan, vice-président du Sénat, et le général Lallemand, commandant en chef du 1er corps; du côté gauche, par M. de Crépy, père du gendre du général; M. Philippoteaux, député des Ardennes, et le général Willemot, chef d'état-major du ministère de la guerre.

Derrière le cercueil était conduit le cheval de bataille du général, caparaçonné de noir.

Puis venaient les deux fils du général, Georges et Louis, et le reste de la famille.

Ensuite le général Pittié, représentant le Président de

la République; ensuite le maréchal de Mac-Mahon, le général Billot, ministre de la guerre, et M. Fallières, ministre de l'intérieur; puis le corps diplomatique, dans lequel se trouvaient des représentants du Souverain Pontife, de la Russie, de l'Autriche-Hongrie, de l'Angleterre, de l'Italie, de la Prusse et de la Chine; les commandants en chef de corps d'armée, au nombre de seize [1], le duc d'Aumale, une foule de généraux et d'officiers supérieurs, des délégations du Sénat, de la Chambre des députés, du conseil d'Etat, de la Cour des comptes, enfin les préfets des départements limitrophes, tous les fonctionnaires, et, on peut le dire, toute la ville et les environs.

Mgr Sourrieu, évêque de Châlons, prononça une allocution où il proclama les sentiments profondément chrétiens du grand citoyen qu'on venait de perdre. Il débuta ainsi : « S'il est vrai de dire que la patrie ne meurt jamais, il y a pourtant des heures où une partie d'elle-même semble descendre dans la tombe avec un homme qui représentait son honneur d'hier, sa sagesse d'aujourd'hui, ses espérances de demain. »

Après l'office divin, le corps fut transporté sur la place de la cathédrale, les troupes défilèrent devant lui et six discours furent prononcés. Celui du général Billot, ministre de la guerre, dans sa mâle concision, les résume tous :

« Messieurs, je viens, au nom du gouvernement de la république et au nom de l'armée, dire un dernier adieu au général Chanzy. Sa mort foudroyante a frappé de stupeur le pays tout entier; l'armée française est en deuil.

[1] Voici leurs noms : les généraux Derroja, Cornat, de Berckheim, Grealey, Wolff, Schneegans, Schmitz, d'Avoust-d'Auerstaedt, Zentz, de Galliffet, Février, Osmont, Carteret, Saint-Hilaire, Dumont et Saussier; ce dernier commandant l'armée d'Algérie.

Le pays a perdu un grand citoyen et un homme de bien : l'armée, un de ses plus illustres généraux. Il fut, au milieu de nos désastres, le héros de la défense nationale, et le nom de Chanzy consola la France dans ses jours de malheur. Il était pour l'armée notre plus chère espérance. Adieu, Chanzy. Du sein de Dieu où elle repose, ta grande âme rayonnera sur la France, et nous, tes amis et tes compagnons d'armes, guidés par tes exemples et fortifiés par le souvenir de tes vertus, nous continuerons sans défaillance à travailler pour le devoir et pour la patrie. Adieu, Chanzy, mon vieil ami de trente ans, adieu ! »

Le lendemain, mardi 10 janvier, le cercueil, que les aides de camp, le fils aîné du général, les vicaires de la paroisse et les professeurs de l'école libre Saint-Étienne, avaient gardé la nuit dans la cathédrale, fut conduit à la gare et placé dans un fourgon pour être transporté à la station de Vouziers, et de là à Buzancy, qui en est à 23 kilomètres. Un de ceux qui accompagnèrent le convoi le dépeint ainsi :

« Nos Ardennes conserveront longtemps le souvenir de ce funèbre cortége s'avançant avec lenteur, sous un ciel sombre, à travers les forêts dépouillées où soufflait un vent glacial. M. Georges Chanzy, avec les aides de camp de son père, suivait, tête nue, le fourgon que traînait un attelage d'artillerie. Un escadron de chasseurs venu de Stenay formait l'escorte. A chaque village qu'on traversait, les municipalités, les pompiers, les enfants des écoles, venaient se joindre quelques instants au cortége ; de toutes parts des paysans accouraient rendre à l'illustre soldat un dernier hommage et déposer sur son cercueil une modeste couronne. Touchantes marques de respect et d'affection qu'offraient spontanément à leur grand compatriote les bûcherons de l'Ardenne ! Naïve et pieuse manifestation, qui fut une consolation pour le fils du général et lui donna la force de faire jusqu'au bout cette longue et douloureuse étape de Vouziers à Buzancy [1] ! »

Le service d'inhumation, le 11, fut présidé par M⁰ʳ Langénieux, archevêque de Reims, qui prononça l'oraison funèbre et célébra dans Chanzy l'homme privé, aimable et solide chrétien ; l'homme public, citoyen éminent ; l'homme de guerre, grand capitaine.

C'est dans le village de Buzancy qu'il repose, au milieu des siens. Dans la chapelle funéraire, un sculpteur ardennais, M. Croisy, l'a ciselé en marbre, étendu sur son lit de mort et serrant dans ses bras le drapeau de la France, dont les plis l'enveloppent. On croit le revoir, tant sa physionomie est, dit-on, frappante de ressemblance.

Une autre statue lui a été élevée dans la ville du Mans, où il livra sa dernière bataille. Une souscription publique, provoquée par un comité que présidait l'amiral Jauréguiberry, en a fait les frais ; cette statue fut inaugurée le 28 septembre 1884.

Enfin, les Chambres votèrent à la veuve de Chanzy, à titre de récompense nationale, une pension viagère de douze mille francs, réversible sur ses enfants jusqu'à ce que le plus jeune eût atteint sa majorité. C'est que, né pauvre, il était mort pauvre. Dans ce milieu parlementaire où il avait vécu treize ans, parmi tant de députés, de sénateurs et d'hommes politiques qui cèdent aux propositions dorées et trafiquent de leur nom et de leur titre, il n'avait jamais écouté que la voix de l'honneur et du devoir. Le projet de loi pour la pension disait :

_____

[1] Arthur Chuquet, *Chanzy*, p. 377.

« Le nom de Chanzy est inséparable des souvenirs de
» la défense nationale.... Si, à la tête de la deuxième
» armée de la Loire, le général Chanzy, luttant pied à pied
» contre des forces supérieures, a su honorer la France
» en face de l'étranger, il a en outre, pendant de longues
» années, en campagne et dans les positions élevées de
» gouverneur de l'Algérie, d'ambassadeur en Russie, de
» commandant de corps d'armée et de membre du conseil
» supérieur de la guerre, rendu d'éminents services que
» le pays ne saurait oublier.... »

CHAPITRE XIX

PORTRAIT DE CHANZY

Chanzy était grand ; il avait le visage plein, le front toujours serein, le regard doux et presque caressant, la moustache effilée ; il inclinait légèrement sur l'oreille droite le képi aux fleurs de chêne d'or qui voilait sa calvitie précoce. Après la bataille de Coulmiers, une messe solennelle d'actions de grâces, suivie d'un *Te Deum*, eut lieu à Saint-Peravy-la-Colombe. Il y assistait au premier rang et voici le portrait que trace de lui un engagé volontaire : « Le général Chanzy est jeune encore ; il a perdu ses cheveux de bonne heure et le sommet de sa tête est complètement chauve. Son front découvert et large est l'indice d'un talent peu commun, que tous les tacticiens lui reconnaissent. Ses yeux brillent d'un éclat particulier ; presque toujours il a le sourire aux lèvres, et l'ensemble de son visage est affable et attrayant. Sa taille est un peu au-dessus de la moyenne ; mais l'extérieur de son corps n'indique point la force et l'énergie extraordinaire dont il a fait preuve tant de fois [1]. »

Chanzy posséda au plus haut degré les qualités qui caractérisent l'esprit français : la promptitude de concep-

(1) *Le 3e bataillon des mobiles de la Mayenne*, par un engagé volontaire, p. 88.

tion, l'élan et l'impétuosité. Il y en ajoutait d'autres qui semblent étrangères à notre race : l'impassibilité, la froideur apparente, la ténacité des hommes du Nord. Cette association rare fit sa supériorité. Naturellement optimiste, ou plutôt confiant, il ne désespérait jamais de rien, et contre le courant de défaillance, qui entraînait tant de monde autour de lui, il se raidissait avec une vigueur qui, à force de lui être familière, ressemblait à de l'aisance. Il ne tenait aucun compte d'une défaite, sinon pour la réparer. Il rappelait par son attitude ce ferme vieillard dans lequel un grand écrivain, qu'il avait étudié et appris par cœur dans sa jeunesse, a symbolisé la sagesse elle-même : « Mentor parut, dans ce danger, non seulement » ferme et intrépide, mais plus calme qu'à l'ordinaire ; » c'était lui qui m'encourageait, je sentais qu'il m'inspi- » rait une force invincible. Il donnait tranquillement tous » les ordres, pendant que le pilote était troublé. Je lui » disais : Mon cher Mentor, pourquoi ai-je refusé de suivre » vos conseils ?.... Il me répondit : Avant de se jeter dans » le péril, il faut le prévoir et le craindre ; mais quand on » y est, il ne reste plus qu'à le mépriser [1]. »

Optimiste sans fanfaronnade, d'ailleurs, et sans fatalisme, s'il se fiait à son étoile et si, même après Vendôme, après le Mans, il s'obstinait encore à vouloir délivrer Paris ; si, même après la chute de Paris, il ne renonçait pas à reconquérir la France en recommençant la guerre, ce n'était pas qu'il ignorât les difficultés ; mais il croyait qu'on peut toujours les vaincre en leur opposant un caractère et des sacrifices grandissant à mesure qu'elles grandissent. Il n'attendait pas béatement de la fortune ce qu'elle n'accorde jamais longtemps à ceux qui s'abandonnent à elle ;

____

[1] *Télémaque*, liv. Ier.

il comptait lui forcer la main et la ressaisir malgré elle, grâce à la lassitude ou à quelque négligence d'un ennemi rendu trop confiant par la continuité du succès.

Evidemment, à première vue, sa renommée n'a pas l'éclat éblouissant qui séduit, et sa campagne de la Loire, avec ses victoires partielles s'écroulant sans cesse et se changeant définitivement en défaites par suite de l'insuffisance de formation militaire de ses soldats, parle moins à l'imagination des masses qu'une marche en avant à laquelle rien ne résiste. Il a été battu ; il a reculé de cinquante lieues devant l'ennemi ; mais, à céder ces cinquante lieues, il a mis cinquante jours, en livrant cinquante combats. C'est là sa gloire, et une gloire incomparable. Les seuls généraux qui puissent être mis en parallèle avec ce vaincu sont les plus grands que l'histoire mentionne : Annibal, Turenne, Frédéric II. Napoléon Ier, tous favorisés par de retentissantes victoires dont la possibilité a manqué à Chanzy, mais tous plus admirables et plus admirés dans les retraites qu'ils ont dû exécuter quelquefois, que dans le facile élan d'une action offensive où le succès enfante le succès.

Un de ses historiens raconte comment, tous les soirs, il préparait les opérations du lendemain. Après le dîner, où la situation de l'armée avait fait le sujet de l'entretien, Chanzy s'enfermait avec son chef d'état-major général et ses aides de camp, tous officiers de grand mérite, auxquels il laissait leur franc parler. Les cartes étaient déployées devant lui ; on lisait et discutait les dépêches et les renseignements venus des avant-postes de l'armée, des francs-tireurs, des cavaliers envoyés à la découverte. Chanzy interrogeait et méditait quelque temps ; puis, sa résolution prise, il se levait, et, suivi de ses aides de camp, il entrait dans la chambre où se tenaient les officiers de l'état-major général et les secrétaires, et là, tout en fumant sa longue pipe africaine, il dictait avec une clarté admirable ces belles instructions d'où l'on pourrait extraire un recueil de pensées et de maximes applicables à tant de circonstances de la guerre. Ses ordres donnés, Chanzy rentrait dans sa chambre : « Bonsoir, messieurs, disait-il, et à demain. » Il se couchait aussitôt et dormait toute la nuit. On l'éveillait pour lui communiquer les informations les plus pressantes ; mais il se rendormait sur-le-champ ; c'était toujours le vigoureux Ardennais qui, selon l'expression familière, doit « faire sa nuit, » pour être dispos le lendemain. Au reste, il n'y a d'homme de guerre que celui qui loge une âme forte et calme dans un corps robuste, et, comme on l'a dit, le mécanisme de la guerre se borne à deux choses : se battre et dormir : « user et réparer ses forces ; constituer l'équilibre indispensable de cette balance, c'est tout le savoir [1]. »

Afin de mieux conserver la robuste et alerte santé tant de ses idées que de ses membres, Chanzy mangeait très peu et buvait à peine. Il était sobre comme Napoléon Ier [2], mieux encore, comme un Arabe.

L'exercice qui avait ses préférences était celui de la chasse. Excellent tireur, toutes les fois qu'il était en congé ou que les exigences du service le permettaient, il allait chasser dans son domaine de Buzancy. Revêtu d'une blouse bleue, coiffé d'une casquette de toile légendaire dans les Ardennes, il battait les champs, seul à seul avec un chien d'arrêt ; il connaissait tous les coins giboyeux de son canton, repaires, gîtes ou remises. Sur les routes

[1] Arthur Chuquet, *Chanzy*, p. 428.
[2] Ou comme le général de Galliffet, capable, dit-on, de supporter deux jours de fatigue sans prendre un repas.

de l'Afrique, en expédition ou en tournée, il descendait parfois de cheval pour se mettre à la poursuite d'une compagnie de perdreaux rouges ou arrêter un lièvre levé par les cavaliers. Souvent aussi, comme le général Margueritte, le plus fort tireur de l'armée d'Afrique, il faisait coup double sans mettre pied à terre. Dans les Ardennes aussi bien qu'en Afrique, il était connu non seulement comme un excellent tireur, mais encore comme un chasseur sage, conservateur du gibier, ne se laissant jamais entraîner : lorsqu'il avait abattu un nombre de pièces suffisant, il rentrait au logis en bon bourgeois, s'enquérait de ce qui était survenu chez lui en son absence, et, si la journée n'était pas finie, se mettait au travail à son bureau.

Durant ses premiers séjours en Afrique, il fumait beaucoup ; il avait, du matin au soir, comme Napoléon III et comme beaucoup d'officiers en ce temps-là, une cigarette aux lèvres. Son médecin lui dit un jour : « Prenez garde, l'abus du tabac ôte la mémoire et rend l'esprit lourd.

— Vous croyez ? demanda Chanzy.

— Je vous le certifie. »

Ce fut tout. L'obstiné fumeur renonça à peu près au tabac. Un tel sacrifice fut moins insignifiant que ne semblerait l'indiquer son objet ; on peut en croire les gens qui ont essayé de le faire comme Chanzy, et qui n'en ont eu la persévérance que pour un temps.

Très discret, très modeste, rebelle au métier de solliciteur, il écoutait lui-même avec bienveillance les requêtes qui lui étaient adressées ; mais fin et malicieux observateur, parfois même narquois, il lui arrivait de s'échapper en observations ironiques. Certain personnage se vantait à lui, et surtout vantait à outrance « l'illustre chef de l'armée de la Loire, le vainqueur de Coulmiers, le plus grand capitaine du siècle. » « Voyons, qu'est-ce que vous venez me demander ? » interrompit brusquement le général. Une autre fois, son entourage s'étonnait de le voir écouter silencieusement un autre hâbleur, qu'il ne lui eût pas paru convenable d'interrompre aussi familièrement ; mais Chanzy n'était jamais dupe, même lorsqu'il croyait devoir le paraître, et quand l'importun fut parti : « Dieu ! qu'il m'a amusé ! s'écria-t-il ; il a cru m'en imposer, mais il m'a donné la comédie gratis. »

Quelque humain qu'il fût, Chanzy devenait sévère et d'une raideur absolue, dès qu'il s'agissait d'un intérêt grave, par exemple, du salut d'une armée. Cet homme paternel, indulgent, savait punir et, quand il le fallait, se montrait sans pitié. On l'a entendu raconter, avec une émotion rétrospective, cet épisode tragique d'un lendemain de guerre.

C'était quelques mois après la paix de Bordeaux. Le général était député, assis à son banc, à Versailles, lorsqu'on le fit demander. Affaire urgente, lui dit-on ; c'est un père qui a à lui parler de son fils.

Le général sort de l'Assemblée, salue avec sa charmante politesse accoutumée l'homme qui veut l'entretenir : un sexagénaire, à tournure militaire, moustache et cheveux blancs, ganté de noir, en grand deuil.

« Général, lui dit l'inconnu, je vous demande pardon de vous déranger, mais j'habite la province. J'ai perdu mon fils aux environs du Mans, dans un des combats qui ont précédé la dernière bataille.... et, malgré mes recherches, je n'ai pu découvrir l'endroit où il est tombé. Je voudrais pourtant recueillir son cadavre. Je porte un nom assez connu pour que celui de mon fils vous ait peut-être frappé. Pouvez-vous me dire où mon enfant est mort ? »

Et l'homme en deuil s'était nommé très simplement.

Le nom était beau, en effet, presque illustre.

Le général Chanzy regarda, de ses yeux bleus soudain presque brouillés de larmes, ce père qui lui demandait où, glorieusement, en défendant la patrie, avait péri son fils.

Or, — le nom avait bien frappé le général peu de temps auparavant, — le jeune homme, arrêté dans un groupe de fuyards criant à la trahison contre les chefs et poussant les autres bataillons à la déroute, avait été, devant l'armée qu'il fallait frapper par l'exemple, fusillé contre la muraille d'une petite ferme de la Sarthe.

Le général Chanzy s'en souvenait bien. Il eût voulu, il eût pu peut-être cacher à ce père, qui avait été soldat, la véritable mort de son enfant. Non. La tentation même de ce mensonge ne traversa pas l'âme du justicier. Ce qu'il avait fait, il le dit. Il dit la vérité entière à ce père, qui lui demandait l'entière vérité.

« C'était la nécessité et c'était la loi, monsieur ! »

Et blème, mordant sa moustache, saluant bien bas ce chef d'armée qui avait donné l'ordre d'exécuter son fils :

« Puisqu'il avait fait le premier pas dans la fuite, dit le père, mieux valait qu'il n'en fît pas un second. Vous avez bien agi, général. Le père pleurera, le Français vous remercie ! »

Le général Chanzy a, depuis, bien souvent songé, avec une émotion violente, à ce malheureux homme rendant ainsi lui-même un jugement, comme une sorte de Brutus frappant son fils d'une sentence posthume (1).

Ni pour la députation, ni au Sénat, ni pour le conseil général de son département, Chanzy ne fut jamais candidat. Il se laissait élire, mais ne faisait rien pour être élu.

(1) Jules Claretie, dans sa chronique hebdomadaire du journal le *Temps*.

Aussi ne l'était-il souvent qu'à de faibles majorités. Nous avons vu que sa présidence du centre gauche, à l'Assemblée nationale, n'aurait pas eu lieu si un suffrage, un seul, eût été déplacé à son préjudice. Au conseil général des Ardennes, il n'arriva pour la première fois, le 8 octobre 1871, que par 300 voix de majorité contre un agent d'affaires, un de ces utopistes qui promettent le paradis sur terre aux populations ébahies et qui les entraînent, grâce à l'audace de leurs mensonges ou à celle d'une ignorance largement partagée.

Le canton de Vouziers, que représentait Chanzy, était justement le plus radical de tout le département et se jugeait, pour ce motif, mal représenté par un « clérical » tel que lui. Sa réélection eut lieu cependant, non sans tiraillements, en 1877 ; mais en 1880, un groupe d'électeurs de son propre canton de Buzancy lui ayant offert une candidature qui lui convenait, il répondit simplement par un télégramme daté de Tiflis, où il se trouvait alors : « Je suis à la disposition de mes concitoyens. » Seulement, comme il était déjà titulaire pour le canton de Vouziers, et que le conseiller sortant, pour Buzancy, M. Gobron, qui appartenait comme lui à la nuance républicaine modérée, se présentait de nouveau, — circonstance que Chanzy paraît avoir ignorée, — il n'obtint que 786 voix contre 1,179, et M. Gobron fut réélu. Chanzy donna alors sa démission de conseiller pour Vouziers.

Son absence produisit un grand vide à l'assemblée départementale des Ardennes. Il la présidait depuis neuf ans, à la complète satisfaction de tous ses collègues, qui le réélisaient chaque année.

Il n'a jamais été ministre de la guerre ; mais, de même que Gambetta, sans être ministre, était le chef incontesté des républicains et menait tout à sa guise, de même

Chanzy était, par le prestige de la renommée acquise, le véritable chef de l'armée. Les maréchaux, plus élevés que lui en grade, Lebœuf, Mac-Mahon, Canrobert, ou n'avaient jamais eu, ou avaient perdu en 1870 la réputation de tacticiens ; le duc d'Aumale s'était laissé écarter ; les généraux plus jeunes, dans lesquels le pays place aujourd'hui sa confiance, Miribel, Saussier, de Galliffet, avaient encore une réputation à conquérir ; mais Chanzy était de tous celui que le corps des officiers plaçait le plus haut dans son admiration. Les étrangers étaient du même avis. « Chanzy, écrivait un Allemand, Chanzy fut celui des généraux français qui obtint le plus de troupes nouvellement formées ; il fit preuve d'une grande ténacité ; il unit la prudence à l'esprit d'entreprise, il montra une grande justesse de jugement militaire et une solide expérience ; en cas d'une grande guerre, c'est lui qui paraît désigné pour le commandement général des armées françaises[1]. »

Un moment, à l'Assemblée nationale, la commission de l'armée proposa pour lui, pour Vinoy, et pour Faidherbe, le titre de maréchal de France. Chanzy fit à ceux qui lui en parlèrent cette belle et patriotique réponse : « Les bâtons de maréchal ? L'armée les a laissés de l'autre côté du Rhin ; que les généraux qui en désirent aillent les y chercher, c'est là seulement qu'on en peut trouver. » La commission de l'Assemblée comprit, la France entière applaudit, et les promotions au maréchalat demeurèrent supprimées, ou plutôt suspendues jusqu'en des temps meilleurs.

On a dit également que si Chanzy avait vécu, il aurait été appelé à la suprême magistrature de son pays. Il possédait, en effet, tout ce qu'exige ce grand rôle : la modé-

---

[1] *Conversations lexicon*, par Brockhaus, 1882, 48e fascicule.

ration et la résolution ; il était homme de gouvernement. Aux États-Unis, il serait aisément devenu président de la République, parce que les Américains du Nord aiment les hommes forts, les hommes religieux, et que le titre de général est pour eux un attrait ; c'est un vague souvenir de Washington [1].

Mais ces motifs sont précisément ceux qui, en France, l'auraient écarté à jamais de la magistrature suprême. La République, en France, a une frayeur instinctive des généraux, par souvenir de Bonaparte. En outre, elle déteste les hommes religieux, et l'on ne saurait dire laquelle des deux substitutions elle poursuit avec le plus d'ardeur : ou celle des commandements civils aux commandements militaires, ou celle des personnels enseignants, hospitaliers et autres, laïcisés et athées, aux personnels qui, pour faire le bien, s'inspirent d'une idée spiritualiste quelconque.

La République a dévié, — il s'agit toujours ici de la France, et de la France seule ; — elle a glissé du terrain politique sur le terrain philosophique, nous en avons déjà fait la remarque. Chanzy, malgré son faible pour Gambetta, principal auteur de cette déviation, et malgré les efforts qu'il faisait sur lui-même pour ne pas la voir, trouvait chaque jour plus de difficultés à se la dissimuler ; c'est pour cela que, chaque jour, il s'éloignait davantage de la politique.

Il se proclamait, il se croyait républicain. Il l'eût été incontestablement — et bien d'autres avec lui — à Rome, à Sparte, à l'Équateur et aux États-Unis. En France, la grande majorité des républicains lui refusaient, comme à M. Thiers, le droit de se parer de ce nom. C'étaient

[1] Général AURELLE, *La Loire et l'Est*, p. 113.

eux et non lui qui avaient raison ; Chanzy n'était pas républicain dans le sens français.

Cet homme simple et taillé à l'antique était surtout un caractère ; nos divers gouvernements républicains, qui ont réduit à l'état d'esclaves, sous le rapport politique et religieux, tous les fonctionnaires qu'ils emploient, ne tolèrent pas les caractères. Mais laissons ces considérations générales, qui pourraient nous entraîner hors de notre domaine, et nous faire dévier à notre tour et glisser de l'histoire dans la philosophie et la polémique ; bornons-nous à dire pourquoi et comment Chanzy était un caractère.

Quatre jours avant sa mort, le 1er janvier 1883, en s'adressant à ses officiers, Chanzy leur montrait la croyance en Dieu et en une vie future comme la vraie source de l'esprit de sacrifice et, par suite, du patriotisme. Il leur rappelait que « la religion met au foyer domestique l'ordre et le bonheur, » que sans elle il n'y a pas d'homme complet, et que « les plus nobles croyances ont fait de la France le glorieux pays de la foi, des idées généreuses et de l'honneur. »

Plusieurs lui ont reproché cette franchise. Un de ses plus constants panégyristes cesse brusquement de le louer en arrivant à une aussi fière intrépidité de croyance : « Chanzy, dit-il, s'affirmait très haut, et même trop haut, catholique fervent.... Un général commandant de corps d'armée devait-il faire publiquement de telles professions de foi ? Il ne faut pas s'étonner que beaucoup de républicains l'aient rangé parmi les cléricaux (1).... » Et qui veut-on qui ose professer publiquement sa foi, si un soldat, si un fonctionnaire dans la haute position de

<hr>

(1) Arthur Chuquet, p. 113.

Chanzy ne l'osait pas? A qui appartient-il de donner l'exemple? Serait-ce aux petits et aux faibles, à un cantonnier, à un facteur des postes, qu'on déplacera sans bruit, pour les forcer à retirer leurs enfants d'une école catholique, ou à des employés inférieurs, inconnus, sans appui, qu'on pourra destituer impunément, sans que personne s'en occupe, parce qu'ils auront paru dans une réunion de Saint-Vincent de Paul, ou salué publiquement une procession (1)?

Le 12 décembre 1881, Chanzy prononçait à Vouziers un petit discours sur la tombe d'un ami : « Véritable homme de bien, disait-il, il a rempli sa tâche sur cette terre, sans ostentation comme sans faiblesse, en faisant constamment son devoir. »

Ces paroles s'appliquent admirablement à celui qui les prononçait : « sans ostentation, comme sans faiblesse, il fit constamment son devoir. » Lorsque l'âge des écoles publiques fut arrivé pour ses fils, il choisit pour eux l'éducation solide et chrétienne qu'il jugea la plus propre à en faire des hommes dignes de la France et de lui. On lui parlait, pour l'arrêter, des attaques qu'il devait craindre, et qui ne manquèrent pas, en effet. Il ne s'en montra pas ému.

Les aphorismes suivants lui étaient familiers : « Il n'est pas donné à tout le monde de se soumettre servilement à la tyrannie de la libre pensée. — Il ne faudrait pas que la République devînt un régime de terreur pour les esprits élevés. — Pourquoi les libres penseurs refuseraient-ils à ceux qui ne pensent pas comme eux le droit de penser librement aussi? — Les députés qui demandent aux mi-

---

(1) Toutes ces choses se sont vues dans la ville que nous habitons, à Bourg (Ain), et cette ville n'a pas eu plus qu'une autre le privilège de l'intolérance.

nistres la destitution des fonctionnaires ne se rendent pas compte qu'ils rétablissent en France le régime du bon plaisir. »

Les membres de sa famille, les personnes qui formaient son entourage intime, les officiers de son état-major, ainsi que l'évêque de Châlons, l'archevêque de Reims et l'archevêque d'Alger, qui ont fait son oraison funèbre, nous ont révélé la tendresse et la grandeur de ses vertus privées.

L'évêque de Châlons dit : « Le voile qui couvrait les mystères charmants de sa vie ayant été soulevé devant mes yeux, j'y ai entrevu des tableaux de famille dignes des temps antiques et les plus beaux de l'Eglise, sans qu'on puisse dire auquel des deux, de sa noble compagne ou de lui, en revenait le mérite principal [1]. »

L'archevêque de Reims ajoute : « Et quel père! Un souvenir nous le dira. Il y a dix-huit mois (c'était au jour de la confirmation), à cette place, qu'il occupait tous les dimanches, je le vois encore! Il pâlit tout à coup, des larmes coulent sur son mâle visage, pendant que les enfants, interrogés sur le catéchisme, répondaient à nos questions. Après la cérémonie, il nous disait : J'ai vu souvent la mort de près sans trembler ; j'ai tremblé tout à l'heure, quand vous avez interrogé ma fille [2]. »

Nous citerons plus au long le témoignage du cardinal Lavigerie ; tout ce qu'il rappelle appartient à l'histoire.

« J'ai raconté, le jour du mariage de sa fille, dans cette même cathédrale où vous allez prier pour son âme [3], un trait charmant de la bienveillance de Pie IX et de la foi du général.

» Il avait voulu, au moment de quitter Rome, présenter

(1) Allocution aux funérailles de Chanzy.
(2) Allocution du 16 janvier 1884, dans l'église de Buzancy.
(3) Nous l'avons raconté aussi nous-même, page 21 de cet ouvrage.

au Saint-Père sa femme, sa fille, qu'il a toujours tendrement aimée, car il était le meilleur des pères. Le pape, qui l'avait distingué déjà, les combla de ses bontés, et comme le général lui demandait un dernier souvenir, il appela l'enfant, et prenant sa plume, il lui dit :

« Vous vous marierez un jour. Prenez cette plume, elle servira à signer votre mariage, et la bénédiction de ce vieux pontife vous accompagnera, pour vous porter bonheur. »

» Pour qui connaît la grâce de Pie IX, ces paroles n'ont rien que d'ordinaire. Mais ce qui ne le fut pas, c'est la fidélité du général à les conserver dans son cœur, et sa volonté de les faire publiquement connaître. Les temps avaient marché cependant, et aussi beaucoup d'opinions malsaines. On sait ce qu'il en coûte à quelques-uns de les avoir bravées. La veille du mariage de sa fille, il me porta cette plume. Il m'en raconta l'histoire. Je la répétai devant lui, le lendemain, du haut de la chaire, en présence de l'assemblée la plus brillante et la plus nombreuse, à coup sûr, qu'ait jamais vue notre église métropolitaine. L'acte du mariage fut signé par tous, avec la plume de Pie IX.

» Mais quels contrastes ! C'est dans cette même église, où nous le vîmes alors rayonnant du bonheur de son enfant et des honneurs qui l'entouraient, que nous avions vu couler ses larmes les plus amères sur la tombe d'un fils, de ce Lucien, dont la vive intelligence présageait déjà l'avenir, et qui mourut, à huit ans à peine, d'un accident terrible.

» Vous vous souvenez, Monseigneur, de ces sanglots qui révélaient la tendresse du père, de la sympathie de tous pour une douleur si sainte et si vraie. J'hésitais à prendre la parole, pour ne pas prolonger tant d'émotions.

Mais sachant que je devais parler du bonheur assuré aux enfants qui quittent la vie avant d'avoir connu ses souillures, il voulut que je montasse dans la chaire, pour entendre cette vérité. Quel spectacle et quel discours ! Ce général, qui n'avait pas désespéré de la France, désespéré vraiment auprès de son fils qui n'était plus, se relevant un moment aux pensées de la foi, et se prenant à sangloter encore jusqu'à ce qu'enfin je descendisse pour le conduire à l'entrée du caveau où nous déposions le cercueil ! Cher général ! je n'oublierai jamais son serrement de main et son regard à ce moment où certes l'homme ne cherchait pas à cacher son âme. Je la vis tout entière, et rien ne m'enlèvera l'espérance que Dieu l'a reçue dans sa miséricorde, auprès de l'enfant qu'il pleurait alors.

» Combien de traits de la bonté de son cœur je pourrais citer encore ! Je me contenterai d'un seul :

» Il y a quelques années, se trouvait à Alger une noble femme que des souvenirs, illustres entre tous, rattachaient étroitement à l'armée. Des revers inouïs l'avaient, presque aux portes de la vieillesse, jetée dans la misère. Établie dans un logement modeste, elle fut réduite un moment à ne pouvoir en payer le prix, et menacée dès lors de se trouver sans asile. J'en fus averti, comme l'évêque l'est souvent de douleurs qui se cachent à tous les regards. Mais ici il ne s'agissait plus d'une aumône ordinaire. J'étais moi-même à bout. Je pensai au général. Il était dans son palais de Mustapha. J'y courus. Je lui racontai tout. Il m'écouta avec son attention bienveillante, évidemment embarrassé du gros chiffre d'une telle aumône. En me levant pour sortir, je lui pris les mains et je lui dis :

« Général, j'espère bien que cela ne sera jamais ; mais

si l'on venait dire, un jour, à un de vos compagnons d'armes, que votre enfant est dans une situation semblable, comment voudriez-vous qu'il répondit?

« — C'est bien, me dit-il, je vais voir ce que je puis. »

« Le lendemain, le général faisait déposer discrètement trois mille francs dans les mains de ma pauvre recommandée [1]. »

C'est par ces traits de vertu que nous voulons clore la vie du plus grand stratégiste, et peut-être du plus vraiment républicain des Français de la troisième République.

Au milieu de tant de symptômes de décadence, que sa modeste et glorieuse figure rassérène nos regards et nous empêche de désespérer. La France possède encore des Chanzy. Elle en compte dans la vie civile, qui sont ses émules par le dévouement ; elle en compte dans notre jeune armée ; les événements révéleraient leurs talents militaires, comme ils révélèrent les siens. Tout ce que la patrie leur demande, c'est de s'inspirer de sa devise et d'être, comme lui, toujours prêts à faire leur devoir, quoi qu'il arrive.

[1] *Lettre du cardinal Lavigerie* sur la mort du général Chanzy ; *Œuvres choisies*, t. I, p. 418.

TABLE DES MATIÈRES

BESANÇON. — IMPR. ET STÉRÉOTYP. DE PAUL JACQUIN.

www.ingramcontent.com/pod-product-compliance
Lightning Source LLC
LaVergne TN
LVHW020950050726
842519LV00001B/195